WULI

中等职业学校规划教材

物　理

曲梅丽　杨　威　主编

杨　鸿　主审

第三版

化学工业出版社

·北京·

内 容 简 介

《物理》（第三版）是根据中等职业学校物理教学大纲的要求，在"以应用为目的，以必需够用为度"的原则指导下，充分考虑到物理教学的实际情况，并结合编者多年来积累的教学经验编写而成。

本书由理论和实验两部分组成，内容以力学知识和电磁学知识为主，以热力学知识为辅。理论部分包括 12 章内容：直线运动、力和物体的平衡、牛顿运动定律、功和能、机械振动和机械波、静电场、恒定电流、磁场、电磁感应、交流电、分子动理论、气体的性质，实验部分包括 4 个力学实验和 4 个电磁学实验。节后有习题，章后有小结和复习题。书后附有每章的部分习题、复习题答案。全书主线突出，阐述清晰，难度适中，具有较强的时代性。

本书配套有曲梅丽主编的《物理习题集》第二版（书号：978-7-122-40027-7）。

本书有配套的 PPT 电子教案，请发电子邮件至 cipedu@163.com 获取，或登录 www.cipedu.com.cn 免费下载。

本书可供招收初中毕业生的中等职业学校、五年制高等职业院校和职业高级中学的师生使用。

图书在版编目（CIP）数据

物理/曲梅丽，杨威主编. —3 版. —北京：化学工业出版社，2022.1
中等职业学校规划教材
ISBN 978-7-122-40026-0

Ⅰ.①物… Ⅱ.①曲… ②杨… Ⅲ.①物理课-中等专业学校-教材 Ⅳ.①G634.71

中国版本图书馆 CIP 数据核字（2021）第 201549 号

责任编辑：高　钰　　　　　　　　　　装帧设计：刘丽华
责任校对：宋　玮

出版发行：化学工业出版社（北京市东城区青年湖南街 13 号　邮政编码 100011）
印　　装：三河市双峰印刷装订有限公司
787mm×1092mm　1/16　印张 13¾　字数 317 千字　2022 年 1 月北京第 3 版第 1 次印刷

购书咨询：010-64518888　　　　　　　　售后服务：010-64518899
网　　址：http://www.cip.com.cn
凡购买本书，如有缺损质量问题，本社销售中心负责调换。

定　价：42.00 元

前 言

物理学是整个自然科学和工程技术科学的基础，物理是中职院校工科各专业的重要基础，它所阐述的物理学基本知识、基本思想、基本规律和基本方法，不仅是学生学习后续专业课的基础，也是全面培养和提高学生科学素质、科学思维方法和科学研究能力的重要内容。

进入 21 世纪，科学技术的飞速发展对人才培养提出了新要求，为了满足中等职业教育培养生产、建设、管理、服务所需要的高素质技能型专门人才的需要，编者在多年教学教改的基础上，总结了教学实践中的成果，并汲取了其他院校的宝贵经验，在第二版的基础上修订了《物理》教材。

本书在编写过程中，主要突出了以下几点：

1. 适应"模块化教学"的需要

摒弃了物理理论体系的完整性，以力学知识和电磁学知识为主，以热力学知识为辅，满足了各院校实施的模块化教学的需要。

标有"＊"的内容，作为选学内容，可根据不同专业的情况选学。

2. 内容阐述清晰，深入浅出

对教学内容的阐述力求清晰、透彻，用通俗易懂的言语表达物理概念和实际问题的联系。

3. 精选例题和习题

例题和习题的选择，以达到基本训练要求为度，避免难题和偏题。例题以紧扣教学内容的典型题为主，习题的选择与各知识点紧密相关，并适当控制难度和题量。

4. 有配套用书《物理习题集》第二版

本书可以独立使用，也可以与《物理习题集》第二版配合使用，以充分发挥它们在教学中的作用，提高物理课的教学质量。

本书的内容已制作成用于多媒体教学的 PPT 课件，并将免费提供给采用本书作为教材的院校使用。如有需要，请发电子邮件至 cipedu@163.com 获取，或登录 www.cipedu.com.cn 免费下载。

本书由曲梅丽、杨威主编，梅丽、齐建春、张伟华为副主编，杨鸿为主审，并聘请李克勇为顾问。参加编写的还有张峰、刘耀斌、边敦明、赵辉、孙静等。

本书在编写过程中，参阅了同行的有关著作和教材，在此谨表敬意和感谢。

由于编者水平有限，书中不当之处在所难免，恳请广大读者提出宝贵意见。

编 者

2021 年 8 月

目录

第六章 静电场 / 080

第七章 恒定电流 / 099

绪　　论

一、物理学的研究对象和内容

众所周知，自然界是由运动的物质组成的，物质运动的形式多种多样。自然科学的任务就是揭示各种物质的运动规律及物质结构。物理学作为自然科学的基础学科，是研究最简单、最基本的运动形式和规律及物质基本结构的科学。

物理学研究内容涉及范围极广。它既研究发生在我们身边的物理现象，又研究日月星辰等宇宙天体的运动以及分子、原子、原子核、电子和质子等微观粒子的运动。物理学广阔的研究范围为我们展现了一个丰富多彩的物理世界，许多未知的领域正等待着人们去探索。

物理学有许多分支学科。如研究机械运动的力学；研究热运动的热力学；研究电磁运动的电磁学；研究光的传播规律及光的本性的光学；研究原子、原子核结构的原子物理学以及研究宇宙天体运动的宇宙物理和研究高能粒子的高能物理等。

二、物理学与现代科学技术的关系

"进入科学技术的任何一个领域，都必须敲开物理学的大门。"这是因为物理学的发展推动科学技术的创新，科学技术的进步促进物理学理论的突破，两者相辅相成、密不可分。

17 世纪末，随着牛顿力学和热力学的发展，瓦特发明了蒸汽机，促进了交通运输、机械工业迅猛发展，导致第一次工业革命，人类迎来了工业机械化时代。19 世纪，法拉第-麦克斯韦电磁理论的建立，使理论与工程技术结合，促使电机、电器设备应运而生，电信技术得以广泛应用，导致第二次工业革命，人类进入工业电气化时代。20 世纪以来，相对论、量子论的创立，促进核能、微电子和激光等的开发和应用，新材料、新能源、新技术日新月异，尤其是 80 年代以来，许多高新技术层出不穷，航天技术、现代通信技术、激光技术和纳米科技等迅猛发展，导致第三次工业革命，人类迎来了工业信息化时代。纵观物理学的发展进程，充分说明了物理学是现代科学技术的基础，对推动社会发展有极其重要的作用。

三、学好中职物理的方法

物理是三年制中等职业学校各专业必修的一门公共基础课，其内容以学习经典物理主要概念和规律为主，适当学习现代物理的发展成就，注重介绍知识在实际问题中的应用。学习物理不仅能够为学习后续课程和专业知识打下扎实的理论基础，而且有助于培养和提高学生的观察实验能力、科学思维能力、分析问题和解决问题的能力。

掌握概念　注重应用　著名物理学家吴有训说过："学物理，首先要掌握物理概念。"也就是说，掌握物理概念是学好物理的基础，应理解物理概念的物理意义、适用条件和建立过程；学会怎样用文字、公式和图像来描述物理规律，掌握物理的研究思想和方法；学会应用知识解释日常生活和工程技术的实际问题，在知识的应用中巩固概念，切忌死记硬背。

善于观察　勤于制作　物理是一门以实验为基础的学科，物理知识建立在观察、实验的基础之上。因此，要学好物理，必须善于观察，勤于动手，做好物理实验。对每个实验应弄清实验目的、采用的实验方法，理解实验原理，学会仪器操作，仔细观察实验现象，准确测量实验数据，实事求是地处理实验数据。应自觉应用所学知识设计物理实验，积极进行课外物理制作。

物理实验课的具体要求如下。

① 学会使用基本的测量工具（如游标卡尺、数字毫秒计、物理天平、安培计、伏特计等）和常用的物理仪器（如气垫导轨、滑线变阻器、电阻箱等）。

② 学会测量常用的物理量（如形状规则的固体的密度、速度、电阻、电源的电动势和内电阻等）。

③ 学会按实验指导书独立进行实验。要会观察实验中的物理过程，正确进行实验记录；会分析实验结果（包括对实验误差进行初步分析）；会做出完整的实验报告。

④ 逐步学会根据实验目的和要求，进行实验的初步设计。

独立练习　勇于讨论　练习与讨论是学好物理的行之有效的重要方法。在学习过程中，应注意读书学习，理解知识，在此基础上独立完成作业。通过适当练习，不仅可以达到复习、巩固所学知识的目的，而且可以发现自己的不足。对发现的问题不要置之不理，可以提出来与同学讨论，也可翻阅其他参考书，直到将问题弄懂为止，培养良好的学习习惯。

第一章 直线运动

自然界中，物质的运动形式多种多样。机械运动是物质运动形式中最简单、最基本的运动，它包括多种运动形式，如：直线运动、曲线运动、振动等。本章将着重研究直线运动及其规律。首先引入几个基本概念；其次引入一些重要物理量，并对具体的直线运动形式进行定量的描述；最后讨论平抛运动并由此得出运动的叠加原理。

第一节 机械运动 质点

一、机械运动

在自然界中，天体运行、火箭升空、汽车奔驰、鸟儿飞翔、机器转动，甚至人的走路、劳动等，这些现象，尽管它们的性质各不相同，但却有一个共同的特征：**物体的空间位置随时间改变，**这种位置的改变称为**机械运动**，简称运动。判断一个物体是否做机械运动关键看其空间位置是否发生改变。人们对运动的描述具有相对性，要准确描述物体的运动，总要选择另一个物体作参考。例如，判断船只是否在航行，常选用河岸作参考；判断汽车是否运动，常选用地面上的电线杆或房屋作参考等。**描述物体运动时，被选作参考用的物体，称为参考系**（或参照物）。

研究物体运动时，若选择的参考系不同，得到的结果也不同。例如，观察坐在正在行驶的火车中的乘客，若以车厢作为参考系，乘客是静止的；若以地面作参考系，乘客是运动的。可见，选用不同的参考系，对同一个物体运动的描述，得出的运动情况的结论是不同的，这就是运动的相对性。因此在描述物体运动时必须明确指出，这种运动是相对于哪一个参考系而言的。通常选地面或地面上任何一个不动的物体作参考系。

二、质点

机械运动有各种形式，但是最基本的运动形式只有两种：平动和转动。火车车厢在平直轨道上的运动，刨床上刨刀的运动，汽缸中活塞的运动，如图 1-1 所示粉笔盒的运动

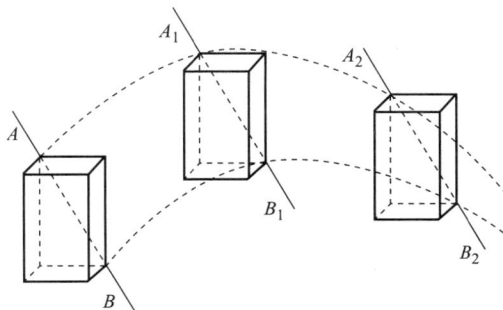

图 1-1 平动

等，都是平动。它们有一个共同的特点：物体上任意两点所连成的线段，在物体运动过程中是平行移动的，即物体上各点的运动情况都一样，所以整个物体的运动可以由任一点的运动情况来代表。

然而，一般情况下，物体上不同点的运动情况是不同的，要准确描述物体的运动是相当复杂的。在某些情况下，为使问题简化，**可以不考虑物体的形状大小，用一个具有物体全部质量的点来代替整个物体，这样的点称为质点。**

质点是抽象的理想模型。能否把物体看成质点是有条件的、相对的。例如：物体在平动时，物体上各点的运动情况都相同，其任意一点的运动都可代表物体的运动，所以可以不考虑它的大小和形状，把物体当作质点。此外，如果物体的大小与研究问题中的距离相比极小时，也可把物体当作质点。例如，研究地球绕太阳公转时，由于地球的直径（约为$1.3 \times 10^7 \mathrm{m}$）比它离太阳的距离（约 $1.5 \times 10^{11} \mathrm{m}$）小得多，地球上各点相对太阳的运动差异很小，所以可看作是相同的，可把地球当作质点。但是，研究地球的自转时，地球上不同点的运动差异不能忽略，就不能再把地球当作质点。

机械运动的另一种最基本的运动形式是转动。例如砂轮、电风扇的运动，各部分都绕着某一转轴做圆周运动，这样的运动就是转动。物体转动时，物体上各点的运动情况一般是不同的，这与物体的平动有显著的区别。

习题 1-1

1-1-1　以行驶的汽车作参考系，路旁电线杆的运动情况怎样？

1-1-2　当你坐在教室里听课时，你是静止的还是运动的？

1-1-3　两辆在公路上行驶的汽车，在某段时间内，它们的距离始终保持不变，试说明选用什么参考系，这两辆汽车都是静止的；以什么作参考系，它们又都是运动的？

1-1-4　将物体抽象为质点的条件是什么？

第二节　位移和路程

一、矢量与标量

初中时我们已经学习过长度、质量和时间等物理量，它们只有大小，仅用一个有单位的数值，就能完全表示出来。同时也学过力、速度等物理量，它们不但有大小，而且还有方向，只说出它们的大小，不说明它们的方向，就不能完全表达这些量。譬如说一架飞机的飞行速度是 $600 \mathrm{km/h}$，这仅说明飞机飞行的快慢，没有说明飞机飞行的方向。力也是如此，同样大小的两个力，以不同的方向作用在同一个物体上产生的效果是不一样的，也就是说要完整、准确地描述一个力除了说明它的大小外，还必须说明它的方向。如同力、速度这样**既有大小、又有方向的量，称为矢量。**那些只有大小，没有方向的量，称为**标量。**

矢量与标量不仅含义不同，而且表示方法及运算法则也不相同。标量的求和遵循算术加法的法则，矢量的求和遵循平行四边形法则，此法则将在第二章里讨论。

二、位移和路程

物体运动时，它的位置随时间不断变化。如图 1-2 所示，物体由初位置 A 经过一段时间，沿路径 ACB 运动到末位置 B。为描述物体位置的变化，我们把**由初位置 A 指向末位置 B 的有向线段 $\overrightarrow{AB}$ 称为物体在这段时间内的位移**。位移的大小是 $\overrightarrow{AB}$ 线段的长度，位移的方向是由初位置 A 指向末位置 B 的方向。位移有大小，也有方向，是矢量。如果物体由初位置 A 沿路径 ADB 到达末位置 B，那么，由于初、末位置相同，所以它们的位置变化相同，位移也相同。可见，物体的位移与初、末位置有关、与运动路径无关。

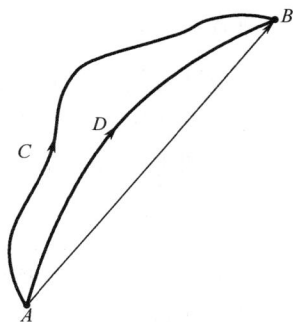

路程和位移不同，**路程是指物体所经过的路径的长度**，只有大小，没有方向，是标量。如图 1-2 所示，两种情况下，物体的路程分别是曲线 ACB 和 ADB 的长度。一般情况下，物体的路程并不等于其位移的大小，但若物体做直线运动，且始终向着同一方向运动时，两者是相等的，其他情况路程都大于位移大小。

图 1-2　位移和路程

位移和路程的单位相同，都是长度的单位，它们的 SI 单位是米，其符号为 m。

三、时刻和时间

时刻是指某一瞬时，时间是指两个瞬时之间的间隔。质点运动时，时刻与质点所在的某一位置相对应；时间与质点所经过的某一段路程（或位移）相对应。例如，一列火车 9 时 16 分从济南开出，16 时 21 分到达青岛，9 时 16 分和 16 时 21 分分别是指初时刻和末时刻，从 9 时 16 分到 16 时 21 分的间隔是指所经历的时间。

时间的 SI 单位是秒，其符号为 s。时间的常用单位还有分（min）和小时（h）等。

习题 1-2

1-2-1　矢量由哪些因素决定？"位移相等"的含义是什么？

1-2-2　半径为 R 的圆形轨道，一质点在轨道上移动 1/4 圆周、1/2 圆周及整个圆周，试分别求出其路程和位移的大小。

1-2-3　同方向的直线运动，质点的位移大小和路程是否相等？

1-2-4　位移和路程有何不同？在什么情况下两者大小相等？

1-2-5　"5s 内"、"第 9s 内"、"5s 初"、"9s 末"指的是时间还是时刻？若是时间请指出其长短。

第三节　匀速直线运动

物体的运动，按轨迹可分为直线运动和曲线运动，按速度可分为匀速运动和变速运动，研究问题一般都是从最简单的现象入手，同样，我们也从最简单的匀速直线运动开始来研究物体的运动。

物体沿一直线运动，如果在任意相等的时间内位移都相等，这种运动就称为**匀速直线运动**，简称匀速运动。例如，一同学在平直公路上骑自行车，他在任意 1min 内的位移都是 300m，在任意 10s 内的位移都是 50m，在任意 1s 内的位移都是 5m……那么他的运动就是匀速直线运动。

一、匀速直线运动的速度公式

做匀速直线运动的物体，其位移与发生该位移所用的时间成正比，比值为恒量。在上述例子中，如果自行车在任意 1s 内的位移是 5m，那么它在 1s，2s，3s，…内的位移分别是 5m，10m，15m，…位移与时间的比值 $\dfrac{5m}{1s}=\dfrac{10m}{2s}=\dfrac{15m}{3s}=\cdots$ 是恒量。这个比值在数值上等于单位时间内物体位移的大小，在不同的匀速直线运动中，该比值是不同的。比值越大，表示运动越快，反之越慢，所以，这个比值的大小可以表示物体运动的快慢程度。

在匀速直线运动中，位移 s 与发生该位移所用时间 t 的比值，称为匀速直线运动的速度，以字母 v 表示，即

$$v=\frac{s}{t} \tag{1-1}$$

速度是描述运动快慢的物理量。速度的 SI 单位是米/秒（m/s 或 $m \cdot s^{-1}$），读作米每秒。其常用单位还有千米/时（km/h 或 $km \cdot h^{-1}$），厘米每秒（cm/s 或 $cm \cdot s^{-1}$）等。

匀速直线运动的速度不但有大小，而且有方向，是矢量。匀速直线运动的速度的方向与位移的方向相同，因此，它的方向即表示物体的运动方向。

如果已知匀速直线运动的速度，那么根据式（1-1）即可计算出它在任意时间内产生的位移，即

$$s=vt \tag{1-2}$$

式（1-2）称为匀速直线运动的位移公式。

二、匀速直线运动的位移图像

匀速直线运动的位移与时间的关系，不仅可用式（1-2）表示，也可用图像表示。

在直角坐标系中（见图 1-3），取横轴表示时间，纵轴表示位移，画出位移和时间的关系图像，该图像称为**位移-时间图像**，即 s-t 图像，简称位移图像。匀速直线运动的位移图像是一条直线。图 1-3 为 $v=20m/s$ 的匀速直线运动的位移图像。

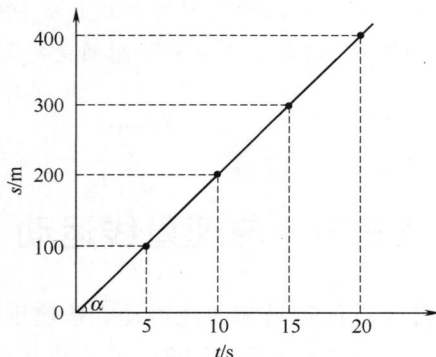

图 1-3 匀速直线运动的位移图像

利用 s-t 图像可以求出质点的速度，s-t 图像的斜率在数值上等于匀速直线运动的速度大小，即 $v = \dfrac{s}{t} = \tan\alpha$。

三、匀速直线运动的速度图像

速度与时间的关系也可以用图像表示，该图像称为**速度-时间图像**（v-t 图像），简称速度图像。匀速直线运动的速度不随时间变化，所以其图像是一条平行于时间轴的直线，它表示在匀速直线运动中，任意时刻的速度均相同。如图 1-4 所示为 $v = 4\text{m/s}$ 的匀速直线运动的速度图像。

利用 v-t 图像可求出质点在任意一段时间 t 内产生的位移。因为位移等于速度和时间的乘积，所以时间 t 内的位移在数值上等于 v-t 图像中矩形的"面积"。如图 1-4 所示，2s 内质点的位移大小为

$$s = 2 \times 4 = 8 \ (\text{m})$$

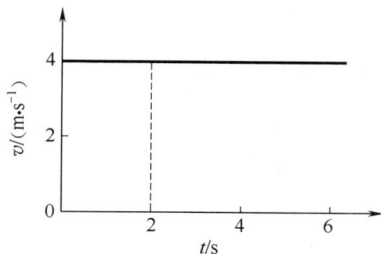

图 1-4 匀速直线运动的速度图像

习题 1-3

1-3-1 匀速直线运动有何特点？

1-3-2 匀速直线运动中速度的方向与质点运动方向有何关系？速度的大小反映物体运动的什么性质？有人说匀速直线运动就是速度不变的运动，这种说法正确吗？

1-3-3 一列做匀速直线运动的火车，在 5min 内通过的位移是 4500m，问火车的速度是多少？

1-3-4 在同一直角坐标系中，画出 $v_1 = 4.0\text{m/s}$ 和 $v_2 = 10\text{m/s}$ 的匀速直线运动的速度图像。

1-3-5 如图 1-5 所示为甲、乙两物体运动的速度图像。问：

（1）甲、乙两物体各做什么样的运动？运动速度分别是多少？

（2）甲物体在 10s 内运动的位移是多少？

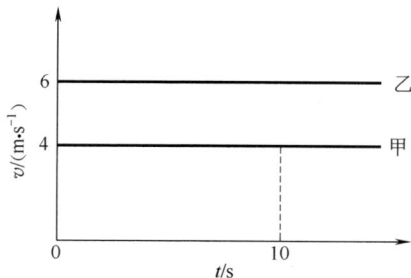

图 1-5 习题 1-3-5 图

第四节　变速直线运动　平均速度　瞬时速度

一、变速直线运动

平常我们看到的直线运动，往往不是匀速直线运动。例如汽车的运动，汽车启动时，运动越来越快；刹车时，运动越来越慢；在行驶过程中，运动时快时慢，在相等的时间内通过的位移并不相等。

物体沿直线运动，如果在相等的时间内通过的位移不相等，这种运动就称为变速直线运动。

二、平均速度

物体做变速直线运动，在相等的时间内运动的位移并不相等，因此，它没有恒定的速度。那么怎样描述变速直线运动的快慢呢？粗略的办法是把它当作匀速直线运动来处理，于是引入平均速度来描述它的平均快慢程度。

在变速直线运动中，运动物体的位移 s 与发生这段位移所用时间 t 的比值称为物体在这段时间（或这段位移）内的平均速度。以符号 $\bar{v}$ 表示。

$$\bar{v} = \frac{s}{t} \tag{1-3}$$

平均速度不仅有大小，而且有方向，是矢量。平均速度的方向与在这段时间内发生的位移的方向相同，并非一定是物体运动的方向。

平均速度的大小与在哪一段时间（或位移）内计算平均速度有关。例如，一物体在第 1s 内运动了 0.30m，第 2s 内运动了 0.44m，第 3s 内运动了 0.40m，物体在前 2s 内的平均速度为

$$\bar{v}_{12} = \frac{0.30 + 0.44}{2} = 0.37 \text{（m/s）}$$

物体在后 2s 内的平均速度为

$$\bar{v}_{23} = \frac{0.44 + 0.40}{2} = 0.42 \text{（m/s）}$$

物体在 3s 内的平均速度为

$$\bar{v}_{123} = \frac{0.30 + 0.44 + 0.40}{3} = 0.38 \text{（m/s）}$$

由此可见 $\bar{v}_{12} \neq \bar{v}_{23} \neq \bar{v}_{123}$，所以，在计算平均速度时，必须指明是哪一段时间（或位移）内的平均速度。

对匀速直线运动来说，其任意一段时间（或位移）内的平均速度都相等，都等于匀速直线运动的速度。

三、瞬时速度

由前面的例子可以看出，平均速度的大小只能粗略地描述做变速直线运动物体的运动快慢，为了要精确地进行描述，就要知道它在各个时刻或各个位置的运动快慢，为此，引入瞬时速度的概念。

物体在某时刻（或位置）**前后一段极短时间内的平均速度称为在该时刻（或位置）的瞬时速度**（也称为即时速度），以 v 表示。

瞬时速度的大小描述了物体在该时刻（或该位置）运动的快慢，瞬时速度也是矢量，它的方向即是在极短时间内的位移的方向。瞬时速度的方向描述了物体在该时刻（或位置）运动的方向。

表 1-1　常见物体运动的速度或平均速度的数值　　　　$\text{m} \cdot \text{s}^{-1}$

物体运动	速度或平均速度的数值	物体运动	速度或平均速度的数值
手扶拖拉机耕作	0.27～1.1	核潜艇快速航行	23.1
人步行	1～1.5	国产摩托车	23.6
内河轮船	2.8～2.9	飞机	$83.3 \sim 1.0 \times 10^3$
自行车（一般）	约 5	声速（0℃在空气中）	331
远洋轮船	8.3～16.7	步枪子弹	约 9.0×10^2
运动员短跑	约 10	普通炮弹	约 1.0×10^3
火车（慢车）	10	远程炮弹	约 2.0×10^3
火车（快车）	可达 60	单级火箭	可达 4.5×10^3
比赛用马	约 15	地球绕太阳旋转	3.0×10^4
野兔快速奔跑	约 18	光速（在真空中）	3.0×10^8

对匀速直线运动来说，因为任意一段时间（或位移）内的平均速度都相等，所以其任意一时刻（或位置）的瞬时速度也相等，都等于匀速直线运动的速度。

各种机动车辆的速度计所指示的都是瞬时速度的数值。

瞬时速度的大小称为瞬时速率（或即时速率），**简称为速率**。常见物体运动的速度或平均速度的数值见表 1-1。

在以后的叙述中，"速度"一词有时指平均速度，有时指瞬时速度，要根据上下文判断。日常生活和物理学中说到的"速度"，有时是指速率。

还应说明的是，上述平均速度和瞬时速度的定义都具有一般性，不仅适用于直线运动，也适用于曲线运动。

习题 1-4

1-4-1　变速直线运动与匀速直线运动有何不同？

1-4-2　平均速度总是等于瞬时速度的运动是什么运动？

1-4-3　骑自行车的人沿斜坡直线下行，第 1s 内的位移是 1.0m；第 2s 内的位移是 2.0m；第 3s 内的位移是 3.0m。求最初 2s 和最后 2s 内的平均速度。

1-4-4　火车沿平直轨道以 60km/h 的速度行驶 0.52h，然后以 30km/h 的速度行驶 0.24h，又在某站停了 0.04h，最后以 70km/h 的速度行驶 0.20h。求火车在整个运动过程中的平均速度。

第五节　匀变速直线运动　加速度

一、匀变速直线运动

意大利物理学家伽利略（1564—1642）曾经指出，经过相等的时间，速度的变化相等的直线运动是最简单的变速直线运动。**物体沿直线运动，如果在任意相等的时间内，速度的变化量都相等，该运动就称为匀变速直线运动**。匀变速直线运动包括速度数值均匀增加的匀加速直线运动和速度数值均匀减小的匀减速直线运动。

例如，一个做直线运动的物体，在第 1s 末的速度是 3m/s，在第 2s 末的速度是 6m/s，在第 3s 末的速度是 9m/s，……即每经过 1s 速度都增加 3m/s，该物体的运动就是匀变速直线运动。在日常生活中，石块从不太高的地方竖直下落的运动，发炮时炮弹在炮膛里的运动，汽车、火车在平直轨道上刚开动时或停止前一段时间内的运动等，都可近似地看作是匀变速直线运动。

二、加速度

不同的匀变速直线运动，速度改变的快慢不同。汽车开动时，速度在几秒内从零增加到几十米/秒。发炮时，炮弹的速度在千分之几秒内就能从零增加到几百米/秒。显然，汽车的速度增加得比较慢，炮弹的速度增加得比较快。汽车或火车在正常进站时速度减小得慢，而在紧急刹车时速度减小得快。

前面曾以物体的位移与时间的比值来表示物体运动的快慢。同样，也可以用物体速度的变化量与时间的比值来表示速度的变化快慢。比值越大，表示速度变化越快，反之越慢。

速度的变化量与发生变化所用时间的比值，称为物体的加速度。如果以 v_0 表示物体的初速度，用 v_t 表示末速度，那么速度的变化量 $\Delta v = v_t - v_0$，以 t 表示速度发生这一变化所用的时间，以 a 表示加速度，就有

$$a = \frac{\Delta v}{t}$$

或 $$a = \frac{v_t - v_0}{t} \tag{1-4}$$

加速度是描述速度变化快慢的物理量。加速度的 SI 单位是米/秒^2（m/s^2 或 m·s^{-2}），读作米每二次方秒。

由式（1-4）可知，加速度在数值上等于单位时间内速度的变化。在匀变速直线运动中，加速度保持不变，为一恒量。

加速度不但有大小，而且有方向，是矢量。通常规定速度方向为正方向（见图 1-6），当物体做匀加速直线运动时［见图 1-6（a）］，其速度随时间增大，$v_t > v_0$，a 为正值，表示加速度方向与速度方向相同；当物体做匀减速直线运动时［见图 1-6（b）］，其速度随时间减小，$v_t < v_0$，a 为负值，表示加速度方向与速度方向相反。

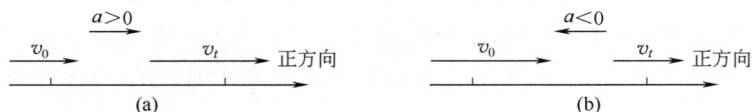

图 1-6 匀变速直线运动的加速度方向

在今后所讨论的同方向的直线运动中，若不另加说明，都是规定速度方向为正方向。

【例题 1】 做匀变速直线运动的火车，在 50s 内，速度从 8.0m/s 增加到 15m/s，求火车的加速度。

已知 $v_0 = 8.0$m/s，$v_t = 15$m/s，$t = 50$s。

求 a。

解　由加速度公式得

$$a = \frac{v_t - v_0}{t} = \frac{15 - 8.0}{50} = 0.14 \ (\text{m/s}^2)$$

答：火车的加速度大小为 0.14m/s^2，加速度方向与火车速度方向相同，火车做匀加速直线运动。

【例题 2】　汽车紧急刹车时，在 2.0s 内速度由 10m/s 减小到零，求汽车的加速度。

已知 $v_0 = 10\text{m/s}$，$v_t = 0$，$t = 2.0\text{s}$。

求 a。

解　由加速度公式得

$$a = \frac{v_t - v_0}{t} = \frac{0 - 10}{2.0} = -5.0 \ (\text{m/s}^2)$$

答：汽车的加速度大小为 5.0m/s^2，加速度方向与汽车速度方向相反，汽车做匀减速直线运动。

习题 1-5

1-5-1　指出下面三种运动的加速度各有什么特点：

（1）匀速直线运动；

（2）匀加速直线运动；

（3）匀减速直线运动。

1-5-2　速度为 24m/s 的汽车，刹车后经 15s 停止，求汽车的加速度。

1-5-3　做匀加速直线运动的火车，在 50s 内，速度从 36km/h 增加到 54km/h，求火车的加速度。

第六节　匀变速直线运动的速度

一、匀变速直线运动的速度公式

由加速度公式 $a = \dfrac{v_t - v_0}{t}$，可得匀变速直线运动速度与时间的关系。

$$v_t = v_0 + at \tag{1-5}$$

式（1-5）称为匀变速直线运动的**速度公式**。式中，v_0 表示初速度；v_t 表示末速度；at 表示在 t 时间内速度的增量。如果已知做匀变速直线运动的物体的初速度 v_0 和加速度 a，那么就可以求出任意时刻的速度 v_t。

如果初速度为零，即 $v_0 = 0$，则式（1-5）即可简化为

$$v_t = at$$

【例题】　一辆汽车原来的速度是 36km/h，后来以 0.25m/s^2 的加速度做匀加速直线运动，求加速 40s 时汽车的速度大小。

已知 $v_0 = 36\text{km/h} = 10\text{m/s}$，$a = 0.25\text{m/s}^2$，$t = 40\text{s}$。

求 v_t。

解 由匀变速直线运动的速度公式得

$$v_t = v_0 + at = 10 + 0.25 \times 40 = 10 + 10 = 20 \ (m/s)$$

答：加速 40s 时汽车的速度大小为 20m/s。

二、匀变速直线运动的速度图像

在匀变速直线运动中，速度与时间的关系也可以用速度图像表示。由式（1-5）可知，匀变速直线运动的速度图像是一条倾斜的直线。例如，一辆做匀加速直线运动的汽车，它的初速度是 4m/s，加速度为 2m/s²，其速度图像如图 1-7 所示，可见，匀加速直线运动的速度图像是一条向上倾斜的直线。图 1-8（a）是初速度为零的匀加速直线运动的速度图像，而图 1-8（b）是匀减速直线运动的速度图像。

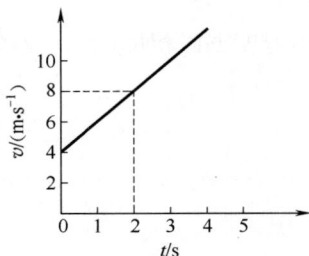

图 1-7 $v_0 = 4m/s$，$a = 2m/s^2$ 的匀加速直线运动的速度图像

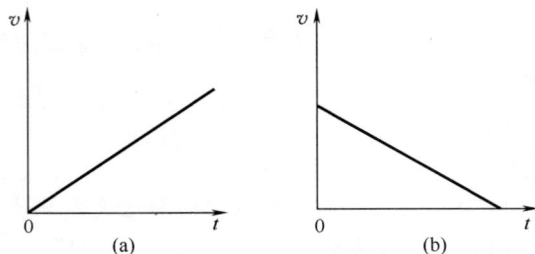

图 1-8 匀变速直线运动的速度图像

利用匀变速直线运动的速度图像，可以求出任意时刻的速度，也可以求出达到某一速度所需的时间。

习题 1-6

1-6-1　某飞机起飞前，在跑道上加速滑行，加速度是 4.0m/s²，滑行 20s 达到起飞速度，问飞机起飞速度多大？

1-6-2　火车原来的速度是 10m/s，在一段下坡路得到 0.20m/s² 的加速度，行驶到坡路末端时速度增加到 15m/s，求火车经过这段坡路所用的时间。

1-6-3　汽车紧急刹车时，加速度的大小是 8.0m/s²，如果刹车后在 2.0s 内停下来，问汽车刹车前的速度是多少？

1-6-4　图 1-9 为一个物体运动的速度图像，请你根据此图说明物体在 60s 内各阶段的运动情况。

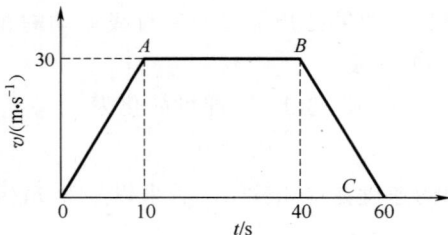

图 1-9 习题 1-6-4 图

第七节　匀变速直线运动的位移

一、匀变速直线运动的位移公式

由式（1-3）可知，做变速直线运动的物体，在时间 t 内的位移为 $s=\bar{v}t$。若物体做匀变速直线运动，则其速度变化就是均匀的，那么，它在这段时间内的平均速度应等于时间 t 内的速度 v_0 和末速度 v_t 的平均值，即

$$\bar{v}=\frac{v_0+v_t}{2} \tag{1-6}$$

所以

$$s=\bar{v}t=\frac{v_0+v_t}{2}t$$

将 $v_t=v_0+at$ 代入上式，可得

$$s=\frac{v_0+(v_0+at)}{2}t=\frac{2v_0t+at^2}{2}$$

即

$$s=v_0t+\frac{1}{2}at^2 \tag{1-7}$$

式（1-7）称为匀变速直线运动的**位移公式**，它表示匀变速直线运动的位移与时间的关系。如果已知初速度 v_0 和加速度 a，就可以利用式（1-7）求出任意时间内的位移，从而确定物体在任意时刻的位置。

如果初速度为零，即 $v_0=0$，式（1-7）就可简化为

$$s=\frac{1}{2}at^2$$

【例题 1】　一列火车在斜坡上匀加速下行，在坡顶端时的速度是 $8.0\mathrm{m/s}$，加速度是 $0.20\mathrm{m/s^2}$，火车通过斜坡的时间是 $30\mathrm{s}$，求这段斜坡的长度。

已知 $v_0=8.0\mathrm{m/s}$，$a=0.20\mathrm{m/s^2}$，$t=30\mathrm{s}$。

求 s。

解　由匀变速直线运动的位移公式，可得

$$s=v_0t+\frac{1}{2}at^2$$

$$=8.0\times30+\frac{1}{2}\times0.2\times(30)^2=2.4\times10^2+90=3.3\times10^2 \ (\mathrm{m})$$

答：这段斜坡的长度为 $3.3\times10^2\mathrm{m}$。

二、导出公式

式（1-5）表示匀变速直线运动的速度与时间的关系，式（1-7）表示匀变速直线运动的位移与时间的关系，它们是匀变速直线运动的两个基本公式。从这两个基本公式可以推出另一个很有用的公式。

由式（1-5）有 $t=\dfrac{v_t-v_0}{a}$，代入式（1-7）可得

$$s = v_0 \frac{v_t - v_0}{a} + \frac{1}{2} a \left(\frac{v_t - v_0}{a} \right)^2$$

化简后可以得到

$$v_t^2 - v_0^2 = 2as \tag{1-8}$$

式(1-8)给出了初速度、末速度、加速度和位移四个量间的关系。显然，利用该式求解运动时间未知的问题很方便。

如果初速度为零，那么式(1-8)即可简化为

$$v_t^2 = 2as$$

【例题 2】 如图 1-10 所示，一步枪子弹打穿 5.0cm 厚的木板后，它的速度从 4.0×10^2 m/s 减小到 1.0×10^2 m/s。设子弹穿过木板时做匀变速直线运动，求子弹在木板中的加速度和穿过木板所用的时间。

已知 $v_0 = 4.0 \times 10^2$ m/s，$v_t = 1.0 \times 10^2$ m/s，$s = 5.0$cm $= 5.0 \times 10^{-2}$ m。

求 a，t。

解 由公式 $v_t^2 - v_0^2 = 2as$ 可得

$$a = \frac{v_t^2 - v_0^2}{2s}$$
$$= \frac{(1.0 \times 10^2)^2 - (4.0 \times 10^2)^2}{2 \times 5.0 \times 10^{-2}}$$
$$= -1.5 \times 10^6 \ (\text{m/s}^2)$$

由公式 $v_t = v_0 + at$，可得

$$t = \frac{v_t - v_0}{a}$$
$$= \frac{1.0 \times 10^2 - 4.0 \times 10^2}{-1.5 \times 10^6} = 2.0 \times 10^{-4} \ (\text{s})$$

图 1-10 子弹运动示意图

答：子弹在木板中的加速度大小为 1.5×10^6 m/s^2，方向与子弹的运动方向相反，它穿过木板用的时间是 2.0×10^{-4} s。

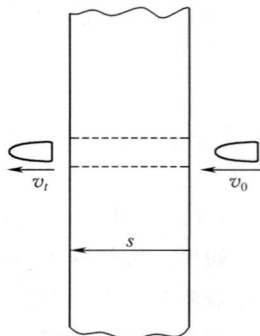

习题 1-7

1-7-1 一辆电车原来的速度是 18km/h，后来以 1.2m/s^2 的加速度匀加速地行驶了 5.0s，在这 5.0s 内电车行驶的距离是多少？

1-7-2 飞机着陆时的速度是 60m/s，着陆后以大小为 6.0m/s^2 的加速度做匀减速直线运动，问飞机着陆后要滑行多远才能停下来？

1-7-3 汽车紧急刹车后，加速度的大小是 6.0m/s^2，如果要求在 2.0s 内停下来，问汽车行驶的最大速度不能超过多少 km/h？刹车后汽车滑行多远？

1-7-4 一个滑雪者，从 85m 长的山坡上匀加速滑下，初速度是 1.8m/s，末速度是 5.0m/s，问他通过这段山坡需要多少时间？

1-7-5 火车以 15m/s 的速度运行，到站前做匀减速直线运动，经过 2min 停止，求它从开始减速到停止这段时间内的位移和加速度。

第八节　自由落体运动　重力加速度

一、自由落体运动

物体在空中从静止开始下落的运动是一种常见的运动。例如在高处从手中释放的石块，在重力作用下，总是沿竖直方向向下做越来越快的运动。显然，这种运动是加速直线运动。

把形状和质量不同的金属片、小羽毛和小竹条等放入一玻璃管内，管的一端封闭，另一端有开关，如图 1-11 所示。如果玻璃管内有空气，把管倒过来后，这些物体下落的快慢各不相同。但是，如果把管内空气抽出后，再把管倒过来，这些物体下落的快慢就完全相同了。由此可见，平时所看到的物体下落速度不同，不是因为它们的质量不同，而是由于空气阻力对它们的影响不同而造成的。

物体只在重力作用下从静止开始下落的运动，称为自由落体运动。

如果空气阻力对物体的影响较小，可忽略不计，那么物体在空气中从静止开始下落的运动可看作是自由落体运动。

自由落体运动是一种什么性质的运动呢？意大利物理学家伽利略曾指出，自由落体运动是指初速度为零的匀加速直线运动。小球自由下落的频闪照片（每隔相等的时间拍摄一次）的示意如图 1-12 所示。通过对照片的测量与分析，可以证明该结论的正确性。

图 1-11　牛顿管

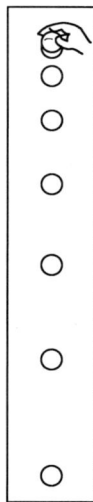

图 1-12　小球自由下落的频闪照片

二、自由落体加速度

实验证明，在同一地点，一切物体在自由落体运动中的加速度都相同，这个加速度称为**自由落体加速度**，也称为**重力加速度**，通常以 g 表示。

重力加速度的大小可用实验测出，在地球上不同地点，其值略有不同，实验结果表明，在赤道 $g=9.780\mathrm{m/s^2}$；在北京 $g=9.801\mathrm{m/s^2}$；在北纬 $45°$ 的海平面 $g=9.807\mathrm{m/s^2}$；在北极 $g=9.832\mathrm{m/s^2}$。通常忽略 g 的数值差异，而把 g 取作 $9.8\mathrm{m/s^2}$。在粗略计算中，也把 g 取作 $10\mathrm{m/s^2}$。

重力加速度的方向总是竖直向下的。

自由落体运动是初速度为零的匀加速直线运动，它的加速度为 g，其位移就是下落的高度 h，所以，初速度为零的匀加速直线运动公式对它完全适用，即

$$v_t = gt \tag{1-9}$$

$$h = \frac{1}{2}gt^2 \tag{1-10}$$

$$v_t^2 = 2gh \tag{1-11}$$

【例题】 钢球从 $15.9\mathrm{m}$ 高的地方自由落下，下落的时间是 $1.8\mathrm{s}$，求重力加速度和钢球下落 $1.8\mathrm{s}$ 末的速度大小。

已知 $h=15.9\mathrm{m}$，$t=1.8\mathrm{s}$。

求 g，v_t。

解 由公式 $h=\frac{1}{2}gt^2$ 可得

$$g = \frac{2h}{t^2} = \frac{2 \times 15.9}{1.8^2} \approx 9.8(\mathrm{m/s^2})$$

由公式 $v_t = gt$ 可得

$$v_t = 9.8 \times 1.8 = 17.6(\mathrm{m/s})$$

答：重力加速度为 $9.8\mathrm{m/s^2}$，钢球 $1.8\mathrm{s}$ 末的速度大小为 $17.6\mathrm{m/s}$。

习题 1-8

1-8-1 一个物体从 $20\mathrm{m}$ 高处自由落下（g 取 $10\mathrm{m/s^2}$），求：

（1）它落到地面需要多少时间？

（2）它到达地面时的速度是多少？

1-8-2 为测量井的深度，在井口释放一石块，经过 $2.0\mathrm{s}$ 后听到声音，若忽略声音传播的时间，求井口到水面的深度。

1-8-3 一个自由下落的物体到达地面时的速度是 $49\mathrm{m/s}$，求该物体下落的高度和落到地面所需的时间。

1-8-4 一个自由下落的物体，经过某点时的速度是 $9.8\mathrm{m/s}$，经过另一点时的速度是 $39.2\mathrm{m/s}$，求这两点间的距离和物体经过这段距离所用的时间。

本章小结

一、基本概念

1. 参考系与质点

要研究物体的运动，必须选择另一物体，这个物体称为参考系。同一物体的运动，对于不同的参考系，对它的运动状态的描述不同，所以机械运动中的运动或静止，都是相对于某一参考系而言的。

在研究物体运动时，在有些情况下，为简化问题，常忽略物体的形状、大小，而把它看成是具有一定质量的点，这样的点称为质点。质点是实际物体的一种理想模型。平动的物体都可看成质点。

2. 位移与路程

物体由 A 点沿某一路径运动到 B 点，连接 A、B 两点间的有向线段 $\overrightarrow{AB}$ 称为位移。从 A 点到 B 点所经过路径的长度称为路程。

注意以下两点。

① 位移是矢量，由初、末位置决定，与运动路径无关。路程是标量，与初、末位置及运动路径都有关。

② 一般来说，位移大小小于路程；只有在同方向的直线运动中，位移大小才等于路程。

3. 时刻与时间

时刻是指某一瞬时、时间是指两个瞬时之间的间隔。时刻与位置相对应，时间与位移、路程相对应。

4. 速度

速度是描述物体运动快慢和运动方向的物理量。速度是矢量。

（1）平均速度

$$\bar{v} = \frac{s}{t}$$

平均速度粗略地描述物体在某段时间内的运动快慢和方向，不能全面、真实地描述物体在各个时刻的运动情况。

（2）瞬时速度

物体在某时刻或某位置的速度，称为瞬时速度，它的方向就是物体运动的方向。

5. 加速度

加速度是描述物体运动速度变化快慢程度的物理量。加速度是矢量，它的方向就是速度变化量的方向。在直线运动中，当速度增加时，加速度方向与速度方向相同；当速度减小时、加速度的方向与速度方向相反。

匀变速直线运动的加速度的公式为

$$a = \frac{v_t - v_0}{t}$$

二、基本规律

1. 匀速直线运动的特点及规律

① 物体运动的路径是直线，且是同方向的直线运动。

② 速度是恒量，且平均速度等于瞬时速度，加速度 $a = 0$。

③ 运动规律

$$v = \frac{s}{t}$$
$$s = vt$$

④ 位移图像（s-t 图像）是一条过坐标原点的斜向上方的直线；速度图像（v-t 图像）是一条平行于时间轴的直线。

物体在时间 t 内通过的位移大小，数值上等于 v-t 图像中的矩形面积。

对于变速运动，v-t 图像中的面积数值也等于时间 t 内物体通过的位移大小。

2. 匀变速直线运动的特点及规律

① 在任意相等的时间内，速度的变化量都相等。

② 加速度是一个恒量。

通常选速度方向为正方向，在匀加速直线运动中，$v_t > v_0$，a 为正值，加速度的方向与速度方向相同；在匀减速直线运动中，$v_t < v_0$，a 为负值，加速度的方向与速度方向相反。

③ 匀变速直线运动规律

$$v_t = v_0 + at$$

$$s = v_0 t + \frac{1}{2} at^2$$

$$v_t^2 - v_0^2 = 2as$$

$$\bar{v} = \frac{v_0 + v_t}{2}$$

④ 速度图像（$v\text{-}t$ 图像）

由于 a 为恒量，所以 v_t 是 t 的一次函数，$v\text{-}t$ 图像是一条倾斜的直线，其斜率等于加速度，即 $a = \tan\alpha$。

3. 自由落体运动的特点及规律

① 自由落体运动是初速度为零，加速度为 g 的匀加速直线运动。

② g 为恒量，且 g 取 9.8m/s^2。在粗略计算中，g 取 10m/s^2。

③ 自由落体运动规律

$$v_t = gt$$

$$h = \frac{1}{2} gt^2$$

$$v_t^2 = 2gh$$

$$s = v_0 t$$

$$h = \frac{1}{2} gt^2$$

复习题

一、判断题

1. 只有质量很小的物体才可以看作质点。　　　　　　　　　　　　　　　（　　）

2. 直线运动中的位移的大小等于路程。　　　　　　　　　　　　　　　　（　　）

3. 匀速直线运动的平均速度和瞬时速度相等。　　　　　　　　　　　　　（　　）

4. 速度越大，物体的加速度也一定大。　　　　　　　　　　　　　　　　（　　）

5. 只在重力作用下的运动是自由落体运动。　　　　　　　　　　　　　　（　　）

二、选择题

1. 关于质点，下列说法中正确的是　　　　　　　　　　　　　　　　　　（　　）

A. 只有运动速度较小的物体才可以看作质点　　　B. 只有体积很小的物体才可以看作质点

C. 只有平动的物体才可以看作质点

D. 只要物体的大小与研究问题中的距离相比极小时，物体就可以看作质点

2. 关于加速度，下列说法中正确的是　　　　　　　　　　　　　　　　　（　　）

A. 加速度是矢量，加速度的方向和速度的方向相同

B. 加速度是矢量，加速度的方向和速度的方向相反

C. 速度的变化量越大，加速度越大

D. 速度的变化率越大，加速度越大

3. 关于物体做直线运动，下列说法中正确的是　　　　　　　　　　　　　（　　）

A. 运动物体在某时刻的速度为零时，其加速度一定为零

B. 运动物体的加速度为零时，其速度一定为零

C. 物体运动的加速度越来越小，表示速度的变化越来越慢

D. 当加速度的方向与物体运动速度的方向相同时，速度越来越小

4. 一个质点做直线运动，加速度的方向与运动方向相同，但加速度逐渐减小，则　（　　）

A. 速度逐渐增大，直到加速度等于零为止　　　B. 位移逐渐增大，直到加速度等于零为止

C. 速度逐渐减小，直到加速度等于零为止　　　D. 位移逐渐增大，直到速度等于零为止

5. 轻、重不同的物体从同一高度做自由落体运动，则　　　　　　　　　　（　　）

A. 轻的物体先落地　　　　　　　　　　B. 轻、重两物体同时落地

C. 重的物体先落地　　　　　　　　　　D. 无法确定

三、填空题

1. 某运动员绕半径为 50m 的圆形跑道跑步，跑了 10 圈整，共用时间 10min，运动员通过的路程是_____，位移是_____；他跑步的平均速度是_____。

2. 匀速直线运动的加速度大小是_____；匀加速直线运动的加速度方向与速度方向_____；自由落体运动的加速度大小是_____，方向_____。

3. 复习题图 1-1 所示为 A、B 两物体在同一直线上，同时由同一位置向同一方向运动的速度图像。根据速度图像回答下列问题：

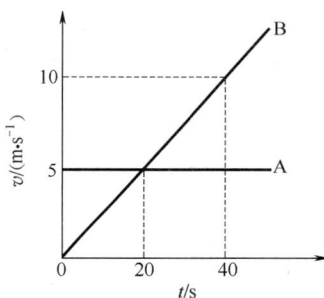

复习题图 1-1

（1）A 物体做_____运动，B 物体做_____运动；

（2）A、B 两物体经过_____s 运动速度相等；

（3）A、B 两物体运动的加速度大小分别为_____、_____；

（4）经过 40s，A 物体运动的位移为_____，B 物体的位移为_____，两物体之间的距离为_____。

四、计算题

1. 矿井里的升降机由静止开始匀加速直线上升，经过 3.0s 速度达到 3.0m/s，然后以此速度匀速上升 6.0s，最后在 2.0s 内匀减速上升，到达井口时刚好停止。求矿井的深度，并绘出升降机运动的 v-t 图像。

2. 火车以 5m/s 的初速度在平直的铁轨上做匀加速直线运动，行驶 500m 时，速度增加到 15m/s，求火车加速的时间和火车运动的加速度。

3. 物体做自由落体运动，经过 A、B 两点的速度分别是 20m/s 和 50m/s，则 A、B 两点间的距离为多少？（g 取 $10m/s^2$）

第二章 力

通过初中物理的学习，我们对力有了初步的了解，认识到力是物体对物体的作用。本章将在初中物理的基础上，进一步分析常见力的特点，学习力的合成和分解的知识，以及物体在共点力作用下的平衡条件，加深对力的认识。

第一节 力 的 概 念

一、力的定义

用手提水桶、拉弹簧，人就对水桶、弹簧施加了力，同时，人感到水桶、弹簧对手也施加了力；机车牵引列车前进，机车对列车施加了力，同时，列车对机车也施加了力。所有实例都表明，**力是物体间的相互作用**。

一个物体受到力的作用，一定有另一个物体施加这种作用，前者是受力物体，后者是施力物体。力不能脱离物体而存在，有时为了方便，只说物体受到了力，而没有指明施力物体，但施力物体一定存在。

二、力的作用效果

人坐在沙发上，人对沙发施加了力，沙发发生凹变；用力压或拉弹簧时，弹簧缩短或伸长。像沙发、弹簧那样，物体的形状或体积发生改变的现象称为形变。由此可见，力是物体发生形变的原因。任何物体在力的作用下都能发生形变，有的形变明显，有的形变极其微小。微小形变可以通过"放大"观察到。

马用力拉车，车由静止运动起来；运动员用力踢一静止的足球，足球飞了出去；汽车刹车后，由于受到阻力作用慢慢停了下来。这说明力也是改变物体运动状态的原因。

总之，**力的作用效果是改变物体的运动状态或使物体发生形变**。

三、力的三要素

力的作用效果，不仅与力的大小、方向有关，而且与力作用在物体上的位置即力的作用点有关。我们把**力的大小、方向、作用点**称作力的三要素。

力的大小可以用测力计（见图 2-1）来测量。在 SI 中，力的单位是牛顿，简称牛，符号为 N。力不仅有大小，而且有方向。力的方向不同，作用效果也不同。如：树上的苹果受到竖直向下的力作用落向地面，空中的氢气球受到向上的浮力而上升。在研究物体的转动时，力的作用点不同，产生的效果也不同。因此，要完全表达一个力，除指明力的大小外，还应指明力的方向及作用点。

力可以用带箭头的有向线段直观表示。线段按一定的比例（标度）画出，线段的长度表示力的大小，箭头的指向表示力的方向，箭头或箭尾表示力的作用点，线段所在的直线叫做力的作用线。这种表示力的方法称为**力的图示**。图 2-2 表示作用在物体上大小为 30N，方向水平向右的力。有时只需画出力的示意图，即只画出力的作用点和方向，表示物体在这个方向上受到了力。

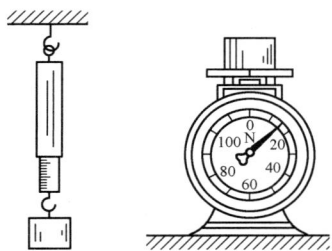

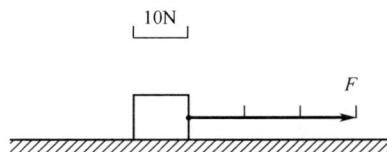

图 2-1 测力计   图 2-2 力的图示

习题 2-1

2-1-1 举出几个实例说明力是物体对物体的作用。

2-1-2 用力的图示画出下面的力：

（1）用 300N 的力提水桶；

（2）用 100N 的力沿水平方向推桌子；

（3）用与地面成 30°的力拉小车，力的大小为 200N。

第二节 重力 弹力

在日常生活和生产实践中，人们常常提到推力、拉力、支持力和压力等，这些是根据力的作用效果来命名的力。在物理学中，根据力的性质，在力学范围内，可将力分为**重力、弹力和摩擦力**三类。本节着重讨论重力和弹力的性质及特点。

一、重力

树上的苹果掉落总是竖直向下落向地面；运动员踢出去的足球、掷出去的铅球总是落向地面，这是由于物体受到地球的吸引所致。**把物体由于地球的吸引而受到的力称为重力**。物体受到的重力也称**物体的重量**。

地面上及其附近的物体都受到重力作用，且重力的方向总是竖直向下。

物体受到的重力大小与物体的质量有关系。

$$G = mg \tag{2-1}$$

式中，g 就是前面学过的重力加速度，在地球表面附近一般取 9.8m/s^2。

一个物体的各部分都受到重力作用。但是，从效果上看，可以认为各部分受到的重力都集中于一点，这一点就是重力的作用点，称为物体的**重心**。质量均匀分布、形状规则的物体，其重心就在它的几何中心上。例如，均匀直棒的重心在棒的中点上；均匀球体的重心就在球心上；均匀圆柱体的重心在轴线的中点上（见图 2-3）。质量分布不均匀的物体，其重心的位置除了跟物体的形状有关外，还跟物体内质量的分布有关。载重汽车的重心随

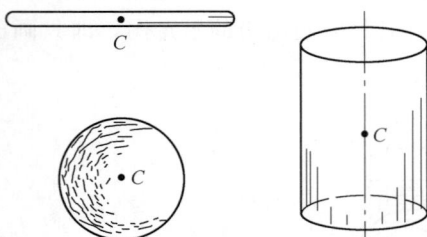

图 2-3　规则形状物体的重心

着装货多少和装载位置而变化。起重机的重心随着提升货物的重量和高度而变化。

二、弹力

用力拉橡皮筋时，它就会伸长且变细。物体受力后形状或体积的改变称为**形变**。发生形变的物体由于要恢复原状，对与它接触的物体产生力的作用，这种力称为**弹力**。显然，只有在物体间直接接触并发生形变时才产生弹力，因此，弹力是一种接触力。例如，被拉长的弹簧要恢复原状，对与它接触的木块将产生弹力作用，可把木块拉回；被弯曲的竹竿要恢复原状，对与它接触的圆木将产生弹力作用，把水中的圆木拨开（见图 2-4）。

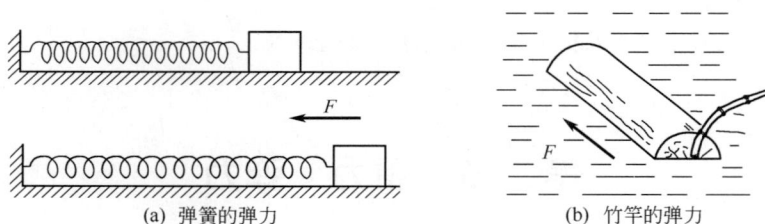

(a) 弹簧的弹力　　　　　　(b) 竹竿的弹力

图 2-4　弹力

任何物体受力后都能发生形变，只是有的形变较小，不易察觉。

放在水平桌面上的书与桌面相互挤压，书和桌面都发生微小的形变。由于书的形变，它对桌面产生向下的弹力 N'，这就是书对桌面的压力。由于桌面的形变，它对书产生向上的弹力 N，这就是桌面对书的支持力。（见图 2-5）。支持力和压力都是弹力，压力和支持力的方向都垂直于物体的接触面。

把电灯挂在导线上，会使导线产生微小的伸长形变，导线要恢复原状，对电灯施以向上的弹力，这就是导线对电灯的拉力。绳的拉力也是弹力，方向总是沿着绳并指向绳收缩的方向（见图 2-6）。

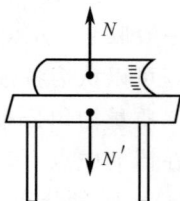

图 2-5　支持力和压力

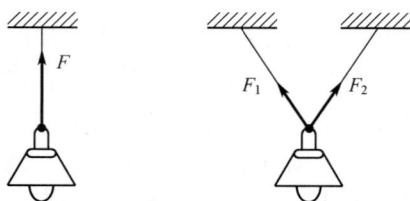

图 2-6　绳的拉力

三、胡克定律

弹力的大小与弹性形变的大小有关，形变越大，弹力越大，但是，如果形变过大，超过一定限度，那么，即使撤去外力，物体也不能恢复原状，这个限度称为**弹性限度**。实验证明，**在弹性限度内，弹簧弹力的大小与弹簧伸长（或缩短）的长度成正比**，即

$$F = kx \tag{2-2}$$

式中，k 为比例常数，称为弹簧的劲度系数，其 SI 单位为牛/米（N/m），它与弹簧的材料、匝数和粗细等有关；x 是弹簧伸长或缩短的长度，即弹簧形变后的长度与弹簧原有长度的差值，其 SI 单位为米（m）；F 是弹力的大小，其 SI 单位为牛（N）。这个规律是由英国物理学家胡克发现的，所以又称为**胡克定律**。

习题 2-2

2-2-1　放在桌面上的书，它对桌面的压力等于它的重力，能否说书对桌面的压力就是它的重力？为什么？

2-2-2　放在光滑水平地面上的两个静止的球，靠在一起，但并不相互挤压，它们之间有相互作用的弹力吗？为什么？

2-2-3　将一物体先后挂在两根不同的弹簧上，一根弹簧伸长的长度小，另一根伸长的长度大，问哪根弹簧的劲度系数大？为什么？

2-2-4　一根弹簧的原长是 15cm，竖直悬挂重 6.0N 的物体时变为 18cm，求这根弹簧的劲度系数。

第三节　摩　擦　力

摩擦现象随处可见。人走路、骑自行车、写字等都离不开摩擦；汽车行驶和刹车、传送带传送货物也离不开摩擦。

一、滑动摩擦力

小孩沿滑梯滑下，受到摩擦力；滑板、雪橇在雪地上运动，受到摩擦力。一个物体沿另一个物体的表面滑动时，在接触面上产生的阻碍物体相对运动的力称为**滑动摩擦力**。滑动摩擦力的方向总是沿着接触面，并且与物体的相对运动方向相反（见图 2-7）。

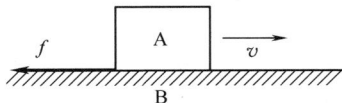

图 2-7　滑动摩擦力

实验表明：滑动摩擦力的大小与两物体间的正压力的大小成正比，即

$$f = \mu N \tag{2-3}$$

式中，μ 称为动摩擦因数，其大小不仅与相互接触的两个物体的材料有关，还与接触面的粗糙程度有关。部分材料间的动摩擦因数见表 2-1。

表 2-1   部分材料间的动摩擦因数 μ

材 料	μ	材 料	μ
钢-冰	0.02	橡胶-路面	0.70～0.90
木-冰	0.03	玻璃-玻璃	0.40
钢-钢	0.25	皮革-铸铁	0.28
木-木	0.30	皮革-木	0.40
木-金属	0.20	气垫导轨	0.001

二、静摩擦力

如图 2-8 所示，一人用不大的水平力拉地面上的沉重箱子，此时，尽管箱子仍然静止，但有相对地面向右运动的趋势。根据初中所学的二力平衡的知识，这时一定有一个力与拉力平衡。这个力与拉力大小相等、方向相反，就是箱子与地面之间的摩擦力。

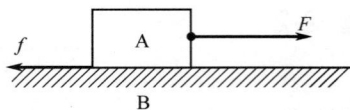

图 2-8   拉动箱子时受到的静摩擦力

由于这时两个物体之间只有相对运动的趋势，而没有相对运动，所以这时的摩擦力称为静摩擦力。静摩擦力的方向总是沿着接触面，并且与物体相对运动趋势的方向相反。

静摩擦力的大小随外力的增大而增大。例如，在图 2-8 中，当人逐渐增大拉力，箱子还是不动时，静摩擦力也随之增大；当拉力增大到一定数值时，箱子刚刚开始滑动，静摩擦力达到最大值。静摩擦力的最大值称为**最大静摩擦力**。最大静摩擦力略大于物体间的滑动摩擦力，可近似看作相等。

三、摩擦的利与弊

摩擦在日常生活和生产实践中既有有利的一面，又有有害的一面。人们在实践中总结出许多增大或减小摩擦的经验和方法。

例如，汽车行驶是依靠摩擦的帮助而运动的。为增大摩擦，车胎的表面做成凹凸不平的花纹，在冬天结冰的公路上撒一些煤渣等。再如体操、举重运动员比赛时手上常擦一些镁粉防止打滑。

另一方面，摩擦往往与磨损有关。机器运转，由于摩擦使机器发热并磨损零件，降低机器的精度，缩短其使用寿命。有时摩擦还会带来噪声危害。为减小摩擦的影响，通常可采用润滑剂或采用滚动摩擦代替滑动摩擦等方法。

习题 2-3

2-3-1   手压着桌面滑动，会感到有阻力阻碍手的移动，而且手对桌面的压力越大，就会感到阻力越大，为什么？

2-3-2   一只玻璃杯，在下列情况下是否受到摩擦力？若受到摩擦力，其方向如何？

（1）杯子静止在粗糙水平桌面上。

（2）杯子静止在倾斜的桌面上。

（3）杯子被握在手中，杯口朝上。

（4）杯子压着一张纸条，挡住杯子把纸条抽出。

2-3-3 要使重 400N 的桌子从原地移动，最小要用 200N 的水平推力。桌子移动后，为使它匀速运动，要 160N 的推力，求最大静摩擦力和动摩擦因数。如果用 100N 的力推桌子，这时静摩擦力是多大？

2-3-4 举出生产和生活中减小和增大摩擦的实例。

第四节 力 的 合 成

一、合力和分力

在多数实际问题中，物体不只受一个力，而是同时受几个力。这时，常可求出这样一个力，它产生的效果与原来几个力共同作用的效果相同。利用如图 2-9 所示的装置，来研究橡皮条 GE 的伸长情况。图 2-9（a）表示橡皮条 GE 在绳的拉力 F_1、F_2 共同作用下沿着 GC 的方向伸长了 EO 这样的长度，且静止于 O 点；图 2-9（b）表示撤去 F_1 和 F_2，用另一绳的拉力 F 作用在橡皮条上，使它沿着同一直线伸长相同的长度。显然，力 F 产生的效果与力 F_1、F_2 共同作用产生的效果相同。

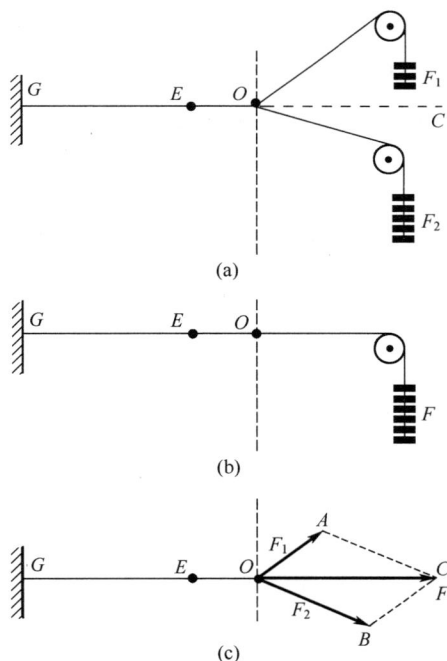

图 2-9 平行四边形法则研究

如果一个力的作用效果与几个力的共同作用效果相同，这个力就称为那几个力的**合力**，而那几个力就称为这个力的**分力**。如图 2-9 所示，力 F 是 F_1 和 F_2 的合力，力 F_1、F_2 是力 F 的分力。求**几个已知力的合力称为力的合成**。本书只讨论共点力的合成。

二、共点力的合成

如果几个力都作用在物体的一点上，或它们的作用线相交于一点，这几个力就称为**共点力**。

现在来研究两个共点力的合成。在图 2-9(c) 中，从 O 点按一定比例分别画出代表力 F_1、F_2 和 F 的有向线段 $\overrightarrow{OA}$、$\overrightarrow{OB}$、$\overrightarrow{OC}$，并连接 $\overrightarrow{AC}$ 和 $\overrightarrow{BC}$，量度结果表明，$OACB$ 是一个平行四边形，$\overrightarrow{OC}$ 是以 $\overrightarrow{OA}$ 和 $\overrightarrow{OB}$ 为邻边的平行四边形的对角线。改变 F_1 和 F_2 的大小和方向，重复上述实验，可以得到同样的结果。

由此可以得出结论：求互成角度的两个共点力的合力时，可以用表示这两个力的线段为邻边作平行四边形，这两个邻边之间的对角线即表示合力的大小和方向。这称为**力的平行四边形法则**。从这个法则可以看出，合力的大小与方向，不仅与这两个力的大小有关，还与它们之间的夹角有关。

有两个共点力 F_1 和 F_2，它们之间的夹角为 α，当两力大小不变时，讨论合力 F 与夹角 α 的关系。由图 2-10 可得，α 越小，合力 F 越大；当 $\alpha=0°$ 时，即两个力的方向相同时，它们的合力最大，等于两个力的大小之和，其方向与两个力的方向相同。

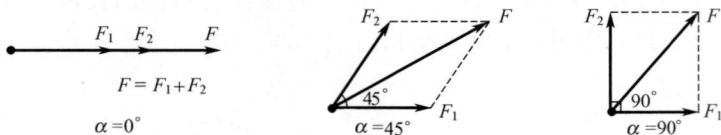

图 2-10 $\alpha \leqslant 90°$ 时，F 与 α 的关系

由图 2-11 可得，夹角 α 越大，合力 F 越小；当 $\alpha=180°$ 时，即两个力的方向相反时，合力最小，等于两个力的大小之差，其方向与较大的力的方向相同。

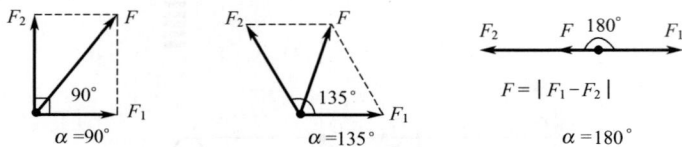

图 2-11 $90° < \alpha \leqslant 180°$ 时，F 与 α 的关系

由此可见，合力 F 的大小在两个分力大小之和（最大值）和两个分力大小之差（最小值）之间，即

$$|F_1-F_2| \leqslant F \leqslant F_1+F_2 \tag{2-4}$$

多个共点力的合力，也可以由平行四边形法则求出。只要先求出任意两个力的合力，再求这个合力与第三个力的合力，这样继续下去，最后得出的就是所有力的合力。如图 2-12 所示，F 就是 F_1、F_2、F_3 的合力。

【例题】 两个人拉一辆车，一人用 45N 的力向东拉，另一人用 60N 的力向北拉，求这两个力的合力。

已知 $F_1=45\text{N}$，$F_2=60\text{N}$，$\theta=90°$。

求 F。

解 作出 10mm 长的线段表示 30N，作 $F_1=45\text{N}$、$F_2=60\text{N}$ 的图示。由题意可知，这两个力之间的夹角为 90°，作平行四边形，并画出表示合力 F 的对角线。如图 2-13 所示，量得对角线长为 25mm，所以合力的大小为

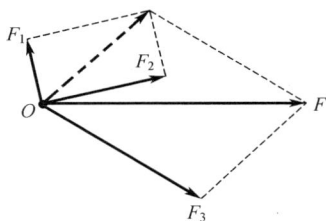

图 2-12 三个共点力的合成

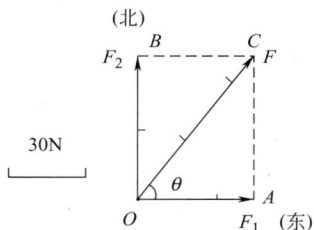

图 2-13 求两个拉力的合力

$$F = 30 \times \frac{25}{10} = 75(\text{N})$$

合力的方向可以用合力与已知的任意一个分力（如 F_1）之间的夹角来表示。用量角器得 F 与 F_1 之间的夹角 θ 为 53°。

该题还可用计算法做。因为 F_1 和 F_2 互相垂直，所以 $OACB$ 为矩形，$\triangle OAC$ 为直角三角形。由勾股定理得

$$F = \sqrt{F_1^2 + F_2^2} = \sqrt{45^2 + 60^2} = 75(\text{N})$$

合力的方向可以用 θ 表示

$$\tan\theta = \frac{F_2}{F_1} = \frac{60}{45} \approx 1.333$$

查正切函数表可得，$\theta \approx 53°$。

答：这两个力的合力大小为 75N，合力的方向为东偏北 53°。

习题 2-4

2-4-1 有人说，两个力的合力的大小总大于每一个分力，这种说法正确吗？为什么？

2-4-2 两个同学，各用一只手共同提起一桶水时，两只臂膀间的夹角大时省力，还是小时省力？为什么？

2-4-3 两个力互成 90°，其大小分别为 90N 和 120N，试分别用作图法和计算法求其合力的大小和方向。

2-4-4 已知作用于一点的三个力，它们的大小都是 20N，任意两个力间的夹角都是 120°，用作图法求它们的合力。

第五节 力的分解

力的合成表明，几个已知的共点力可以用它们的合力来代替；反之，一个已知力可以用它的两个或两个以上的分力来代替，这就是**力的分解**。力的分解是力的合成的逆运算，同样遵循平行四边形法则。

把表示已知力的线段作为对角线，作平行四边形，那么，过已知力作用点的两个邻边即表示已知力的两个分力。

对于一条对角线可以作出无数个不同的平行四边形（见图 2-14）。因此，同一个力 F 可以分解为无数对大小和方向都不同的分力。要想得到一个确定的答案，还需要另有附加条件，例如已知两个分力的方向，或者一个分力的方向和大小等。下面来看两个例子。

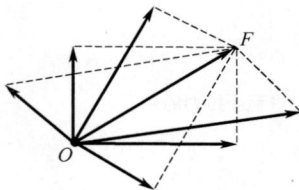

图 2-14 已知力的分解　　　　图 2-15 重力的分解　　　　图 2-16 拉力的分解

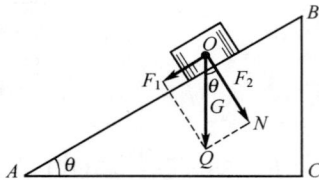

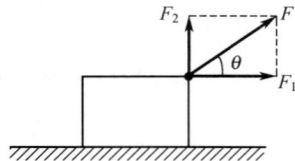

一个物体放在斜面上，物体受到竖直向下的重力，但它并不竖直下落，而是沿斜面下滑，同时压紧斜面。根据重力产生的实际效果，可将重力分解成这样两个力，平行于斜面使物体下滑的力和垂直于斜面使物体压紧斜面的力。这样，已知重力 G 和两个分力的方向，就可以根据平行四边形法则利用作图法求出两个分力的大小，如图 2-15 所示。如果已知重力 G 和斜面倾角 θ 还可以计算出 F_1、F_2 的大小。由几何学知识可知，$\angle BAC = \angle NOQ = \theta$，所以有

$$F_1 = G\sin\theta \qquad F_2 = G\cos\theta \qquad (2\text{-}5)$$

一个人用与水平面成仰角 θ 的拉力 F 拉放在水平地面上的木箱。拉力一方面使木箱前进，另一方面把木箱向上提，减小了木箱对地面的压力。根据拉力 F 产生的实际效果，可将拉力 F 分解为这样两个力：平行于地面使木箱前进的力 F_1、垂直于地面竖直向上的提木箱的力 F_2，如图 2-16 所示。由图 2-16 可知，此时有

$$F_1 = F\cos\theta \qquad F_2 = F\sin\theta \qquad (2\text{-}6)$$

由上述两个例子可知，分解一个力时，先要分析它产生怎样的实际效果，再根据这些效果确定分力的方向（或大小），然后利用力的平行四边形法则对其进行分解。

习题 2-5

2-5-1　骑自行车的人，沿倾角为 30° 的斜坡向下滑行，人和车共重 700N，求使车下滑的力和压紧斜面的力。

2-5-2　如图 2-17 所示，电灯重 10N，AO 绳与竖直方向的夹角为 37°，BO 绳水平。求 AO 绳、BO 绳分别受到的拉力大小。

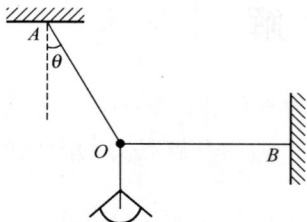

图 2-17 习题 2-5-2 图　　　　　　　　图 2-18 习题 2-5-3 图

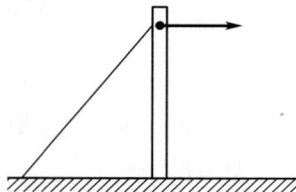

2-5-3　电线杆受水平导线 200N 的水平拉力和一端埋在地下的拉线向斜下方拉力的共同作用，结果使电线杆受到竖直向下 150N 的力（见图 2-18），求拉线的拉力大小。

第六节　物体的受力分析

物体往往不只受一个力的作用，物体的运动状态与其受力情况密切相关。正确地分析物体的受力情况是研究物体运动的关键。

对物体进行受力分析时，首先要明确研究对象，即明确分析哪个物体的受力情况。然后，将被研究的物体从周围物体中隔离出来，分析周围有哪些物体对它施加力的作用。这种方法称为**隔离体法**。在分析周围物体对它的作用时，一般应按照重力、弹力、摩擦力的顺序逐个进行分析，并画出受力示意图，简称受力图。应注意，只分析周围物体对所研究物体的作用力，不要把它对周围物体的作用力也画在图上。不要漏掉力，也不要无中生有地多画力。每个实际存在的力都有确定的施力物体，脱离物体的力是不存在的。下面将结合具体实例说明如何对物体进行受力分析。

一、在水平面上的物体

在图 2-19(a) 中，物体 A 静止在水平面上。将 A 隔离，A 受重力 G 作用，方向竖直向下；A 与平面接触，平面对 A 施加支持力 N，方向竖直向上。

在图 2-19(b) 中，物体 A 向右滑动。将 A 隔离，A 受重力 G 作用，方向竖直向下；A 与平面接触，平面对 A 施加支持力 N，方向竖直向上；A 与水平面间有相对运动，A 受滑动摩擦力 f 作用，方向与相对运动方向相反，即水平向左；应注意 A 不受向右的拉力作用。

在图 2-19(c) 中，将 A 隔离，A 受重力 G 作用，方向竖直向下；A 受拉力 F 及水平面对物体的支持力 N 作用；A 与水平面间有相对运动趋势，因此 A 受静摩擦力 f 作用，方向水平向左。

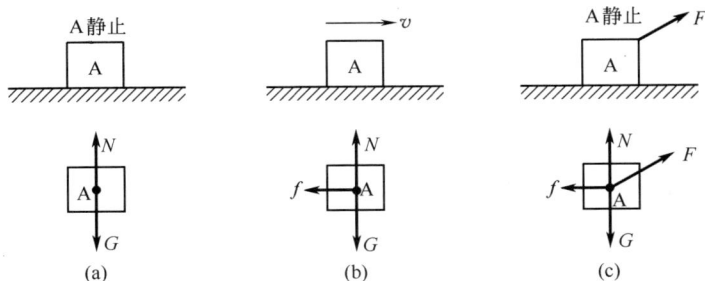

图 2-19　水平面上的物体的受力分析

二、在斜面上的物体

在图 2-20(a) 中，A 静止在斜面上。将 A 隔离，A 受到重力 G 作用，方向竖直向下；A 与斜面接触，斜面对物体 A 施加支持力 N，方向垂直于斜面向上；物体 A

相对于斜面有沿斜面下滑的趋势，所以物体 A 还受到斜面施加的静摩擦力作用，方向平行于斜面向上。

在图 2-20(b) 中，A 沿斜面下滑。将 A 隔离，A 受到重力 G 作用，方向竖直向下；A 与斜面接触，受到斜面对物体的支持力 N，方向垂直于斜面向上；A 相对于斜面下滑，受到滑动摩擦力 f 作用，方向平行于斜面向上。值得注意的是，物体 A 在重力的作用下下滑，并不受所谓的下滑力作用。

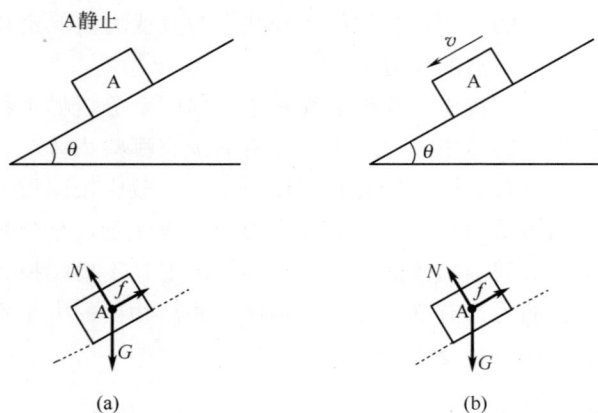

图 2-20　斜面上的物体的受力分析

三、连接体

如图 2-21 所示，分别分析物体 A、B 的受力情况。

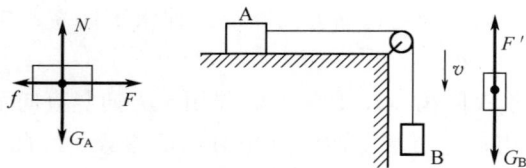

图 2-21　连接体问题的受力分析

A 与 B 通过轻绳连接在一起，当 B 下落时，A 随之向右运动，像这样相互连接的一个整体称作连接体。对于连接体问题，通常采用隔离体法进行受力分析。分别选择 A 与 B 为研究对象，分别进行受力分析。对于 A，受到四个力的作用：重力 G_A，方向竖直向下；桌面施加的支持力 N，方向竖直向上；绳对 A 的拉力 F，方向水平向右；A 相对桌面向右滑动，因此，受到水平向左的滑动摩擦力 f。对于 B，受到两个力的作用：重力 G_B，方向竖直向下；绳对 B 的拉力 F'，方向沿绳向上。

习题 2-6

2-6-1　如图 2-22 所示，分析物体 A 的受力情况。

2-6-2　如图 2-23 所示，已知物体 A 是静止的且各接触面是光滑的，分析物体 A 的受力情况。

2-6-3　如图 2-24 所示，分别画出物体 A、B 的受力图。

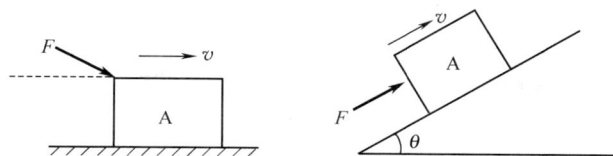

图 2-22　习题 2-6-1 图

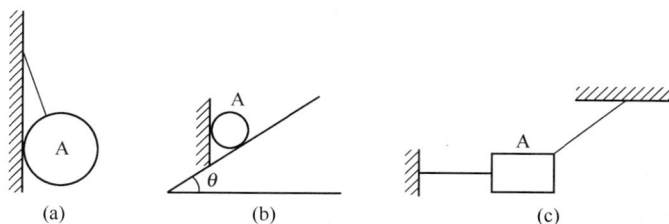

图 2-23　习题 2-6-2 图

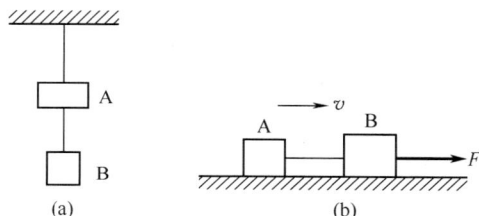

图 2-24　习题 2-6-3 图

第七节　共点力作用下物体的平衡

一、平衡状态

物体保持静止或做匀速直线运动的状态称为**平衡状态**。例如，房屋、桥梁和沿直线轨道匀速行驶的火车等都处于平衡状态。

二、共点力作用下物体的平衡条件

物体处于平衡状态时，作用在物体上的力必须满足一定的条件，这个条件称为**平衡条件**。下面来研究共点力作用下物体的平衡条件。

在初中学过二力平衡问题，即：物体在两个共点力的作用下，如果这两个力大小相等，方向相反，那么物体就处于平衡状态。由力的合成可知，这时物体所受的合力为零。

物体受到三个共点力的作用时，其平衡条件又是什么呢？下面用实验来研究这个问题。如图 2-25 所示，在木板上钉一张纸，将三根细绳的一端连在一起，另一端分别挂上砝码（其中两根绳跨过定滑轮），当结点 O 平衡时，在纸上描出三根绳的位置，记下砝码的质量，然后在纸上作三个力的图示，再应用力的平行四边形法则，画出任意两个力（如 F_1、F_2）的合力 $F_合$。量度结果表明，合力 $F_合$ 与第三个力 F_3 在一条直线上，且大小相等，方向相反。由此可知，在三个共点力的作用下，物体的平衡条件仍是它们的合力为零。

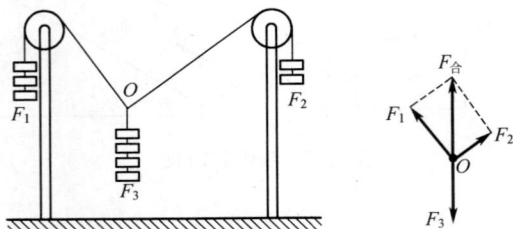

图 2-25　物体平衡条件的研究

进一步研究表明：物体在 n 个共点力作用下处于平衡状态时，任意 $n-1$ 个力的合力必定与第 n 个力在同一直线上，且大小相等、方向相反，合力为零。总之，**共点力作用下物体的平衡条件是合力为零**。即

$$F_合 = 0$$

【例题】　如图 2-26(a) 所示，停靠在岸边的小船，用缆绳拴住。若流水对它的冲击力 $F_1 = 400\text{N}$，垂直于河岸吹来的风对它的作用力 $F_2 = 300\text{N}$，船处于平衡状态。求缆绳对小船的拉力。

已知 $F_1 = 400\text{N}$，$F_2 = 300\text{N}$。

求 F。

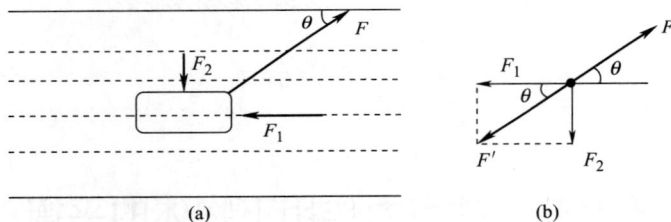

图 2-26　停靠在岸边的小船的受力分析

解　取小船为研究对象，在水平方向它的受力情况如图 2-26(b) 所示。

由共点力平衡条件可知，F 与 F_1、F_2 的合力 F' 大小相等、方向相反。

由勾股定理得

$$F = F' = \sqrt{F_1^2 + F_2^2} = \sqrt{400^2 + 300^2} = 500(\text{N})$$

F 的方向用其与河岸的夹角 θ 表示。

$$\tan\theta = \frac{F_2}{F_1} = \frac{300}{400} = 0.75$$

查正切函数表可得　　　　　　　　　　$\theta \approx 37°$

答：缆绳对船的拉力大小为 500N，方向与河岸的夹角为 37°。

习题 2-7

2-7-1　如图 2-27 所示，物体在五个力的作用下保持平衡，如果撤去力 F_5，而保持其余四个力不变，那么这四个力的合力大小和方向与力 F_5 有什么关系？

2-7-2 一个伞兵连同装备共重 800N，当他匀速降落时，它受到的空气阻力是多少？方向怎样？

2-7-3 马拉雪橇在水平冰面上匀速前进，雪橇和货物总重 $6.0 \times 10^4 \mathrm{N}$，滑板与冰面的动摩擦因数为 0.027，问马拉雪橇的水平拉力是多少？

2-7-4 如图 2-28 所示，放在水平地面上的木箱质量为 60kg，一人用大小为 200N、方向与水平方向成 30°斜向上的力拉木箱，木箱沿地面做匀速运动，求木箱受到的摩擦力和支持力。

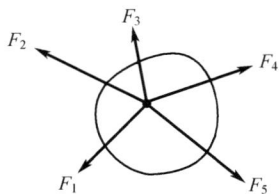

图 2-27 习题 2-7-1 图 　　　　　　　图 2-28 习题 2-7-4 图

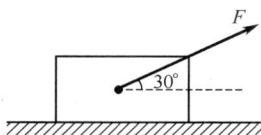

*第八节　有固定转轴的物体的平衡

在日常生活中，像开门、关门的运动，吊扇扇叶的旋转，钟表表针的运动以及机器飞轮的旋转等这类运动有一个共同的特点，它们都绕一个固定的轴转动。因此，我们将这类运动称作**定轴转动**。一个有固定转轴的物体如果保持静止或匀速转动，就称这个物体处于**转动平衡状态**。

一、力矩

推门时，力作用在离门轴较远的地方，就能很容易地把门推开；如果在离门轴很近的地方推门，就要用较大的力才能把门推开；倘若力的作用线通过门轴，即使用很大的力，也不能把门推开。由此可见，力使物体转动的效果，不仅与力的大小有关，还与转轴到力的作用线的距离有关。力越大，转轴到力的作用线的距离越大，力产生的转动效果就越显著。

从转轴到力的作用线的垂直距离称为力臂。如图 2-29 所示，有两个力 F_1 和 F_2 作用在杆 AB 上，杆的转轴 O 垂直于纸面，L_1 和 L_2 分别是力 F_1 和 F_2 的力臂。

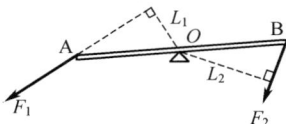

图 2-29 杠杆

力和力臂的乘积称为力对转轴的力矩。以 F 表示力的大小，L 表示力的力臂，M 表示力矩，则有

$$M = FL \tag{2-7}$$

力矩的 SI 单位是牛顿·米，简称牛·米，其符号是 N·m。

力矩可以使物体向不同的方向转动。例如，把门的把手拉向自己或向外推去，门的转动方向是不同的。

显然，在考虑物体的转动时，不能不加分析地把它的重心当作物体所受一切外力的作用点。

二、有固定转轴的物体的平衡条件

用图 2-30 所示的力矩盘来研究有固定转轴的物体的平衡问题。力矩盘在 F_1、F_2、F_3 三个力的作用下，处于平衡状态，量出三个力的力臂 L_1、L_2、L_3，分别计算出使盘向顺时针方向转动的力矩 M_1 和 M_2，使盘向逆时针方向转动的力矩 M_3，可以发现 $F_1L_1 + F_2L_2 = F_3L_3$ 或 $M_1 + M_2 = M_3$。

改变力和力臂，重复上述实验，仍能得到相同的结果。由此可见，有固定转轴的物体的平衡条件是，**使物体向顺时针方向转动的力矩之和等于使物体向逆时针方向转动的力矩之和**。

通常规定使物体向逆时针方向转动的力矩为**正力矩**，使物体向顺时针方向转动的力矩为**负力矩**，正力矩和负力矩的代数和为**合力矩**，那么有固定转轴的物体的平衡条件是合力矩为零。即

$$M_1 + M_2 + M_3 + \cdots = 0 \text{ 或 } M_合 = 0$$

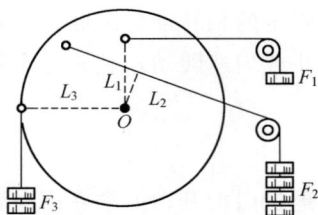

图 2-30 力矩平衡条件的研究

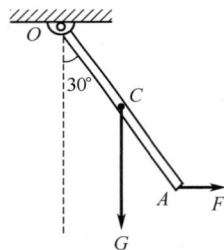

图 2-31 有固定转轴的均匀直棒

【例题】 如图 2-31 所示，一根均匀直棒 OA 可绕轴 O 转动，用大小为 10N 的水平力 F 作用在棒的 A 端时，直棒静止在与竖直方向成 30°的位置上。直棒有多重？

已知 $F = 10\text{N}$，$\theta = 30°$。

求 G。

解 直棒是有固定转动轴的物体，使它发生转动的力矩有两个，一个是水平力 F 对轴 O 的力矩 M_1，另一个是直棒所受重力 G 对轴 O 的力矩 M_2。M_1 是使直棒向逆时针方向转动的正力矩，M_2 是使直棒向顺时针方向转动的负力矩，均匀直棒的重心在直棒的中点 C。设直棒的长度为 l，则有 $M_1 = Fl\cos30°$，$M_2 = -G\dfrac{l}{2}\sin30°$。

由力矩的平衡条件得

$$M_1 + M_2 = 0$$

即：

$$Fl\cos30° - G\frac{l}{2}\sin30° = 0$$

解出 G 并代入数值，得

$$G = \frac{2F\cos 30°}{\sin 30°} \approx 35(\text{N})$$

答：直棒重 35N。

*习题 2-8

2-8-1 火车车轮的边缘与制动片之间的摩擦力是 $5.0 \times 10^2 \text{N}$，假设车轮的半径是 0.45m，求摩擦力的力矩。

2-8-2 作用在车床轴轮上的力矩是 84N·m，轴轮的直径是 0.28m，求作用力的大小。

2-8-3 图 2-32 中的 BO 是一根横梁，一端装在轴 B 上，另一端用钢绳 AO 拉着。在 O 点挂一重物，重 240N，横梁是均匀的，重 80N，求钢绳对横梁的拉力大小。

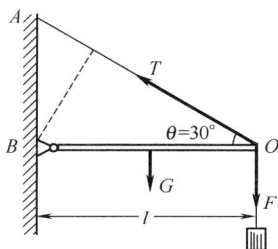

图 2-32 习题 2-8-3 图

本章小结

一、力

力是物体间的相互作用。有受力物体，必有施力物体，力不能离开物体而单独存在。力是矢量。力是改变物体的运动状态或使物体发生形变的原因。

二、常见的三种力

1. 重力

由于地球的吸引而使物体受到的力称为重力。重力的大小可用弹簧秤测出，方向总是竖直向下的，重力的作用点就是物体的重心。

2. 弹力

物体发生形变时，对与它接触的物体产生的作用力称为弹力。弹簧弹力的大小可用胡克定律计算，即 $F = kx$。支承面的弹力，方向是垂直于接触面指向被支承的物体；绳子的弹力，方向是沿着绳子指向绳收缩的方向。弹力只能在相互接触的物体间发生，因此它是接触力。

3. 摩擦力

一物体沿另一物体表面滑动时，在接触面上产生的阻碍物体相对运动的力称为滑动摩擦力。其大小为 $f = \mu N$，方向与物体间相对运动的方向相反。发生在两个相对静止的物体间的摩擦力称为静摩擦力。静摩擦力的最大值称为最大静摩擦力。静摩擦力的方向与物体相对运动趋势的方向相反。

三、力的合成与分解

如果一个力作用在物体上，它产生的效果与几个力共同作用产生的效果相同，那么这个力就称为那几个力的合力，那几个力就称为这个力的分力。

已知分力求合力称为力的合成，已知合力求分力称为力的分解。

力的合成与分解互为逆运算，即遵循平行四边形法则。

四、物体的受力分析

把研究对象从周围物体中隔离出来，分析周围有哪些物体对它施力，这些力各是什么性质的力，力的方向怎样，并把它们一一画在受力图上。分析时一般按重力、弹力、摩擦力的顺序进行。

五、共点力作用下物体的平衡

物体保持静止或做匀速直线运动的状态称为平衡状态。

在共点力作用下，物体的平衡条件是合力为零。

﹡六、有固定转轴的物体的平衡

有固定转轴的物体保持静止或做匀速转动的状态称为平衡状态。

力矩能使物体产生转动效果。力矩的大小为 $M = FL$。

有固定转轴的物体的平衡条件是使物体向顺时针方向转动的力矩之和等于使物体向逆时针方向转动的力矩之和，即合力矩为零。

复习题

一、判断题

1. 力的作用效果与力的大小、方向、作用点都有关。 （ ）

2. 重力的施力物体是地球。 （ ）

3. 弹力产生在直接接触而又发生形变的两物体之间。 （ ）

4. 摩擦力总起阻力的作用。 （ ）

5. 合力一定大于每一个分力。 （ ）

二、选择题

1. 关于力，下列说法中正确的是 （ ）

A. 只有直接接触的物体之间才有力的作用　　　　B. 可以只存在受力物体而不存在施力物体

C. 只要有一个物体就能产生力的作用　　　　　　D. 一个力必定与两个物体相联系

2. 关于弹力，下列说法中正确的是 （ ）

A. 相互接触的物体之间必有弹力作用

B. 压力和支持力总是与接触面垂直

C. 物体对桌面的压力是桌面发生微小形变而产生的

D. 放在桌面上的物体对桌面的压力就是物体的重力

3. 关于摩擦力，下列说法中正确的是 （ ）

A. 相互挤压的物体之间一定存在摩擦力　　　　B. 摩擦力一定随压力的增大而增大

C. 摩擦力可以是动力，也可以是阻力　　　　　　D. 静止的物体都受静摩擦力作用

4. 作用在同一物体上的两个力，$F_1 = 5N$，$F_2 = 4N$，它们的合力不可能是 （ ）

A. 9N　　　　　B. 5N　　　　　C. 2N　　　　　D. 10N

5. 几个共点力作用在同一物体上，使它处于平衡状态。若撤去其中一个力 F，则物体将 （ ）

A. 改变运动状态，合力的方向与 F 相同　　　　B. 改变运动状态，合力的方向与 F 相反

C. 改变运动状态，合力的方向无法确定　　　　　D. 运动状态不变

三、填空题

1. 力的作用效果是_____。

2. 静摩擦力的方向总是与_____方向相反，滑动摩擦力的方向总是与_____方向相反。

3. 两个大小一定的共点力，在方向_____时，合力最大；在方向_____时，合力最小。

4. 水平地面上静止放置一只木箱重 500N，有人用 400N 的力竖直向上提它，则地面对木箱的支持力是_____，木箱受到的合力是_____。

5. 质量为 20kg 的物体，其重力大小为_____；若将其放置在倾角为 30° 的斜面上，它沿斜面下滑的力是_____，它对斜面产生的压力是_____。

四、计算题

1. 如复习题图 2-1 所示，水平拉线 AB 对竖直电线杆的拉力 $F_1 = 300$N，斜牵引线 BC 的拉力 $F_2 = 500$N，电线杆恰好不偏斜，求两个拉力的合力 F。

2. 沿光滑的墙壁用网兜把一个足球挂在 A 点，足球的质量为 m，网兜的质量不计，如复习题图 2-2 所示。足球与墙壁的触点为 B，悬绳与墙壁的夹角为 α。求悬绳对球的拉力大小和墙壁对球的支持力大小。

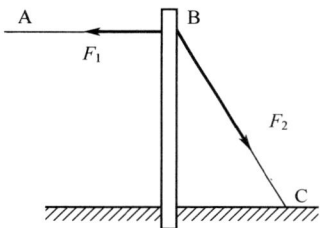

复习题图 2-1

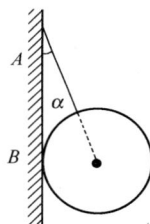

复习题图 2-2

*3. 如复习题图 2-3 所示是一台起重机的示意图。机身和平衡体重 $G_1 = 4.2 \times 10^5$N，起重杆重 $G_2 = 2.0 \times 10^4$N，其他数据如图中所示。起重机至多能提起多重的货物？（提示：这时起重机以 O 为转动轴而保持平衡。）

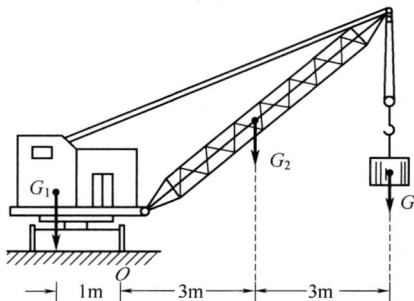

复习题图 2-3

第三章　牛顿运动定律

前面主要学习了有关物体运动的规律和力的知识，并没有涉及物体为什么会做各种各样的运动。要弄清这个问题，需要知道力和运动的关系。在力学中，研究物体怎样运动而不涉及运动和力关系的分支称为运动学，研究运动和力的关系的分支称为动力学。

动力学知识在日常生活、生产实践、工程设计和科学研究中都有着重要的应用，建筑设计、架设输电线路、修渠筑坝、机械制造、计算人造卫星轨道、研究天体运动，甚至连徒手劳动等都离不开动力学知识。

动力学的基础是牛顿运动定律。牛顿站在巨人的肩上，继承总结前人的科研成果，提出三条运动定律，并由此发展了系统的经典力学理论。本章将在初中物理学过的惯性、惯性定律的基础上，深入讲述牛顿运动定律，揭示力与运动的关系。

第一节　牛顿第一定律

一、伽利略的理想实验

2000 多年以前，古希腊哲学家亚里士多德（公元前 384—公元前 322）根据人们的传统观念提出，必须有力作用在物体上，物体才能运动，力是维持物体运动的原因。

17 世纪，伽利略根据实验和推论，指出了亚里士多德的错误。他认为，在水平面上运动的物体之所以会停下来，是因为受到了摩擦阻力，在一个完全没有摩擦阻力的光滑水平面上，物体一旦具有某一速度，就会保持其速度不变并一直运动下去。

伽利略对图 3-1 所示的理想实验做了分析和推论，让小球沿斜面 A 从静止滚下，如果

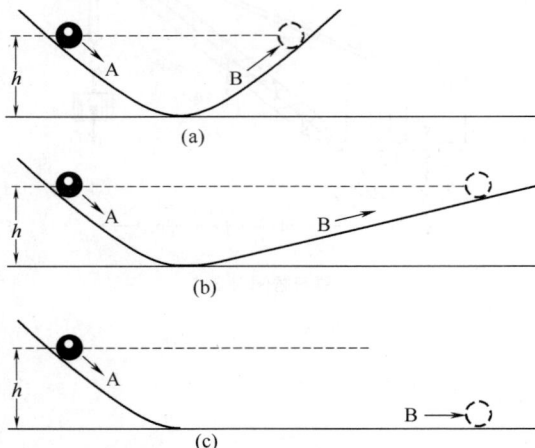

图 3-1　伽利略的理想实验

斜面光滑，那么小球将沿斜面 B 上升到原来的高度，减小斜面 B 的倾角，如图 3-1(b) 所示，小球仍将上升到原来的高度，但要通过较长的距离。他推论，继续减小斜面 B 的倾角，最终使斜面 B 成为水平面，如图 3-1(c) 所示，小球不可能达到原来的高度，就要沿水平面以恒定速度永远运动下去。

上述实验是假定没有摩擦阻力的理想实验，但它是建立在可靠的事实基础上的，把可靠的事实和抽象的思维结合起来的理想实验，是科学研究中的一种重要方法。

二、牛顿第一定律的表述

英国著名科学家牛顿（1642—1727）在伽利略等人的研究基础上，进一步总结得出结论：**一切物体总保持静止或匀速直线运动状态，直到有外力迫使它改变这种状态为止，这就是牛顿第一定律。**

物体保持静止或匀速直线运动状态的性质，称为**惯性**。因此，牛顿第一定律又称为**惯性定律**。

牛顿第一定律告诉我们，一切物体都有惯性，惯性是物体的固有属性，力不是维持物体运动的原因，而是使物体运动状态发生变化的原因。

惯性的表现是处处可见的。例如，汽车突然开动时，乘客会向后仰；滑冰的人停止用力后，仍能滑行很长距离；古代战争中使用绊马索，也是很巧妙地利用了惯性。

事实上，不受外力作用的物体是不存在的。当物体虽然受力而外力的合力为零时，物体将与不受外力时一样，保持静止或匀速直线运动状态，我们平时所观察到的匀速直线运动状态和保持静止的状态，实际上都是物体所受外力的合力为零的情况。

习题 3-1

3-1-1　回答下列问题：

（1）汽车紧急刹车后，轮子不转了，汽车为什么要向前滑动？

（2）松动的锤头，为什么将锤把末端往地上磕一磕，锤头就会安牢？

3-1-2　一个小球以 1.5m/s 的速度运动着，如果没有受到外力作用，10s 后它的速度将是多大？方向如何？

3-1-3　一物体如果没有受到外力作用，它就一定静止，这种说法正确吗？为什么？

第二节　牛顿第二定律

物体不受外力作用时，不论是保持静止还是做匀速直线运动，物体的速度都是不变的，或者说没有加速度；当物体受到外力作用时，它的速度将发生变化，就有了加速度。由此可见，**力是物体获得加速度的原因。**那么物体的加速度与哪些因素有关呢？

一、加速度和力的关系

同一辆静止的小车，分别用大小不等的力去推它，推力小，它的速度增加得慢，即加速度小；推力大，它的速度增加得快，即加速度大。汽车紧急刹车时，车轮被刹住不转，如果路面与轮胎间的摩擦力小，汽车速度减小就慢，加速度小；如果摩擦力大，它的速度减小就快，加速度大。由此可见，对同一物体来说，它受到的外力越大，它的加速度越大；反之，就越小。

实验表明，对质量相同的物体来说，物体的加速度与物体所受的外力成正比。用数学式子可表示为

$$\frac{a_1}{a_2}=\frac{F_1}{F_2} \quad 或 \quad a\propto F$$

推小车时，推力向前，小车做加速运动，加速度的方向也向前；汽车刹车时，摩擦力向后，汽车做减速运动，加速度的方向也向后。一切实验都表明，加速度的方向与外力的方向相同。

二、加速度和质量的关系

用同样大小的牵引力分别拉一辆空车和一辆满载车，空车的速度增加得快，加速度大；满载车的速度增加得慢，加速度小。如果它们以相同的速度运动，在相同的制动力作用下，空车能在较短时间内停下来，速度减小得快，加速度大；满载车需经较长时间才停下来，速度减小得慢，加速度小。

实验表明，在相同外力作用下，不同质量的物体获得的加速度与物体的质量成反比。用数学式子可表示为

$$\frac{a_1}{a_2}=\frac{m_2}{m_1} \quad 或 \quad a\propto\frac{1}{m}$$

由上述分析可知，在相同外力作用下，质量大的物体，获得的加速度小，这表明它的速度不易改变，惯性大；质量小的物体，获得的加速度大，这表明它的速度容易改变，惯性小。由此可见，**质量是物体惯性大小的量度**。

三、牛顿第二定律的表述

总结上述两个结果，可以得到下述结论：**物体的加速度与物体所受的外力成正比，与物体的质量成反比，加速度的方向与外力的方向相同，这就是牛顿第二定律**。用数学式子可表示为

$$a\propto\frac{F}{m}$$

写成等式即为

$$a=k'\frac{F}{m}$$

或

$$F=\frac{1}{k'}ma$$

或

$$F=kma \tag{3-1}$$

式中，k 为比例常数，如果式中各量选用适宜的单位，就能使 $k=1$，从而使公式简化。

在 SI 中，力的单位是这样规定的：使质量为 $1\mathrm{kg}$ 的物体获得 $1\mathrm{m/s^2}$ 加速度的力，作为力的单位，称为 1 牛顿，中文符号是牛，国际符号是 N。

因此，若 $m=1\mathrm{kg}$，$a=1\mathrm{m/s^2}$，则 $F=1\mathrm{N}$，将这些数据代入式(3-1)，可得 $k=1$，这时，式(3-1) 可简化为

$$F=ma \tag{3-2}$$

这就是采用 SI 单位时牛顿第二定律的表达式。

当物体同时受到几个外力作用时，式(3-2) 中的 F 就是这些力的合力。因此，牛顿第二定律的更一般的表述为：物体的加速度与它所受的外力的合力成正比，与它的质量成反比，加速度的方向与外力的合力方向相同。用数学式子可表示为

$$F_合 = ma \tag{3-3}$$

式中，$F_合$ 表示外力的合力。

由式(3-3) 可知，当合力为零时，加速度也为零，物体保持静止状态或做匀速直线运动。当合力恒定不变时，加速度恒定不变，物体就做匀变速运动。如果合力的大小或方向随时间变化，那么加速度的大小或方向也将随时间相应变化。

利用牛顿第二定律，可以导出物体的质量 m 与它所受重力 G 之间的关系。假设该物体做自由落体运动，这时它只受重力作用，由牛顿第二定律可得

$$G = mg \tag{3-4}$$

式中，g 为重力加速度。G、m、g 的单位分别为 N、kg 和 m/s^2。

因为物体不论是否做自由落体运动，它所受的重力是相同的，所以式(3-4) 表示了物体的质量和它的重力之间的关系，即物体所受的重力等于该物体的质量与当地重力加速度的乘积。

【例题】　一个物体在 10N 的外力作用下产生的加速度是 $4.0m/s^2$，要使这个物体产生 $6.0m/s^2$ 的加速度，需要对它施加多大的外力？这个物体的质量是多大？

已知 $F_1 = 10N$，$a_1 = 4.0m/s^2$，$a_2 = 6.0m/s^2$。

求 F_2。

解　由牛顿第二定律得

$$F = ma$$

所以

$$m = \frac{F_1}{a_1} = \frac{10}{4.0} = 2.5 \ (kg)$$

$$F_2 = ma_2 = 2.5 \times 6.0 = 15 \ (N)$$

答：需要对物体施加 15N 的外力，物体的质量为 2.5kg。

习题 3-2

3-2-1　由牛顿第二定律可知，无论多么小的力，都可以使物体产生加速度，可是当你用力去推堆放在地面上的集装箱之类的重物时，它却"纹丝不动"。这种情况是否违背牛顿第二定律？为什么？

3-2-2　一个物体受到 $F_1 = 4N$ 的力作用，产生 $a_1 = 2m/s^2$ 的加速度，要使它产生 $a_2 = 3m/s^2$ 的加速度，需要施加多大的力？

3-2-3　甲、乙两辆小车，在相同的力作用下，甲车产生的加速度为 $1.5m/s^2$，乙车产生的加速度为 $4.5m/s^2$，甲车的质量是乙车质量的几倍？

3-2-4　质量为 1kg 的物体，放在光滑的水平桌面上，在下列几种情况下，物体的加速度分别是多少？方向如何？

（1）受到一个大小是 10N，方向水平向右的力；

（2）受到两个大小都是 10N，方向水平向右的力；

（3）受到一个大小是 10N、方向水平向左和一个大小是 7N、方向水平向右的两个力的作用；

（4）受到大小都是 10N，方向相反的两个力的作用。

第三节　牛顿第三定律

一、作用力和反作用力

手拉弹簧，弹簧受力伸长，同时手也会感到弹簧的拉力。在平静的湖面上，如果一只船上的人，用绳索拉另一只船，那么两只船会同时靠拢。"拿着鸡蛋碰石头"，在石头受到撞击力的同时，鸡蛋也被撞得粉碎。

以上事实表明，两个物体之间力的作用总是相互的。一物体对另一物体有力的作用时，另一物体也一定同时对这个物体有方向相反的力的作用。两物体间相互作用的这一对力称为**作用力和反作用力**。我们可把其中任一个力称为作用力，而把另一个力称为反作用力。

二、牛顿第三定律的表述

作用力和反作用力之间存在什么关系呢？下面用实验来说明。

把 A、B 两个弹簧秤连接在一起，其中 B 挂在墙上，在水平方向上用手拉 A 时（见图 3-2），两弹簧秤的示数相等，改变手拉弹簧秤的力，两弹簧秤的示数也随之改变，但两个示数总是相等；一旦手松开，两个弹簧秤的指针将同时回到零点。这个实验说明，作用力和反作用力是大小相等，方向相反的。

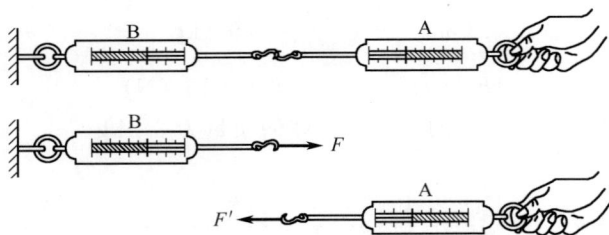

图 3-2　作用力与反作用力

所有的实验都表明，**两个物体之间的作用力和反作用力总是大小相等，方向相反，沿同一直线，分别作用在两个物体上**，这就是牛顿第三定律。用数学式子表示即为

$$F = -F'$$

（3-5）

式中，F 和 F' 分别是作用力和反作用力，负号表示作用力 F 和反作用力 F' 的方向相反。

作用力和反作用力，总是属于同种性质的力。例如，作用力是弹力，反作用力也一定是弹力；作用力是摩擦力，反作用力也一定是摩擦力。

应注意的是，作用力和反作用力不是作用在同一物体上，而是分别作用在两个物体上，因此作用力和反作用力不存在相互平衡或抵消的问题，它们将各自产生自己的效果。

由于两物体的情况不同，尽管相互作用力大小相等，其效果却未必相同。

牛顿第三定律在生活和生产中应用很广泛。例如，运动员起跑时，猛蹬助跑器，助跑器同时也给运动员一个反作用力，使运动员向前冲。轮船的螺旋桨旋转时，螺旋桨向后推水，水同时也给螺旋桨一个向前的反作用力，使轮船前进。

习题 3-3

3-3-1　有人说"施力物体同时也一定是受力物体。"这种说法正确吗？举例说明原因。

3-3-2　用牛顿第三定律判断下列说法是否正确。

（1）马拉车时，由于马向前拉车的力等于车向后拉马的力，二力平衡，所以无论马用多大的力都拉不动车；

（2）只有站在地上不动，人对地面的压力和地面对人的支持力，才是大小相等，方向相反的；

（3）以卵击石，鸡蛋破了而石头却安然无恙，这是因为石头对鸡蛋的作用力大于鸡蛋对石头的作用力；

（4）A 物体静止在 B 物体上，A 物体的质量大于 B 物体的质量，那么 A 作用于 B 的力大于 B 作用于 A 的力。

3-3-3　把一个物体挂在弹簧秤上并保持静止，试说明为什么弹簧秤的读数等于物体受到的重力？

第四节　牛顿运动定律的应用

牛顿运动定律确定了力和运动的关系，是研究机械运动的基本定律。如果已知物体的受力情况，根据牛顿第二定律可求出运动的加速度，进而由运动学公式求出物体的运动情况；反之，如果已知物体的运动情况，根据运动学公式可求出加速度，再应用牛顿运动定律求出物体的受力情况。

下面举例说明牛顿运动定律的应用。

【例题 1】　一架喷气飞机，载客后的总质量为 $1.25 \times 10^5 kg$，喷气机的总推力为 $1.3 \times 10^5 N$，飞机所受的阻力为 $5.0 \times 10^3 N$，飞机在水平跑道上滑行了 60s 后起飞，求起飞时的速度和起飞前飞机滑行的距离。

已知 $F = 1.3 \times 10^5 N$，$f = 5.0 \times 10^3 N$，$m = 1.25 \times 10^5 kg$，$t = 60s$，$v_0 = 0$。

求 v_t，s。

解　选取飞机为研究对象，受力分析如图 3-3 所示，规定飞机向前滑行的方向为正方向。

由 $F_合 = ma$ 得

$$F - f = ma$$

图 3-3　飞机的受力分析

所以

$$a = \frac{F - f}{m} = \frac{1.3 \times 10^5 - 5.0 \times 10^3}{1.25 \times 10^5} = 1.0 \ (m/s^2)$$

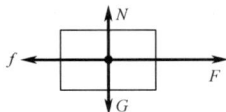

由 $v_t = v_0 + at$ 和 $s = v_0 t + \dfrac{1}{2} at^2$，及 $v_0 = 0$ 得

$$v_t = at = 1 \times 60 = 60 \ (\text{m/s})$$

$$s = \dfrac{1}{2} at^2 = \dfrac{1}{2} \times 1.0 \times 60^2 = 1.8 \times 10^3 \ (\text{m})$$

答：飞机起飞时的速度为 60m/s，起飞前滑行的距离为 1.8×10^3 m。

【例题 2】 一个滑雪者，质量 $m = 75\text{kg}$，以 $v_0 = 2\text{m/s}$ 的初速度沿山坡匀加速地滑下，山坡的倾角 $\theta = 30°$，在 $t = 5\text{s}$ 的时间内滑下的距离 $s = 60\text{m}$。求滑雪者受到的阻力（包括滑动摩擦和空气阻力）。

已知 $v_0 = 2\text{m/s}$，$s = 60\text{m}$，$t = 5\text{s}$，$\theta = 30°$，$m = 75\text{kg}$。

求 f。

解 以滑雪者为研究对象，受力情况如图 3-4 所示，将重力 G 沿山坡方向和垂直山坡方向分解，得

$$F_1 = mg \sin\theta$$
$$F_2 = mg \cos\theta$$

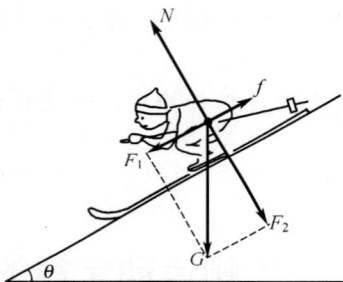

图 3-4 滑雪者的受力分析

规定滑雪者沿山坡下滑的方向为正方向。

由 $s = v_0 t + \dfrac{1}{2} at^2$ 得

$$a = \dfrac{2(s - v_0 t)}{t^2}$$
$$= 4(\text{m/s}^2)$$

由 $F_合 = ma$ 得

$$F_1 - f = ma$$

所以

$$f = F_1 - ma$$
$$= mg \sin\theta - ma = 75 \left(9.8 \times \dfrac{1}{2} - 4 \right)$$
$$= 67.5(\text{N})$$

答：滑雪者受到的阻力为 67.5N。

【例题 3】 升降机以 0.5m/s^2 的加速度匀加速上升，站在升降机内的人质量是 50kg，人对升降机地板的压力是多大？如图 3-5 所示，如果人站在升降机内的测力计上，测力计

的示数是多大?

已知 $a = 0.5\text{m/s}^2$，$m = 50\text{kg}$。

求 N'。

解　如图 3-5 所示，选取人为研究对象，规定升降机和人的运动方向为正方向。测力计的示数等于人对测力计的压力大小。

由 $F_合 = ma$ 得

$$N - G = ma$$

所以　　　　　$N = G + ma = m(g + a)$

代入数值得到

$$N = 50 \times (9.8 + 0.5) = 515 （N）$$

由牛顿第三定律得

$$N' = -N = -515 （N）$$

"—"号表示人对测力计的压力方向与测力计对人的支持力方向相反。

图 3-5　升降机内
人的受力分析

答：人对升降机地板的压力大小是 515N，其方向竖直向下；测力计的示数是 515N。

针对上题情况，进行如下讨论。

升降机加速上升时，$N' = m(g + a) > mg$，测力计的示数比人受到的重力大。这种现象称为超重现象。

升降机加速下降时，a 取负值，同理计算得 $N' = m(g + a) < mg$，测力计的示数比人所受的重力小，这种现象称为失重现象。若升降机做自由落体运动，则 $a = -g$，$N' = 0$，即测力计的示数为零，这种状态称为完全失重状态。

升降机匀速运动时，$a = 0$，$N' = mg$，测力计的示数等于人所受的重力。

应当注意的是：不论是超重，还是失重，地球作用于物体的重力始终存在，大小不变，只是物体对支持物的压力看起来好像比物体的重力有所增大或减小。

通过对上述例题的分析，可以总结出应用牛顿运动定律解题的一般步骤。

① 分析题意，明确研究对象。

② 对研究对象进行受力分析和运动特点分析。通常采用隔离体法画出研究对象的受力图。这一步是解决问题的关键。

③ 规定正方向，根据牛顿运动定律和运动学公式列出方程。

④ 统一各量的单位，解方程得结果。求解时最好先用符号得出结果，然后再代入数据进行运算。

习题 3-4

3-4-1　质量为 $4.0 \times 10^3\text{kg}$ 的汽车由静止开始在发动机牵引力作用下，沿平直公路行驶。若已知发动机的牵引力是 $1.6 \times 10^3\text{N}$，汽车受到的阻力是 $8.0 \times 10^2\text{N}$，求汽车开动后速度达到 10m/s 所需时间和在这段时间内汽车通过的位移。

3-4-2　一辆质量为 $3.0 \times 10^3\text{kg}$ 的汽车以 20m/s 的速度前进，要使它在 30s 内匀减速地停下来，它要受多大的阻力?

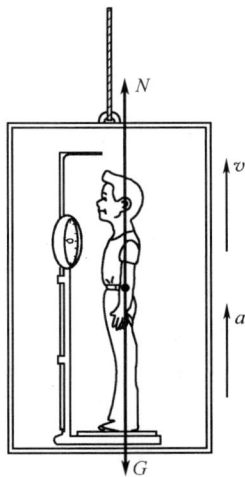

3-4-3 滑雪运动员从静止开始沿山坡匀加速滑下，2.0s 内滑下 2.6m，山坡的倾角为 30°，运动员和全部装备的总质量是 60kg，求运动员滑下时受到的摩擦力。

3-4-4 一台起重机的钢丝绳可承受 $1.4 \times 10^4 \mathrm{N}$ 的拉力，用它起吊重 $1.0 \times 10^4 \mathrm{N}$ 的货物，若使货物以 $1.0 \mathrm{m/s}^2$ 的加速度上升，钢丝绳是否会断裂？

*第五节 牛顿运动定律的适用范围

以牛顿运动定律为基础的经典力学建立于 17 世纪，三百多年来，经典力学在生产实践和科学技术各领域得到了广泛的应用。从地面上的汽车、火车等现代交通工具的运动到空中飞机的飞行、行星的运动；从设计各种机械到修桥筑坝、建楼立塔；从抛出物体的运动到人造地球卫星、宇宙飞船的发射等都很好地服从经典力学规律。经典力学在处理宏观物体低速运动的问题上展示出其无比的优越性。

但是一切物理规律都有一定的适用范围。随着人们对物质世界认识的深入，面对新的研究领域中发现的新现象、新问题，牛顿运动定律就显得无能为力了。

19 世纪末，人们开始探索物质世界的微观领域，研究发现，像电子、质子、中子等微观粒子不仅具有粒子性，而且具有波动性，经典力学不能解释微观粒子的运动规律。20 世纪初，量子力学应运而生，成功解释了微观粒子的运动规律，并推动科学技术向纵深发展。

当物体的运动速度接近光速时，物体的质量并非一成不变，经典力学无法解释其原因。20 世纪初，著名物理学家爱因斯坦提出了狭义相对论，指出物体的质量与运动速度有关，对于高速运动的问题可利用相对论来处理。

相对论和量子论是 20 世纪人类最伟大的发现，它们的建立开创了人们认识微观世界和宇宙天体的新纪元。这说明人类对自然界的认识更加深入，并非表示经典力学就失去意义。总之，**以牛顿运动定律为基础的经典力学只适用于研究宏观物体低速运动的问题。**

*第六节 匀速圆周运动

一、匀速圆周运动的定义

物体沿圆周运动是一种常见的曲线运动，在圆周运动中，最简单的是匀速圆周运动。

钟表秒针端点的运动轨迹是个圆，将圆周等分为 60 段，每段弧长为 s_0，那么，经过 1s，2s，3s，…秒针端点通过的弧长就是 s_0，$2s_0$，$3s_0$，…像这样**物体沿圆周运动，如果在任意相等的时间内通过的圆弧长度都相等**，这种运动就称为匀速圆周运动。它是工程技术中常见的运动形式，如匀速转动的电动机转子某一部分的运动，地球绕太阳的公转也可近似看成是质点的匀速圆周运动。

怎样描述匀速圆周运动的快慢呢？

二、线速度 角速度

匀速圆周运动的快慢，可以用线速度来描述。根据匀速圆周运动的定义，做匀速圆周运动的质点通过的弧长 s 与时间 t 成正比，比值越大，表示单位时间内通过的弧长越长，运动就越快。这个比值就是匀速圆周运动的线速度的大小，以符号 v 表示。

$$v = \frac{s}{t} \tag{3-6}$$

线速度是相对于下面将要讲到的角速度而命名的，其实它就是物体做匀速圆周运动的瞬时速度。线速度是矢量，不仅有大小，而且有方向，线速度的方向就在圆周该点的切线方向上（见图 3-6）。

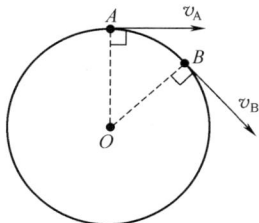

图 3-6　线速度的方向

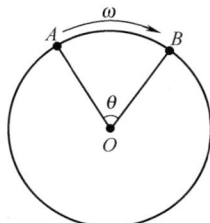

图 3-7　角速度的描述

在匀速圆周运动中，物体在各个时刻的线速度大小都相同，并由式（3-6）确定。而线速度的方向是在不断变化的，因此，匀速圆周运动是一种变速运动。这里的"匀速"是指速度的大小不变即速率不变的意思。

匀速圆周运动的快慢也可以用**角速度**来描述。物体在圆周上运动得越快，连接运动物体和圆心的半径在同样的时间内转动的角度就越大。所以，匀速圆周运动的快慢也可以用半径转过的角度与所用时间的比值来描述（见图 3-7）。这个比值称为匀速圆周运动的角速度，以符号 ω 表示。

$$\omega = \frac{\theta}{t} \tag{3-7}$$

由式（3-7）可知，对某一确定的匀速圆周运动来说，角速度 ω 是恒定不变的。

角速度的单位由角度和时间的单位决定。在 SI 中，角速度的单位是弧度/秒，符号是 rad/s。

每隔一段相等的时间就重复一次的运动，称为**周期性运动**，匀速圆周运动是一种典型的周期性运动。从四季和昼夜的周而复始、心跳和呼吸的节律，到交通工具闪烁灯的明灭交替和钟表的"滴答、滴答"声，都可以体会到周期性运动与人类生活的密切关系。

三、周期　频率

质点沿圆周运动一周所需的时间，称为**周期**。通常用符号 T 表示。在 SI 中，周期的单位是秒，符号是 s。例如，钟表上秒针的周期是 60s，分针的周期是 3600s。周期越大，表示运动越慢，所以周期是描述周期性运动快慢的物理量之一。

单位时间内沿圆周运动的周数称为**频率**。通常用符号 f 表示。在 SI 中，频率的单位是赫兹，符号是 Hz，$1Hz = 1s^{-1}$。频率也是描述周期性运动快慢的物理量，周期与频率的关系如下。

$$f = \frac{1}{T} \quad \text{或} \quad T = \frac{1}{f} \tag{3-8}$$

在工程技术上，常用 n 表示物体的转速，即一分钟转的圈数，单位是转/分，符号是 r/min。n 和 f 的关系如下。

$$n = 60f \quad 或 \quad f = \frac{n}{60} \tag{3-9}$$

线速度、角速度、周期和频率都可以用来描述匀速圆周运动的快慢，它们之间的关系是怎样的呢？

设物体以 R 为半径做匀速圆周运动，那么它在一个周期 T 内转过的弧长为 $2\pi R$，转过的角度为 2π，所以线速度和角速度分别为

$$v = \frac{2\pi R}{T} = 2\pi R f \tag{3-10}$$

$$\omega = \frac{2\pi}{T} = 2\pi f \tag{3-11}$$

由上述两式可得

$$v = R\omega \tag{3-12}$$

式(3-12)表明：在匀速圆周运动中，线速度的大小等于角速度与半径的乘积。

四、向心力

先来分析做匀速圆周运动的物体所受的合外力的方向。

如图 3-8 所示，用一条细绳拴着一个小球，让它在光滑水平桌面上做匀速圆周运动。小球受到的重力 G 与桌面的支持力 N，这是一对平衡力，小球还受到绳对它的拉力 F 的作用，这个拉力的方向虽然不断变化但总是沿半径指向圆心，维持小球做圆周运动。

如果用一条细绳拴着小球，捏住绳子的上端，使小球在水平面内做匀速圆周运动，细绳沿圆锥面旋转，这样就成了一个圆锥摆。小球受到重力和绳子拉力的作用，使小球只在同一个水平面内运动，所以重力和拉力的合力一定在水平面内。由平行四边形法则可知两个力的合力方向也是指向圆心的，这个指向圆心的合力使小球做圆周运动。

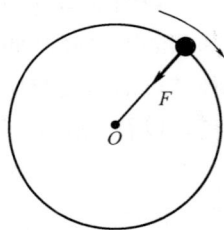

图 3-8　向心力

可见，做匀速圆周运动的物体不管受到几个力的作用，它所受的合力始终沿半径指向圆心，这个沿半径指向圆心的力称为**向心力**。

向心力方向指向圆心，而物体沿圆周运动的速度方向沿切线方向，所以向心力的方向始终与物体运动的方向垂直。物体在运动方向上不受力，在这个方向上就没有加速度，速度大小就不会改变，所以**向心力的作用只是改变速度的方向**。

以前学过的重力、弹力、摩擦力或者它们的合力等，都可以作为向心力。向心力是根据作用效果而命名的。向心力的大小与哪些因素有关呢？实验表明：向心力的大小与物体的质量 m、圆周半径 R 和角速度 ω 都有关系。可以证明，匀速圆周运动所需的向心力大小为

$$F = mR\omega^2 \tag{3-13}$$

在许多情况下，需要知道线速度的大小与向心力的关系。这个关系可以用线速度与角速度的关系求出。将 $\omega = \dfrac{v}{R}$ 代入式(3-13)，得

$$F = m\frac{v^2}{R} \tag{3-14}$$

五、向心加速度

做匀速圆周运动的物体，在向心力的作用下，必然产生一个加速度，根据牛顿第二定律，这个加速度的方向与向心力的方向相同，总是指向圆心，称为**向心加速度**。

根据牛顿第二定律 $F=ma$，及式(3-13) 和式(3-14)，可得向心加速度 a 的大小。

$$a=R\omega^2 \tag{3-15}$$

或

$$a=\frac{v^2}{R} \tag{3-16}$$

对于某个确定的匀速圆周运动来说，m 以及 R、v、ω 都是不变的，所以向心力和向心加速度的大小不变，但向心力和向心加速度的方向却在时刻改变。匀速圆周运动是一种在变力作用下的曲线运动，是**非匀变速运动**。

【例题1】　在各种公路上拱形桥是常见的。质量为 m 的汽车在拱桥上前进，到达桥的最高点时速度为 v，桥面的圆弧半径为 R，求汽车通过桥的最高点时对桥面的压力。

已知 m，v，R。

求 N'。

解　选汽车作为研究对象（见图3-9），当汽车经过桥的最高点时，汽车在竖直方向受两个力作用：重力 G 和桥面的支持力 N，它们的合力提供汽车做圆弧运动所需的向心力 F，即

$$F=G-N$$

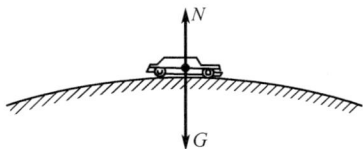

图 3-9　拱桥上的汽车的受力分析

由 $F=m\dfrac{v^2}{R}$ 可得

$$G-N=m\frac{v^2}{R}$$

所以

$$N=G-m\frac{v^2}{R}=mg-m\frac{v^2}{R}$$

汽车对桥的压力 N' 与桥对汽车的支持力 N 是一对作用力和反作用力。由牛顿第三定律可知，两者大小相等，方向相反。即

$$N'=-N=-\left(mg-m\frac{v^2}{R}\right)$$

答：汽车通过桥的最高点时对桥的压力大小为 $mg-m\dfrac{v^2}{R}$，方向竖直向下。

【例题2】　质量为 25kg 的小孩坐在秋千板上，秋千板离拴绳子的横梁2.5m。如果秋千板摆动经过最低位置时的速度是 3m/s，这时秋千板所受的压力是多大？（g 取 10m/s² ）。

已知 $m=25\text{kg}$，$R=2.5\text{m}$，$v=3\text{m/s}$，$g=10\text{m/s}^2$。

求 N'。

解 选小孩为研究对象（见图 3-10）小孩在最低位置时在竖直方向受两个力的作用，重力 G 和支持力 N，它们的合力提供小孩做圆弧运动所需的向心力，即

$$F = N - G$$

由 $F = m\dfrac{v^2}{R}$ 可得

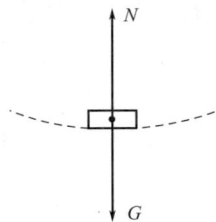
图 3-10 小孩在秋千板上的受力分析

$$N - G = m\frac{v^2}{R}$$

所以

$$N = G + m\frac{v^2}{R} = mg + m\frac{v^2}{R} = 25 \times \left(10 + \frac{3^2}{2.5}\right) = 340(\text{N})$$

由牛顿第三定律知，小孩对秋千板的压力 $N' = -N = -340\text{N}$

答：秋千板所受的压力大小为 340N，方向竖直向下。

* 习题 3-6

3-6-1　一个质量为 3.0kg 的物体在半径为 2.0m 的圆周上以 4.0m/s 的速度做匀速圆周运动，向心加速度是多大？所需向心力是多大？

3-6-2　从 $a = R\omega^2$ 看，好像 a 与 R 成正比；从 $a = \dfrac{v^2}{R}$ 看，好像 a 与 R 成反比。如果有人问你"向心加速度的大小与半径成正比还是成反比？"，应该怎样回答？

3-6-3　质量为 800kg 的小汽车驶过一个半径为 50m 的圆形拱桥，到达桥顶时的速度为 5m/s，求此时汽车对桥的压力。

* 第七节　万有引力定律

人类曾经长期错误地认为地球是宇宙的中心，日、月、星辰都是围绕着地球旋转的，直到 1542 年波兰科学家哥白尼提出行星是围绕太阳旋转的，1609 年德国天文学家开普勒通过观测证实了哥白尼的学说。在长期的生产实践中，人们终于认识到，行星绕太阳运行的轨道与圆轨道近似，可以认为行星是以太阳为圆心做匀速圆周运动。

行星做匀速圆周运动的向心力是由什么力来提供的呢？

一、万有引力定律的表述

牛顿在前人研究的基础上，凭借他超凡的数学能力证明了：如果太阳和行星间的引力与距离的二次方成反比，则行星的轨迹是椭圆，并且在 1678 年发表了**万有引力定律**。

自然界中任何两个物体都是相互吸引的，引力的大小与这两个物体的质量的乘积成正比，与它们的距离的二次方成反比。

如果用 m_1 和 m_2 表示两个物体的质量，用 r 表示它们之间的距离，用 F 表示它们相互间的引力，那么万有引力定律可以表示为

$$F = G\frac{m_1 m_2}{r^2} \tag{3-17}$$

式中，G 为万有引力恒量。如果质量的单位是 kg，距离的单位是 m，力的单位以 N 表示，则测定的 G 值为 $6.67×10^{-11}\mathrm{N·m^2/kg^2}$。

根据万有引力定律，两个质量都是 1kg 的物体相距 1m 时的相互作用力仅为 $6.67×10^{-11}\mathrm{N}$。通常，地面上两个物体之间的万有引力是微不足道的，在分析问题时可不予考虑。但是，在天体之间，天体的质量特别巨大，万有引力起着决定性的作用。

万有引力定律的发现是 17 世纪自然科学最伟大的成就。它把地球上的物体与天体之间运动的规律统一起来，第一次揭示了自然界中一种基本相互作用的规律。万有引力定律的发现，在人类文化发展史上也有重要的意义。它破除了人们对天体运动的神秘感，表明了人类有智慧、有能力揭示天体运动的规律，对科学文化的发展起到了极大的推动作用。

【例题】 已知月球绕地球的旋转周期 $T=2.36×10^6\mathrm{s}$，月球与地球间的平均距离 $R=3.84×10^8\mathrm{m}$。试估算地球的质量 M。

已知 $T=2.36×10^6\mathrm{s}$，$R=3.84×10^8\mathrm{m}$。

求 M。

解　地球对月球的万有引力提供月球绕地球旋转所需要的向心力，由万有引力定律和向心力公式得

$$G\frac{Mm}{R^2}=\frac{mR4\pi^2}{T^2}$$

所以
$$M=\frac{4\pi^2R^3}{GT^2}$$

$$=\frac{4×3.14^2×(3.84×10^8)^3}{6.67×10^{-11}×(2.36×10^6)^2}$$

$$=6.01×10^{24}(\mathrm{kg})$$

答：地球的质量为 $6.01×10^{24}\mathrm{kg}$。

二、人造地球卫星

地球对周围的物体有引力的作用，因而抛出的物体要落回地面。但是，抛出的初速度越大，物体就会飞得越远。牛顿在思考万有引力定律时就曾设想过，从高山上用不同的水平速度抛出物体，速度一次比一次大，落地点也就一次比一次离山脚远。如果没有空气阻力，当速度足够大时，物体就永远不会落到地面上来，它将围绕地球旋转，成为一颗绕地球运动的人造地球卫星，简称人造卫星。

如图 3-11 所示是牛顿著作中所绘的一幅人造卫星的原理图。

人造地球卫星绕地球转动时的速度究竟有多大呢？

下面来计算一下人造卫星沿圆形轨道绕地球运动时的速度。设卫星和地球的质量分别为 m 和 M，卫星距地心的距离为 r，卫星运动的速度为 v。由于卫星运动所需的向心力是由万有引力提供的，所以

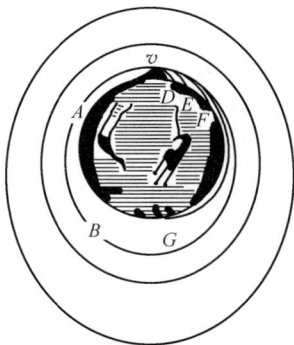

图 3-11　牛顿绘制的人造卫星原理图

$$G\frac{Mm}{r^2}=m\frac{v^2}{r}$$

由此解出

$$v=\sqrt{\frac{GM}{r}}$$

由上式可知，卫星距地心越远，它运行的速度越慢。虽然距地面高的卫星运行速度较靠近地面的卫星运行速度要小，但是向高轨道发射卫星却比向低轨道发射卫星要困难，因为高轨道发射卫星，火箭要克服地球对它的引力做更多的功。

对于靠近地面运行的人造卫星，可以认为此时的 r 近似等于地球的半径 R。地球半径 R 和地球质量 M 的公认值分别为 $R=6.37\times10^6\,\mathrm{m}$，$M=5.98\times10^{24}\,\mathrm{kg}$。在上式中把 r 用地球的半径 R 代入，可以求出

$$v=\sqrt{\frac{GM}{R}}=\sqrt{\frac{6.67\times10^{-11}\times5.98\times10^{24}}{6.37\times10^6}}$$

$$\approx7.9\times10^3(\mathrm{m/s})=7.9\ (\mathrm{km/s})$$

7.9km/s 就是人造卫星在地面附近绕地球做匀速圆周运动所必须具有的速度，称为**第一宇宙速度**，又称为环绕速度。

如果人造卫星进入地面附近的轨道速度大于 7.9km/s，而小于 11.2km/s，它绕地球运动的轨迹不是圆形，而是椭圆（见图 3-12）。当物体的速度等于或大于 11.2km/s 时，卫星就会脱离地球的引力，不再绕地球运行。我们把这个速度称为**第二宇宙速度**，又称为逃逸速度。

达到第二宇宙速度的物体还受到太阳的引力。要使物体挣脱太阳引力的束缚，飞到太阳系以外的宇宙空间去，必须使它的速度等于或者大于 16.7km/s，这个速度称为**第三宇宙速度**。

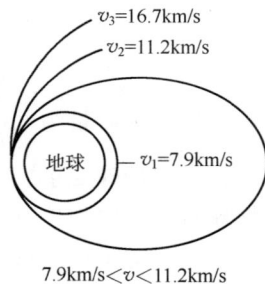

图 3-12　人造卫星的轨道

1957 年 10 月 4 日，前苏联将第一颗人造地球卫星成功地送上了太空轨道，开创了空间科学的新纪元。随后，1958 年 1 月 31 日，美国也成功地发射了一颗人造卫星。1970 年 4 月 24 日我国首次发射了"东方红 1 号"人造卫星。迄今为止，我国已向太空发射了 500 余颗各种用途的人造卫星和 12 艘"神舟"号飞船。2003 年 10 月 15 日我国"神舟 5 号"载人航天飞船成功发射，10 月 16 日成功返回，2021 年 6 月 17 日我国"神舟 12 号"载人飞船顺利升空，这些都标志着我国现代航天技术已经走在了世界前列。

*习题 3-7

3-7-1　既然任何物体间都存在引力，为什么当两个人接近时他们不吸在一起？

3-7-2　两艘轮船，质量分别是 $5.0\times10^7\,\mathrm{kg}$ 和 $1.0\times10^8\,\mathrm{kg}$，相距 10km，求它们之间的引力，将这个力与它们所受的重力相比较，看看相差多少倍。

3-7-3　已知在轨道上运转的某一人造地球卫星，运转周期为 $5.6\times10^3\,\mathrm{s}$，轨道半径为 $6.8\times10^3\,\mathrm{km}$。试估算地球的质量。

3-7-4　海王星的质量是地球的 17 倍，它的半径是地球的 4 倍。绕海王星表面做圆周运动的宇宙飞船，其运动速度有多大？

本章小结

一、牛顿第一定律

一切物体总保持静止状态或做匀速直线运动状态，直到有外力迫使它改变这种状态为止。

物体保持静止或匀速直线运动状态的性质称为惯性。

二、牛顿第二定律

当物体受到外力作用时，物体就要获得加速度。加速度与作用在物体上外力的合力成正比，与物体的质量成反比。加速度的方向跟外力的合力方向相同。

牛顿第二定律的数学表达式为

$$F_合 = ma$$

由牛顿第二定律可知，力是物体获得加速度的原因。

三、牛顿第三定律

两个物体之间的作用力与反作用力总是大小相等，方向相反，沿同一直线，分别作用在两个物体上。其表达式为

$$F = -F'$$

四、牛顿运动定律的应用

应用牛顿运动定律解题时，要综合应用三个定律。解题的一般步骤是：认真审题，明确题意；隔离物体，分析受力（画出受力图）；分析运动，列出方程；统一单位，正确运算。

*五、牛顿运动定律的适用范围

牛顿运动定律是有局限性的，它适用于低速运动的宏观物体。

*六、匀速圆周运动

1. 线速度

$$v = \frac{s}{t} = \frac{2\pi R}{T}$$

2. 角速度

$$\omega = \frac{\theta}{t} = \frac{2\pi}{T}$$

3. 周期　频率

$$T = \frac{1}{f}$$

4. 向心力　向心加速度

$$F = m\frac{v^2}{R} = mR\omega^2 \qquad\qquad a = \frac{v^2}{R} = R\omega^2$$

*七、万有引力定律

自然界中任何两个物体间都有引力存在。引力大小与两物体质量的乘积成正比，与两物体间距离的平方成反比。其表达式为

$$F = G\frac{m_1 m_2}{r^2}$$

复习题

一、判断题

1. 力是维持物体运动的原因。 （ ）

2. 任何物体都有惯性。 （ ）

3. 作用力和反作用力大小相等，方向相反，可以互相抵消。 （ ）

*4. 匀速圆周运动是变速运动。 （ ）

*5. 地球对月球的万有引力大于月球对地球的万有引力。 （ ）

二、选择题

1. 关于惯性的大小，下面说法中正确的是 （ ）

A. 两个质量相同的物体，在阻力相等的情况下，速度大的不容易停下来，所以速度大的物体惯性大

B. 两个质量相同的物体，不论速度大小，惯性一定相同

C. 推动地面上的静止的物体，要比维持这个物体做匀速运动所需的力大，所以物体静止时的惯性大

D. 在月球上举重比在地球上容易，所以质量相同的物体在月球上比在地球上惯性小

2. 关于运动和力的关系，下面说法中正确的是 （ ）

A. 物体在恒力作用下，运动状态不变

B. 物体受到不为零的合力作用时，运动状态发生变化

C. 物体受到合力为零时，一定处于静止状态

D. 物体的运动方向与其所受合力的方向相同

3. 一只茶杯静止在水平桌面上，则 （ ）

A. 它所受的重力与桌面的支持力是作用力和反作用力

B. 它所受的重力与桌面的支持力是一对平衡力

C. 它所受的重力与它对地面的压力是作用力与反作用力

D. 它所受的重力与它对地球的吸引力是一对平衡力

4. 汽车拉着拖车前进，汽车对拖车的作用力为 F_1，拖车对汽车的作用力为 F_2。则 F_1 和 F_2 的大小的关系是 （ ）

A. $F_1 > F_2$ B. $F_1 < F_2$ C. $F_1 = F_2$ D. 无法确定

*5. 在匀速圆周运动中，下列物理量中不变的是 （ ）

A. 线速度   B. 角速度   C. 向心力   D. 向心加速度

三、填空题

1. 质量为 8×10^3 kg 的汽车，以 1.5 m/s² 的加速度做匀加速直线运动，若所受阻力为 2.5×10^3 N，则汽车的牵引力是 _____ N。

2. 一辆汽车质量为 10^3 kg，刹车速度为 15 m/s，刹车过程中所受阻力为 6×10^3 N，则汽车经过 _____ s 才能停下来。

3. 甲乙两物体质量之比为 $1:2$，所受合外力之比为 $1:2$，从静止开始发生相同位移所用的时间之比是 _____。

*4. 一辆汽车质量为 m，经过半径为 R 的凸形桥最高点时的速率为 v，此时它对桥的压力为

_____ N。

四、计算题

1. 飞机在平直跑道上匀加速滑行了 1.0km，达到起飞速度 80m/s。若已知飞机的质量为 5.0t，不计摩擦阻力，则飞机的加速时间和牵引力各是多少？

2. 交通民警在处理交通事故时，常常测量汽车在路面上的擦痕，以此断定汽车刹车速度大小。若已知一辆卡车质量为 3.0t，轮胎与公路的动摩擦因数为 0.90，刹车擦痕长为 8.0m，求卡车刹车时的最小速度。(g 取 10m/s^2)

第四章 功 和 能

第三章研究的牛顿运动定律，是动力学的一部分。本章要学习动力学的另一部分内容，它仍将以牛顿运动定律为基础，引入功和能的概念，其后着重讨论动能定理和机械能守恒定律。

功和能是物理学中的两个重要概念，它们对于物理学和其他科学技术有很重要的意义，是我们学习和掌握科学知识的基础。

第一节 功

一、功的概念

把火箭送入高空、将木桩打入地下、拖拉机拖车前进，都是物体受到力的作用，且在力的方向上发生了一段位移，这时就说这个力对物体做了功。它是人们在长期的实践中逐渐形成的概念。如果物体在力的作用下没有位移，或者物体在力的方向上没有位移，这个力对物体就没有做功。例如，一个人拿着重物静止不动，他对物体没有做功，因为物体在力的方向上没有位移。又如，在水平面上移动的物体，重力对它没有做功，因为物体在重力的方向上没有位移。当然，物体不受力作用（由于物体的惯性）而有一定的位移时，同样没有做功，因为无力的作用。可见，力和物体在力的方向上发生的位移，是做功的两个缺一不可的因素。物理学中定义：**力和物体在力的方向上的位移的乘积，称为力对物体做的功。**

当作用在物体上的力与物体位移的方向相同时，如图 4-1 所示，由功的定义可知，该力对物体做的功为

$$W = Fs$$

式中，F、s 分别是力和位移的大小；W 是力对物体做的功。

一般情况下，作用在物体上的力 F 与物体的位移 s 之间有一定的夹角 α。在这种情况下，把力 F 分解为图 4-2 所示的两个相互垂直的分力 F_1 和 F_2，F_1 与位移 s 方向一致，F_2 与位移 s 方向垂直，不做功。所以，力 F 对物体做的功为

$$W = F_1 s$$

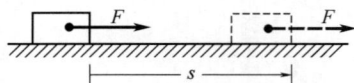

图 4-1 力与位移同向

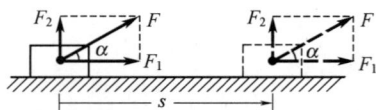

图 4-2 力与位移间有一夹角 α

因 $F_1 = F\cos\alpha$，所以，一般情况下，功的定义为

$$W = Fs\cos\alpha \tag{4-1}$$

式中，F、s 是力和位移的大小；α 是力的方向与位移方向之间的夹角。也就是说，力对物体所做的功，等于力的大小、位移的大小、力的方向与位移方向夹角余弦的乘积。

功只有大小没有方向，所以是标量。

功的单位是由力的单位和位移的单位决定的。在 SI 中，功的单位是焦耳，简称焦，符号是 J。1J 等于 1N 的力使物体在力的方向发生 1m 的位移时所做的功，即

$$1J = 1N \times 1m = 1N \cdot m$$

二、正功和负功

功的数值不仅与力、位移的大小有关，还与力和位移间的夹角有关。

① 当 $\alpha < 90°$ 时，$\cos\alpha > 0$，则 W 为正值，即力对物体做正功。如图 4-3 所示，此时，力为动力。

② 当 $\alpha = 90°$ 时，$\cos\alpha = 0$，则 $W = 0$，表示力对物体不做功或做零功。

③ 当 $\alpha > 90°$ 时，$\cos\alpha < 0$，则 W 为负值，表示力对物体做负功，如图 4-4 所示，此时，力为阻力，对物体的前进起阻碍作用。

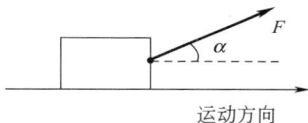

图 4-3　α 为锐角

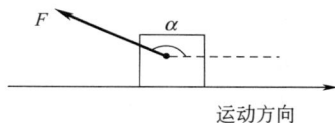

图 4-4　α 为钝角

某力对物体做负功，往往说成"物体克服某力做功"（取绝对值）。这两种说法的意义是等同的。例如，物体竖直上升时，重力对物体做负功，也可以说成"物体克服重力做功"；当摩擦力对物体做负功时，也可以说成是"物体克服摩擦力做功"。

应当指出，如果作用在物体上的不只是一个力，而是几个力，那么，求合力所做的功时，α 是合力方向与位移方向之间的夹角。可以证明，**合力对物体所做的功等于各分力对物体所做功的代数和**。

【例题】　如图 4-5 所示，用 40N 的沿斜面向上的拉力 F，把质量为 3.0kg 的物体，由斜面底端 A 拉至 B 端。已知物体与斜面间的动摩擦因数为 0.10，斜面的倾角为 30°，斜面斜边长度为 2.0m，求各个力对物体做的功和合力所做的功。

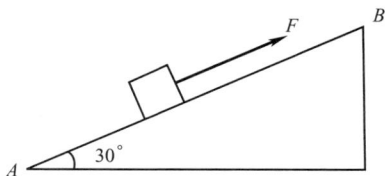

图 4-5　物体沿斜面向上运动

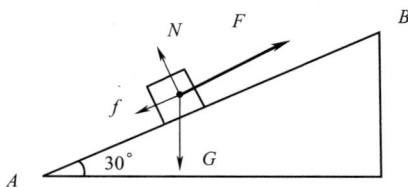

图 4-6　物体的受力情况

已知 $F = 40N$，$m = 3.0kg$，$\mu = 0.10$，$\alpha = 30°$，$s = 2.0m$。

求 W_F，W_G，W_N，W_f，$W_{合}$。

解　物体的受力情况如图 4-6 所示，由功的公式 $W = Fs\cos\alpha$ 得

$$W_F = Fs = 40 \times 2.0 = 80 \quad (\text{J})$$

$$W_G = Gs\cos(90° + 30°) = -mgs\sin30° = -3.0 \times 9.8 \times 2.0 \times \frac{1}{2} = -29.4 \quad (\text{J})$$

$$W_N = Ns\cos90° = 0$$

$$W_f = fs\cos180° = -fs = -\mu mg\cos30°s = -0.10 \times 3.0 \times 9.8 \times \frac{\sqrt{3}}{2} \times 2.0 = -5.1 \quad (\text{J})$$

因为合力对物体做的功等于各分力对物体做功的代数和，所以

$$W_{合} = W_F + W_G + W_N + W_f = 80 + (-29.4) + (-5.1) = 45.5 \quad (\text{J})$$

答：拉力、重力、支持力、摩擦力和合力对物体做的功分别是 80J、−29.4J、0、−5.1J 和 45.5J。

第二节 功 率

将一定量的水抽往高处，用大型水泵在较短的时间内即可完成，用小型水泵则需较长时间才能做相同的功。可见不同的物体做功的快慢不同。

为描述各种设备做功的快慢，引入了功率的概念。物理学对功率定义为：**功与完成这些功所用的时间的比值，称为功率**。用 P 表示功率，则有

$$P = \frac{W}{t} \tag{4-2}$$

功率的单位由功和时间的单位决定，在 SI 中，功率的单位为瓦特，简称瓦，符号是 W。$1\text{W} = 1\text{J/s}$。另外功率的常用单位还有千瓦（kW）。它们之间的换算关系如下。

$$1\text{kW} = 1\,000\text{W}$$

功率也可以用力和速度来表示。如果物体在力的作用下，沿力的方向运动，则 $\alpha = 0°$，$W = Fs$，因而 $P = \frac{W}{t} = \frac{Fs}{t}$，又 $v = \frac{s}{t}$，所以

$$P = Fv \tag{4-3}$$

通常所说的机器的功率，是指它正常工作时的功率，称为机器的额定功率。

由式（4-3）可知，当力 F 一定时，功率 P 与速度 v 成正比，此时机器实际的输出功率随速度的增大而增大。在功率 P 一定时，力 F 与速度 v 成反比，如果要增大牵引力，就要降低速度；要获得较高的速度，牵引力就要减小。汽车换挡就是为了这一目的。

【例题】 用 1.5kW 的电动机带动一起重机，若它能以 3.0m/min 的速率匀速提起重物，求它能提起的重物的质量（g 取 10m/s²）。

已知 $P = 1.5\text{kW} = 1.5 \times 10^3\text{W}$，$v = 3.0\text{m/min} = 5.0 \times 10^{-2}\text{m/s}$。

求 m。

解 由 $P = Fv$ 得

$$F = \frac{P}{v} = \frac{1.5 \times 10^3}{5.0 \times 10^{-2}} = 3.0 \times 10^4 \ (\text{N})$$

在匀速提起重物时，有 $G = F = 3.0 \times 10^4 \text{N}$

所以

$$m = \frac{G}{g} = \frac{3.0 \times 10^4}{10} = 3.0 \times 10^3 \ (\text{kg})$$

答：起重机能提起的重物的质量为 $3.0 \times 10^3 \text{kg}$。

习题 4-2

4-2-1　如图 4-7 所示，在炼铁高炉的送料斜道上，一卷扬机将装满炉料的料斗车沿倾斜的轨道从底端进料坑拉上炉顶。试分析料斗车所受的各个作用力，这些力有没有对料斗车做功？是做正功还是做负功？

4-2-2　马拉着质量为 200kg 的雪橇在水平冰道上匀速前进，雪橇与冰道之间的动摩擦因数为 0.035。求雪橇前进 500m 时，马对雪橇做的功和摩擦力对雪橇做的功。

4-2-3　一个物体重 $1 \times 10^4 \text{N}$，用起重机从静止开始向上起吊，其加速度为 2m/s^2。求起重机在前 5s 内所做的功（g 取 10m/s^2）。

4-2-4　一大型轧机在某次轧制轧件时，轧件所受平均压力为 $1 \times 10^7 \text{N}$，压下量（轧件形变量）为 2cm，所用时间是 0.1s。求轧机对轧件所做的功和功率。

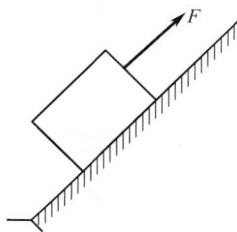

图 4-7　习题 4-2-1 图

第三节　动能　动能定理

从高处下落的物体能做功。例如，气锤的锤头下落时能把锻件锻压成所需的形状，锤头对锻件做了功；运动着的榔头可将钉子钉入木板，榔头对钉子做了功。如果物体具有做功的本领，我们就说物体具有能。

物体做功的本领越大，它具有的能量就越多。在衡量物体具有多少能量时，应看它实际能做多少功。功和能的单位是相同的。

能具有各种形式。与物体机械运动有关的能量称为机械能。动能和势能都是机械能。

一、动能

物体由于运动而具有的能称为动能。

经验证明，挥动的锤子，它的质量越大，挥动得越快，那么它打击钉子时，钉子钉入木板的深度会越大，所做的功就越多。这说明铁锤做功本领大，或说它的动能大。可见，运动物体的动能与它的质量和速度有关。

运动物体在克服阻力做功时，速度减小，它的动能也随之减小。当它的速度减小到零时，它的动能也减小到零。由此可知，运动物体原有的动能，等于它在克服阻力的过程中速度一直减小到零时所做的功。

如图 4-8 所示，质量为 m 的汽车，在速度为 v 时关闭发动机，在阻力 f 的作用下做匀减速直线运动，经位移 s 后停下来。在这个过程中，汽车克服阻力 f 所做的功，等于汽车原

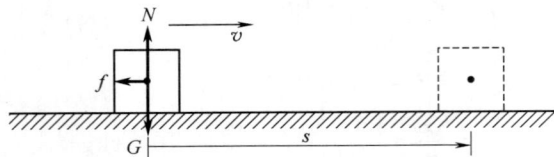

图 4-8 关闭发动机的汽车

来（速度为 v 时）具有的动能。

由牛顿第二定律得 $\qquad -f=ma$

由运动学公式得 $\qquad s=\dfrac{-v^2}{2a}$

则阻力做的功 $\qquad W_{\mathrm{f}}=-fs=ma\left(-\dfrac{v^2}{2a}\right)=-\dfrac{1}{2}mv^2$

那么汽车克服阻力做的功是 $\dfrac{1}{2}mv^2$，汽车原来具有的动能也就等于 $\dfrac{1}{2}mv^2$。

运动物体的动能，等于物体的质量和速度（速率）的二次方的乘积的一半。动能常以字母 E_{k} 表示，有

$$E_{\mathrm{k}}=\frac{1}{2}mv^2 \qquad (4\text{-}4)$$

由式(4-4)可知，物体的动能由其质量和速率决定，与物体运动的方向无关。

动能是标量，其单位与功的单位相同。在 SI 中，动能的单位是焦耳（J）。

二、动能定理

如图 4-9 所示，质量为 m 的汽车，在水平方向的恒定的牵引力 F 和阻力 f 的作用下，经位移 s 后，速度由 v_1 变为 v_2。作用在汽车上的合外

力 $F_{\mathrm{合}}=F-f$，由 $F_{\mathrm{合}}=ma$ 和 $v_2^2-v_1^2=2as$ 可得合力

对汽车所做的功

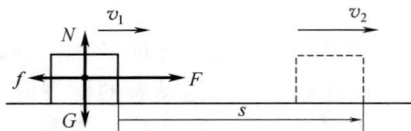

图 4-9 正常行驶的汽车

$$W=F_{\mathrm{合}}\,s=(F-f)s=ma\,\frac{v_2^2-v_1^2}{2a}=\frac{1}{2}mv_2^2-\frac{1}{2}mv_1^2$$

式中，$\dfrac{1}{2}mv_2^2$ 为汽车的末动能 E_{k2}；$\dfrac{1}{2}mv_1^2$ 为汽车的初动能 E_{k1}。上式可写为

$$W=E_{\mathrm{k2}}-E_{\mathrm{k1}} \qquad (4\text{-}5)$$

式(4-5)表明，**合外力对物体所做的功，等于物体动能的增量**。这一关系称为**动能定理**。即合外力对物体做功时，其动能就要变化。

由动能定理可知：当合外力对物体做正功时，物体的动能增加；当合外力对物体做负功，即物体克服阻力对外做功时，物体动能减少。

【例题 1】 一质量为 8g 的子弹，以 800m/s 的速度飞行，一质量为 60kg 的人，以 3m/s 的速率奔跑。比较哪个的动能大？

已知 $m_1=8\mathrm{g}=8\times10^{-3}\mathrm{kg}$，$m_2=60\mathrm{kg}$，$v_1=800\mathrm{m/s}$，$v_2=3\mathrm{m/s}$。

求 E_{k1}，E_{k2}。

解 子弹的动能 $\qquad E_{\mathrm{k1}}=\dfrac{1}{2}m_1v_1^2=\dfrac{1}{2}\times8\times10^{-3}\times800^2=2.56\times10^3$ （J）

人的动能
$$E_{k2}=\frac{1}{2}m_2v_2^2=\frac{1}{2}\times60\times3^2=2.7\times10^2\ （J）$$

所以
$$E_{k1}>E_{k2}$$

答：子弹的动能较大。

【例题 2】 质量为 800kg 的矿车，在 1000N 的水平牵引力的作用下，前进 50m 时，其速度由 5m/s 增加到 10m/s（见图 4-10）。求阻力对矿车做的功和阻力的大小。

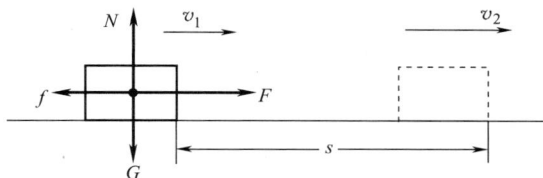

图 4-10 行驶的矿车

已知 $m=800\text{kg}$，$s=50\text{m}$，$F=1000\text{N}$，$v_1=5\text{m/s}$，$v_2=10\text{m/s}$。

求 f，W_f。

解 由图 4-10 可知，$W_G=W_N=0$，$W_F=Fs$，各力对矿车做功的代数和为
$$W_合=W_G+W_N+W_F+W_f=W_F+W_f$$

由动能定理得
$$W_F+W_f=\frac{1}{2}mv_2^2-\frac{1}{2}mv_1^2$$

所以
$$W_f=\frac{1}{2}mv_2^2-\frac{1}{2}mv_1^2-W_F$$
$$=\frac{1}{2}mv_2^2-\frac{1}{2}mv_1^2-Fs$$
$$=\frac{1}{2}\times800\times(10^2-5^2)-1\,000\times50=-2\times10^4\ （J）$$

因为
$$W_f=fs\cos180°=-fs$$

所以
$$f=-\frac{W_f}{s}=-\frac{-2\times10^4}{50}=4\times10^2\ （N）$$

答：阻力对矿车做负功，其值为 2×10^4 J，阻力的大小为 4×10^2 N。

这个例题也可以用牛顿第二定律和运动学公式来解。

动能定理是在牛顿运动定律和运动学公式的基础上推导出来的。由于动能定理不涉及物体运动过程中的加速度和时间，因此以它来解题往往比较方便。

习题 4-3

4-3-1 在动能定理的表达式 $W=E_{k2}-E_{k1}$ 中，各项代表什么意思？

4-3-2 合外力对物体做正功时，物体的动能如何变化？合外力对物体做负功时，其动能是增加还是减少？物体动能的变化量与合外力做的功之间有什么关系？

4-3-3 我国第一颗人造地球卫星的质量为 3 173kg，在近地点时的速率为 8.1km/s。求卫星这时具有的动能。

4-3-4 质量为 100g 的子弹，以 400m/s 的速率从枪口射出，设枪筒长 1m。求子弹离

开枪口时的动能和它在枪筒里所受的平均推力。

4-3-5 在长为 500m 的一条平直铁轨上，一列质量为 4.0×10^2 t 的列车，速度由 8m/s 增加到 12m/s，列车与铁轨间的动摩擦因数为 0.004。求列车牵引力所做的功。（g 取 10m/s^2）

第四节 势 能

一、重力势能

在机械运动范围内的能量，除动能外，还有势能。势能包括重力势能和弹性势能，本节主要研究重力势能。我们知道，从高处下落的物体能够做功。例如，从高处落下的重锤，能够锻制工件；高山上的瀑布能带动发电机发电。这些都说明，位于高处的物体具有能量。我们把位于**高处的物体所具有的能**称为**重力势能**。

由经验知道，打桩时，锤越重，提得越高，它的做功本领就越大，具有的能就越多，可见重力势能与物体的质量和高度有关。现在来研究质量为 m 的物体，在高 h 的地方具有多大的重力势能。我们让它从高 h 的地方

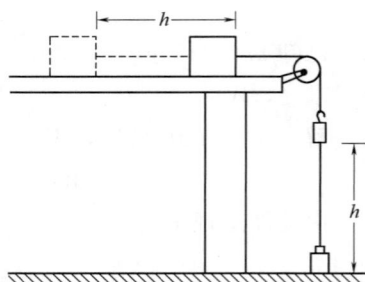

图 4-11 下落的砝码

下落，看它所能做的功是多少。如图 4-11 所示，设砝码的质量为 m，距地面的高度为 h。选择一个合适的木块，使其与桌面间的摩擦恰好等于砝码的重力 mg。这样，当砝码匀速下落 h 高度时，它对木块所做的功是 mgh。这个功就等于砝码在 h 高处所具有的势能。如果用 E_p 表示势能，那么

$$E_p = mgh \tag{4-6}$$

重力势能等于物体的重力和它距离地面高度的乘积，或者等于物体的质量、重力加速度和它距离地面高度的乘积。

重力势能也是标量，它的单位也与功的单位相同，在 SI 中，都是焦耳（J）。

由式(4-6)可知，只要物体的高度确定，重力势能就有确定的数值。但是，高度是一相对量。所以重力势能也是一相对量，它是相对于某一参考面来说的。规定该参考面的高度为零，该面的重力势能也就为零，称为零势能面。通常选地面为零势能面。实际上，零势能面的选择是任意的，在研究问题时看方便而定。

还需说明一点，由于重力势能与重力有关，而重力是地球与物体间的相互作用力，同时又与地球与物体间的相对位置有关，所以重力势能是属于物体和地球组成的系统所共有，而不能把它看作只属于物体。平常说"物体的重力势能"，只是为了叙述的简便而省略了"系统"二字。

二、重力做功与重力势能变化的关系

重力对物体做功，使物体的重力势能变化。当物体下落时，重力对物体做正功，重力势能减少；当物体上升时，重力对物体做负功，重力势能增加。

如图 4-12 所示，设物体起点的高度为 h_1，重力势能 $E_{p1} = mgh_1$，终点高度为 h_2，重力势能 $E_{p2} = mgh_2$。物体由高度 h_1 下落到高度 h_2 的过程中，重力对物体做的功 W_G 与重力势能变化的关系可用式(4-7) 表示为

$$W_G = mg(h_1 - h_2) = mgh_1 - mgh_2$$

即　　　　　　　　$W_G = E_{p1} - E_{p2}$ 　　　　　　　　(4-7)

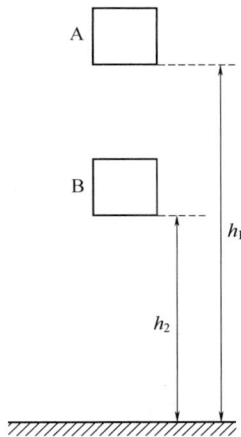

图 4-12　下落的物体

由式(4-7) 可知，**重力对物体做正功（$W_G > 0$），重力势能减少；重力对物体做负功（$W_G < 0$），重力势能增加。**

【例题 1】　质量为 5kg 的物体，在距地面 10m 高处具有多大的重力势能？当它下落至 4m 高处时，重力势能又是多少？在此过程中，重力势能减少了多少？重力对物体做了多少功？

已知 $m = 5\text{kg}$，$h_1 = 10\text{m}$，$h_2 = 4\text{m}$。

求 E_{p1}，E_{p2}，$E_{p1} - E_{p2}$，W_G。

解　选取地面为零势能面，则

$$E_{p1} = mgh_1 = 5 \times 9.8 \times 10 = 490 \text{（J）}$$
$$E_{p2} = mgh_2 = 5 \times 9.8 \times 4 = 196 \text{（J）}$$
$$E_{p1} - E_{p2} = 490 - 196 = 294 \text{（J）}$$
$$W_G = mg(h_1 - h_2) = E_{p1} - E_{p2} = 294 \text{（J）}$$

答：重物在 10m 和 4m 处的重力势能分别为 490J 和 196J。该物体在下落过程中重力势能的减少量与重力对物体所做的功相等，同为 294J。

【例题 2】　如图 4-13 所示，已知 $AB /\!/ CD$，$AC /\!/ BD$，AD 与 AB 间的夹角为 α。试分别计算质量为 m 的物体，沿着 ABD、ACD、AD 三条不同路径，从高度为 h_1 的 A 点运动到高度为 h_2 的 D 点，重力做的功。

解　$W_{ABD} = W_{AB} + W_{BD} = mgh_{AB} + mgh_{BD}$

$= mg(h_1 - h_2) + mg(h_2 - h_2)$

$= mg(h_1 - h_2)$

$= E_{pA} - E_{pD}$

$W_{ACD} = W_{AC} + W_{CD}$

$= mgh_{AC} + mgh_{CD}$

$= mg(h_1 - h_1) + mg(h_1 - h_2)$

$= mg(h_1 - h_2)$

$= E_{pA} - E_{pD}$

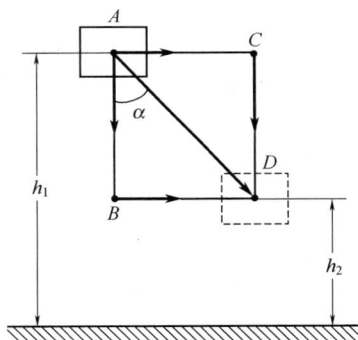

图 4-13　沿不同路径运动的物体

$W_{AD} = mgAD\cos\alpha = mgh_{AB} = mg(h_1 - h_2) = E_{pA} - E_{pD}$

答：物体沿三条不同路径运动时，重力做的功都相等，都等于起、终点的重力势能之差。

由以上计算可知，物体不管沿哪条路径由 A 点到 B 点，重力所做的功都相等。利用高等数学知识可以证明：**重力对物体所做的功与物体运动的路径无关**，只与起点和终点的位置有关，并等于起点的重力势能与终点的重力势能之差。

三、弹性势能

在力学中，除重力势能外，还有弹性势能。例如，变形的弓可以将箭射出去，压缩的弹簧在恢复原状时，可以把物体推开，这种**物体由于发生弹性形变而具有的能称为弹性势能**。

关于弹性势能的大小，可以证明：对于发生拉伸或压缩形变的弹簧，在弹性限度内，弹性势能由弹簧的劲度系数 k 和形变的大小 x 决定，其表达式为

$$E_p = \frac{1}{2}kx^2 \tag{4-8}$$

在 SI 中的单位为 N/m，弹性势能的单位也是焦耳（J）。

习题 4-4

4-4-1　为什么说重力势能是一个相对量？物体在某两点重力势能的差值，与零势能面的选择有无关系？

4-4-2　重力对物体做正功，物体的重力势能如何变化？重力对物体做负功，物体的重力势能又如何变化？

4-4-3　距地面 19.6m 高处有一质量为 2kg 的物体，它对地面的重力势能为多少？试用动能定理求该物体自由下落到地面时的动能。

4-4-4　工人把质量为 150kg 的货物沿长 3m、高 1m 的斜面匀速推上汽车，货物增加的重力势能是多少？若不计摩擦，工人沿斜面将货物推上汽车所做的功是多少？

第五节　机械能守恒定律

一、动能和势能的相互转化

物体自由下落，重力对物体做正功，物体的重力势能不断减少，而速度不断增加，即物体的动能不断增加。这说明重力势能可以转化为动能。

将物体竖直上抛，物体在上升过程中，重力对物体做负功，物体的重力势能不断增加，而速度不断减小，即物体的动能不断减少。这说明动能可以转化为重力势能。

被压缩的弹簧具有弹性势能，当弹簧恢复原状时，就把跟它接触的物体弹出去。这一过程中，弹力做正功，弹簧的弹性势能减少，而物体得到一定的速度，动能增加。

从上述的讨论可知，动能与势能的相互转化，是通过重力或弹力做功来实现的。

动能和势能（重力势能、弹性势能）统称为机械能。重力或弹力做功的过程，就是机械能从一种形式转换为另一种形式的过程。

二、机械能守恒定律的表述

动能与势能的相互转化是否存在某种定量的关系呢？下面以动能与重力势能的相互转化为例，讨论这个问题。

设一质量为 m 的物体，在重力作用下从高处下落，距地面 h_1 处的速率为 v_1，下落到离地面 h_2 处的速率为 v_2（见图 4-14）。若重物做自由落体运动，只有重力做功，那么

根据动能定理，重力对物体所做的功等于物体动能的改变量。即

$$W_G = E_{k2} - E_{k1} = \frac{1}{2}mv_2^2 - \frac{1}{2}mv_1^2$$

又由前面所述，重力对物体所做的功等于物体重力势能的减少量。即

$$W_G = mgh_1 - mgh_2 = E_{p1} - E_{p2}$$

显然，上述两式的右端相等，即

$$\frac{1}{2}mv_2^2 - \frac{1}{2}mv_1^2 = mgh_1 - mgh_2$$

或

$$E_{k2} - E_{k1} = E_{p1} - E_{p2} \qquad (4-9)$$

式(4-9) 说明，在只有重力做功的条件下，物体动能的增加量等于物体重力势能的减少量。式(4-9) 还可以改写为

$$mgh_1 + \frac{1}{2}mv_1^2 = mgh_2 + \frac{1}{2}mv_2^2$$

或

$$E_1 = E_2 \qquad (4-10)$$

式(4-10) 表明，在只有重力做功的物体系统内，动能和重力势能可以相互转化，但总的机械能保持不变。

同样可以证明，在只有弹力做功的物体系统内，动能和弹性势能可以相互转化，总的机械能也保持不变。

通过上面的讨论，可以得出结论：**在只有重力或弹力做功的物体系统内，动能和势能可以相互转化，而总的机械能保持不变。**这个结论称为**机械能守恒定律。**它是力学中的一条重要定律，是普遍的能量守恒定律的一种特殊情况。

【例题 1】 质量为 10kg 的铁块，从 10m 高处自由下落，求铁块落到距地面 5m 高处的动能。

已知 $m = 10\text{kg}$，$h_1 = 10\text{m}$，$h_2 = 5\text{m}$，$v_1 = 0$。

求 E_{k2}。

解 由 $E_{k2} - E_{k1} = E_{p1} - E_{p2}$ 得

$$E_{k2} = E_{p1} - E_{p2} + E_{k1}$$
$$= mgh_1 - mgh_2 + \frac{1}{2}mv_1^2 = mg(h_1 - h_2)$$
$$= 10 \times 9.8 \times (10 - 5) = 490 \text{ (J)}$$

答：铁块下落到距地面 5m 处的动能为 490J。

【例题 2】 如图 4-15 所示，一物体由静止开始，沿着光滑的 1/4 圆弧道从 A 点滑到最低点 B。已知圆半径 $R = 4\text{m}$。求物体滑到 B 点时的速率。

已知 $v_A = 0$，$h_A = R$，$h_B = 0$。

求 v_B。

解 选取 B 点为零势能点，物体从 A 点滑到 B 点的过程中，除重力外，其他力对物体不做功，所以物体的机械能守恒。

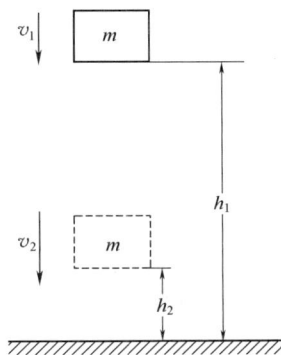

图 4-14 自由下落的物体

因为
$$E_A = \frac{1}{2}mv_A^2 + mgh_A = mgR$$

$$E_B = \frac{1}{2}mv_B^2 + mgh_B = \frac{1}{2}mv_B^2$$

所以有
$$mgR = \frac{1}{2}mv_B^2$$

$$v_B = \sqrt{2gR} = \sqrt{2 \times 9.8 \times 4} \approx 8.9 \ (\text{m/s})$$

答：物体滑到 B 点时的速率为 8.9m/s。

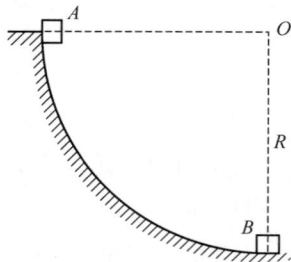

图 4-15 沿圆弧轨道
下滑的物体

习题 4-5

4-5-1 机械能守恒的条件是什么？机械能守恒时，物体动能的变化与物体重力势能的变化之间有何关系？

4-5-2 下面各实例中，哪些过程机械能守恒？哪些不守恒？说明理由。

（1）不计空气阻力，抛射体在空中的运行。

（2）物体沿光滑斜面下滑。

（3）跳伞员张开降落伞后在空中匀速下落。

（4）不计空气阻力，轻质软绳下端悬吊的重物在空中摆动。

（5）匀速上升的气球。

4-5-3 一人以 19.6m/s 的速度从地面竖直上抛一小球，小球的重力势能和动能在多高的地方恰好相等？（空气阻力不计）

4-5-4 一块石子从 20m 高处以 15m/s 的速度抛出，求石子落地时的速度。（空气阻力不计，g 取 10m/s²）

本章小结

一、功和功率

1. 功

力和物体在力的方向上的位移的乘积，称为力对物体做的功。功等于力的大小、位移的大小、力的方向与位移方向夹角余弦的乘积，公式如下。

$$W = Fs\cos\alpha$$

式中，α 为力的方向与物体位移方向之间的夹角。

2. 功率

功与完成这些功所用时间的比值，称为功率。公式如下。

$$P = \frac{W}{t}$$

二、机械能

1. 动能

物体由于运动而具有的能称为动能。运动物体的动能等于它的质量和速度（速率）平方的乘积的一半。公式如下。

$$E_k = \frac{1}{2}mv^2$$

2. 势能

位于高处的物体具有的能称为重力势能，它等于物体的质量、重力加速度和它距地面高度的乘积。公式如下。

$$E_p = mgh$$

物体由于发生弹性形变而具有的能称为弹性势能。对于弹簧而言，在弹性限度内，弹性势能等于弹簧的劲度系数和形变量平方的乘积的一半。公式如下。

$$E_p = \frac{1}{2}kx^2$$

3. 机械能

动能和势能统称为机械能。在没有弹性势能的情况下，机械能公式如下。

$$E = E_k + E_p = \frac{1}{2}mv^2 + mgh$$

三、功能关系

1. 动能定理

合外力对物体所做的功，等于物体动能的增量。公式如下。

$$W = E_{k2} - E_{k1}$$

合外力对物体做正功，物体动能增加；合外力对物体做负功物体动能减少。

2. 机械能守恒定律

在只有重力或弹力做功的物体系内，动能和势能可以相互转化，但总的机械能保持不变。公式如下。

$$E_1 = E_2$$

或

$$E_{k1} + E_{p1} = E_{k2} + E_{p2}$$

复习题

一、判断题

1. 因为功有正负之分，所以功是矢量。 （   ）

2. 功率是描述做功快慢的物理量。 （   ）

3. 只要合外力对物体做正功，其动能必定增加。 （   ）

4. 重力做功一定与路径无关。 （   ）

5. 张开降落伞的伞兵在下落过程中机械能守恒。 （   ）

二、选择题

1. 一人沿水平方向推 100kg 的满载车前进了 20m，又用同样的力推 50kg 的空车前进了 20m。则这个人 （   ）

 A. 第一次做功多　　B. 第二次做功多　　C. 一样多　　D. 无法确定

2. 一个人从同样的高度，以不同的速度先后抛出同一个物体，物体最后落地。在物体运动过程中，重力做的功 （   ）

 A. 第一次多　　　　B. 第二次多　　　　C. 一样多　　D. 无法确定

3. 合力对物体做负功，物体的动能一定 （   ）

 A. 增加　　　　B. 减少　　　　C. 不变　　　　D. 不能确定

4. 从离地面 10m 高处自由下落的物体，动能和重力势能相等的高度为 （ ）

A. 5.0m   B. 2.5m   C. $\frac{10}{3}$m   D. 7.5m

三、填空题

1. 运动员把重 1.0×10^3N 的杠铃匀速举高 2.0m 用了 2.0s，重力做的功是_____，运动员的功率为_____。

2. 运动员用力把静止在地面上的质量为 1.0kg 的足球以 16m/s 的速度踢出，运动员对足球做的功为_____。

3. 物体的机械能守恒的条件是_____。

4. 重力对物体做正功，重力势能_____；重力对物体做负功，重力势能_____。

四、计算题

1. 静止在水平面上的物体，质量为 4.0kg，受到水平方向的拉力作用，使它前进 16m 后，速度增到 4.0m/s；它在前进中受到的阻力是 2.0N，求拉力的大小。

2. 从某点处抛出一个质量为 0.5kg 的物体，抛出物体的初动能为 5.0J，落地时速度为 10m/s。若不计空气阻力，求抛出点离地面的高度。（g 取 10m/s^2）

*第五章　机械振动与机械波

本章将研究比较复杂的一种机械运动——机械振动，以及振动在介质中的传播，即机械波。

振动和波的理论已经发展为物理学中一个独立的分支，而机械振动和机械波的知识，是学习各种形式的振动和波的基础，也是声学、地震学、建筑力学、造船学、光学和无线电等学科的基础。简谐振动是最简单、最基本的振动。本章从分析弹簧振子和单摆的振动来研究简谐振动的特点，然后在此基础上研究机械波的形成和传播。

第一节　简　谐　振　动

一、机械振动

弹簧的一端固定不动，另一端挂一重物，用手向下拉重物，放手后它就以原来静止的位置为中心做往复运动。**物体在某中心位置附近所做的往复运动称为机械振动，简称振动**。该中心位置称为**平衡位置**。例如，钟摆的运动、车厢的晃动、发声体的运动以及地震时地面的颤动等都是振动。

二、简谐振动的定义

简谐振动是各种振动现象中最简单、最基本的一种振动。弹簧振子和单摆是简谐振动的典型例子。如图 5-1 所示的装置，弹簧的一端固定，另一端系一穿孔小球，把它们穿在水平光滑杆上。设弹簧的质量与小球相比可以忽略，这样的系统称为弹簧振子。设小球在位置 O 时弹簧无变形，作用在物体上的合外力为零，所以该位置是物体的平衡位置。若拉它到右方的位置 B，然后放开，它就会以 O 为平衡位置振动起来。

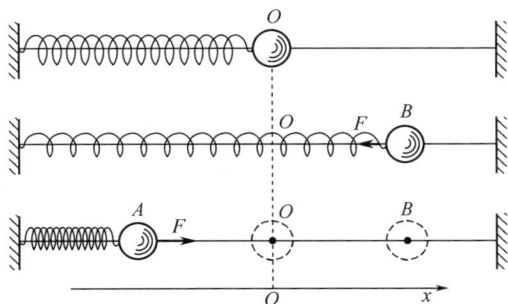

图 5-1　弹簧振子的振动装置

小球为什么会振动呢？原来向右方拉球时，弹簧伸长，产生了一个向左指向平衡位置 O 的弹力 F。松开后小球就在弹力 F 的作用下向左做加速运动。当球回到平衡位置 O 时，它已具有一定的速度或动能，虽然这时弹簧已无伸长，小球已不再受弹簧的拉力，但由于惯性，小球继续向左运动。小球在通过平衡位置 O 向左运动中又压缩弹簧，被压缩的弹簧就产生一个向右指向平衡位置 O 的弹力 F，这个弹力阻碍球的运动，球减速运动到某一位置 A 时就不再向左运动了。然后小球在被压缩的弹簧的作用下，又向右做加速运动。与前面的情况相似，小球通过平衡位置并再次到达位置 B，完成一次全振动。以后的运动，将是上述过程的重复。

可见，振子之所以能在平衡位置附近做往复的运动，其原因是有一个方向总是指向平衡位置 O 的弹力 F 作用在振子上。我们把**使物体回到平衡位置的力称为回复力**。当物体离开平衡位置后有回复力存在，是物体振动的必要条件。

现在我们来确定振子在振动过程中所受的弹力 F。如图 5-1 所示，取平衡位置 O 为 x 轴的坐标原点，向右为 x 轴正方向。根据胡克定律，弹簧的弹力 F 与弹簧的伸长量 x（或压缩量）成正比，即与小球位移 x 的大小成正比。又因弹力 F 总是与位移 x 的方向相反，因此，弹力

$$F = -kx \tag{5-1}$$

式中，k 称为弹簧的劲度系数，负号表示回复力的方向与位移的方向相反。

物体在与位移大小成正比而与位移方向相反的力作用下的振动，称为简谐振动。

根据牛顿第二定律，质量为 m 的振子的加速度为

$$a = -\frac{k}{m}x \tag{5-2}$$

由此可知，在简谐振动中，加速度也与位移大小成正比，方向与位移方向相反。

简谐振动是最基本、最简单的振动。例如，音叉的振动，一端固定的弹簧片的振动均可看作简谐振动。由实验和理论计算可证明，一切复杂的振动都可以看成是由简谐振动叠加而成的。

三、描述振动的物理量

描述振动时，除利用振动物体离开平衡位置的位移以及速度、加速度外，还有三个新的物理量。

1. 振幅

振动物体离开平衡位置的最大距离称为振幅，以字母 A 表示。图 5-1 中的 OA 或 OB 即为该振动的振幅。振幅的 SI 单位是米（m）。振幅是表示振动幅度的大小或振动强弱的物理量。

2. 周期

物体完成一次全振动所需的时间称为周期，以字母 T 表示。在图 5-1 中，小球由位置 B 经过 O 到 A，再经过 O 回到 B；或球由位置 O 到 A，再经 O 到 B，又回到 O，都是一次全振动。它们所需的时间都等于周期。周期是表示振动快慢的物理量。它的 SI 单位是秒（s）。

简谐振动的周期与什么因素有关呢？由式（5-1）和式（5-2）可知，k 越大，回复力越大，振子产生的加速度越大，振子振动得越快，因而周期越短；振子的质量越大，产生的加速度越小，振子振动得越慢，因而周期越长。

理论和实践证明，弹簧振子的周期可由式（5-3）来确定。

$$T = 2\pi \sqrt{\frac{m}{k}} \qquad\qquad (5\text{-}3)$$

可见，弹簧振子的周期与质量的平方根成正比，与弹簧的劲度系数的平方根成反比，而与振幅无关。

式（5-3）对其他简谐振动也适用，只是 k 的含义不同。

由式（5-3）可知，对于一个确定的简谐振动系统，m 和 k 都是恒量，所以 T 也是一个恒量，仅由系统本身的性质决定，称为**系统的固有周期**。

3. 频率

振动物体在单位时间内完成全振动的次数称为频率，以字母 f 表示。频率也是表示振动快慢的一个物理量，频率的 SI 单位是赫兹，简称赫，符号为 Hz。它与周期的关系如下。

$$T = \frac{1}{f} \text{ 或 } f = \frac{1}{T} \qquad\qquad (5\text{-}4)$$

可见，简谐振动的频率仅由系统本身的性质决定，称为**系统的固有频率**。

在研究弹簧振子的简谐振动中，可以看到当物体位移最大时（如在 A、B 点），物体所受弹力最大，此时物体的加速度最大，而速度最小；当位移为零时（在平衡位置），物体不受力，因而加速度最小（等于零），但此时的速度最大。在简谐振动过程中，物体所受弹力的大小和方向是变化的，它的加速度的大小和方向也是变化的，所以简谐振动不是匀变速运动。

另外，物体运动速度大，其动能也大；弹簧形变大，其势能也大。因此，物体通过平衡位置时，其动能最大，势能最小。反之，物体越接近 A、B 点时，速度越小，弹簧形变越大，因而弹簧振子的动能变小，势能变大。物体到达 A、B 点时，动能为零，势能最大。由此可见，做简谐振动的弹簧振子的动能和势能始终处在变化中，因为只有弹力对振动系统做功，所以其动能和势能的总和不变，即机械能守恒。

习题 5-1

5-1-1　振动的必要条件是什么？简谐振动有什么特征？简谐振动是不是匀变速运动？为什么？

5-1-2　在图 5-1 中，小球在平衡位置 O 左右各 10cm 范围内振动。

（1）它的振幅是多少？

（2）如果在 5s 内小球振动 10 次，小球的振动周期和频率各为多少？

（3）小球通过 O 点并向右振动时开始计时，经 3/4 周期，小球在什么位置？

5-1-3　分析图 5-1 中小球的运动，并填写下表。

球的运动	$B \rightarrow O$	$O \rightarrow A$	$A \rightarrow O$	$O \rightarrow B$
位移的方向怎样？ 大小如何变化？				
回复力的方向怎样？ 大小如何变化？				

续表

球的运动	$B \rightarrow O$	$O \rightarrow A$	$A \rightarrow O$	$O \rightarrow B$
加速度的方向怎样? 大小如何变化?				
速度的方向怎样? 大小如何变化?				
动能如何变化?				
势能如何变化?				

5-1-4　如图 5-1 所示，小球在什么位置时，弹簧振子的动能最大，什么位置时最小？小球在什么位置时，弹簧振子的势能最大，什么位置时最小？

第二节　单摆的振动

一、单摆

摆的振动是常见的振动之一，最简单的摆是单摆。

在一根不能伸缩的轻线的下端，悬挂一个大小可以不计的小球，拉开小球，使它偏离平衡位置一个角度 α（小于 5°），放手后小球就可以在一竖直面内来回摆动，如图 5-2 所示。这种装置称为**单摆**。维持单摆振动的回复力是怎样产生的呢？由图 5-2 可知，摆球在运动过程中，受重力 G 和线的拉力作用（阻力忽略不计）。重力 G 可分解为沿悬线方向的分力 F_1 和沿圆弧切线方向的分力 F。分力 F_1 和线的拉力的合力沿摆线指向圆心（悬挂点），作为摆球运动的向心力，它只改变摆球运动的方向，而不改变摆球运动的快慢，在研究单摆的振动时，可以不予考虑。当 α 很小时（5°以下），圆弧可近似地看成直线，分力 F 可近似地看作沿这条直线作用，它的方向指向平衡位置，它使摆球产生指向平衡位置的加速度。当小球运动到平衡位置的左侧时，其重力可以按同样的方法进行分解，力 F 仍指向平衡位置。可见，力 F 是使单摆振动的回复力。

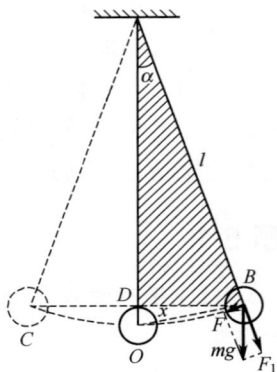

图 5-2　单摆的振动

下面研究回复力与位移的关系。当 $\alpha < 5°$ 时，DB 和 x 几乎重合，可以认为 $DB \approx x$。设摆长为 l，$\sin\alpha = \dfrac{DB}{l} \approx \dfrac{x}{l}$，回复力 $F = mg\sin\alpha = mg\dfrac{x}{l}$。因回复力 F 与位移 x 反向，所以有

$$F = -\frac{mg}{l}x$$

式中，负号表示力 F 与位移 x 的方向相反。因 m、g、l 都有一定的数值，可以用一常数 k 代替，即 $k = \dfrac{mg}{l}$，所以 $F = -kx$。可见，在偏角很小的情况下，单摆振动的回复力与位移大小成正比而方向相反，所以单摆的振动是简谐振动。

二、单摆振动的周期

单摆曾是物理学史上引人注目的研究课题。伽利略首先发现了单摆的等时性，观察表明，只要保持偏角很小，无论怎样改变振幅，周期都是不变的，单摆做简谐振动的周期与振幅无关。早在 17 世纪，荷兰物理学家惠更斯研究了单摆的振动，发现**单摆做简谐振动的周期 T 与摆长 l 的二次方根成正比，与重力加速度 g 的二次方根成反比，与振幅、摆球的质量无关**，这个结论称为单摆振动定律，并且确定了单摆的周期公式。

$$T = 2\pi \sqrt{\frac{l}{g}} \tag{5-5}$$

摆在实际中有很多应用，惠更斯利用单摆的等时性发明了带摆的计时器，摆的周期可以通过改变摆长来调节，计时很方便。单摆的周期和摆长易用实验准确地测定出来，所以可利用单摆准确地测定各地的重力加速度。

【例题】　我们通常把振动的半周期为 1s 的单摆称作秒摆，北京的重力加速度为 9.8012m/s^2，问在北京的秒摆的摆长应该是多少？

已知 $g = 9.8012\text{m/s}^2$，$T = 2\text{s}$。

求 l。

解　由单摆振动公式 $T = 2\pi \sqrt{\dfrac{l}{g}}$ 得

$$l = gT^2 / 4\pi^2$$
$$= \frac{9.8012 \times 2^2}{4\pi^2} = 0.9930(\text{m})$$

答：在北京的秒摆的摆长应该是 0.9930m。

习题 5-2

5-2-1　一个单摆原来的周期为 2s，在下列情况下，周期有无变化？如有变化，变化后的周期是多少？

（1）摆长缩短为原来的 1/4；

（2）摆球质量减少为原来的 1/4；

（3）振幅减少为原来的 1/4；

（4）重力加速度减少为原来的 1/4。

5-2-2　做单摆实验时，摆长 150cm，振动 50 次需要时间 123s。求实验地点的重力加速度。

5-2-3　一金属摆钟在冬天走时恰好准确，到夏天时这钟将变快还是变慢？怎样调节摆长？

第三节　受迫振动　共振

一、自由振动和阻尼振动

如果振动系统在振动过程中只受回复力，不受摩擦力和其他阻力的作用，则振动系统的机械能守恒，系统将永远振动下去。

这样的振动称为**自由振动**。自由振动是一种理想的情况，前面所讲的弹簧振子和单摆的振动，实际上都要受到阻力的作用，只是阻力很小时，在不太长的时间内，才可以近似地看作是自由振动。物体做自由振动时，其振幅不随时间变化，它是等幅振动。

由于阻力不可避免，因此物体在振动中要不断克服阻力做功，消耗能量，振幅减小，最后停止运动。**在阻力作用下造成振幅逐渐减小的振动称为阻尼振动。**

二、受迫振动

在有阻力的情况下，要维持振动系统做等幅振动，就要有周期性的外力对系统不断做功，补偿它因克服阻力做功所消耗的能量。**振动系统在周期性外力作用下的振动，称为受迫振动。**这个周期性的外力称为**策动力**，如柴油机或蒸汽机的活塞就是在周期性策动力作用下振动的。

以图 5-3 所示的装置来研究受迫振动的规律。当匀速转动把手时，即可通过曲轴使弹簧振子受到策动力的作用，弹簧振子做受迫振动，策动力的频率等于把手的转速。

实验表明，无论策动力频率如何变化，在达到稳定的振动状态后，物体做受迫振动的频率总是等于策动力的频率，而与其固有频率无关。

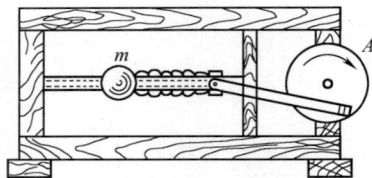

图 5-3　受迫振动装置

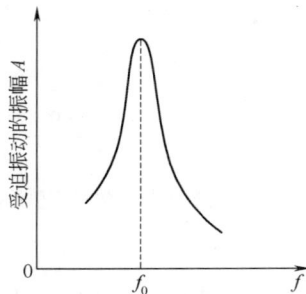

图 5-4　振幅与策动力频率的关系

三、共振

在上述实验中，将不同频率的策动力与所对应的振幅记录下来，就可以画出受迫振动的振幅 A 随策动力频率 f 变化的曲线，如图 5-4 所示。当策动力频率由小增大时，振幅也增大。当策动力频率与弹簧振子的固有频率 f_0 相等时，振幅最大。再增大策动力频率，振幅又会减小。策动力频率等于物体的固有频率时，物体做受迫振动的振幅最大，这种现象称为**共振**。

共振现象的应用很广泛，例如，共振筛、转速计等都是根据共振现象设计的；收音机中的调谐也是共振现象的应用；荡秋千时，只有当用力的频率与秋千的固有频率相同时，才会荡得很高。

共振现象也有有害的一面，列队士兵的整齐步伐对桥梁的作用力，火车车轮对桥梁铁轨接头的撞击力，机器转动时对机器自身的作用力等，都是周期性的策动力，都有可能产生共振现象。机器转动的共振，可能损坏机座。桥梁在共振作用下发生的形变会比在受同样力正常作用下的形变大上千倍。在历史上，能够承受几万士兵重量的彼得堡桥，就在一百多名士兵有节奏地齐步过桥时而倒塌了。1940 年 7 月建成的美国华盛顿州塔科马海峡大桥是当时世界第三大吊桥，耗资 640 万美元，建成后仅 4 个月，就在连续 6h 周期性低速风力的作用下，引起共振，导致钢制桥梁断裂掉入河谷。

【例题】 火车在行驶中，每经过接轨处就要受到一次策动力的作用，使车厢在减震弹簧上振动起来，已知车厢的振动周期为 0.6s，每段铁轨长 12.6m，问火车在什么速度时，车厢振动最强烈？

已知 $T=0.6s$，$l=12.6m$。

求 v。

解 设火车的速度为 v 时，车厢的振动最强烈。根据共振的条件，火车通过每段铁轨的时间必须等于车厢的固有周期，所以

$$v = \frac{l}{T} = \frac{12.6}{0.6} = 21(\text{m/s})$$

答：火车的速度达到 21m/s 时，车厢振动最强烈。

第四节 机　械　波

一、机械波的概念

如果振动发生在弹性介质中，它就不会局限在一个地方。介质的某一部分发生了振动，由于它对周围其他部分有弹力的作用，它就会带动周围部分振动。同样，周围部分又带动更远的部分振动，这样，介质中许多部分，由近而远陆续振动起来，振动就在弹性介质中传播出去。**机械振动在弹性介质中的传播称为机械波**。在力学中所提到的波，通常是指机械波。例如，鱼儿跃出了平静的湖面，跃起处的水面将开始振动，这振动向周围传播出去，使远处的水面也振动起来，形成不断扩大的环形水面波；受到撞击的钟，钟壁的振动引起周围空气的振动，并在空气中传播出去而形成声波，使远处的人也能听到悠扬的钟声。

应注意的是，波动传播的只是介质的振动状态，而介质的各部分只在各自的平衡位置附近振动，并未随波一起传播出去。

二、横波与纵波

如图 5-5(a) 所示，将绳的一端固定，拉紧另一端并使之上下振动，就使绳形成了一系列凸起和凹下的状态，并沿绳传播。绳上各质点的振动方向是竖直的，而波沿水平方向传播。这种介质质点的振动方向与波的传播方向垂直的波称为横波。横波中凸起和凹下的部分分别称为波峰和波谷。

如图 5-5(b) 所示是横波的产生及传播过程的示意。质点振动一个周期，形成一个凸部和一个凹部，即形成一个完整的波形。

如图 5-6(a) 所示，把以细金属丝绕成的弹簧用线水平悬挂起来，当固定在弹簧片上的小球振动时，与小球连接的弹簧受到小球的压缩和拉伸的交替作用，形成一系列密集和稀疏状态，并向右传播。这种介质质点的振动方向与波的传播方向在同一直线上的波称为纵波。纵波中密集和稀疏部分分别称为密部和疏部。如图 5-6(b) 所示。

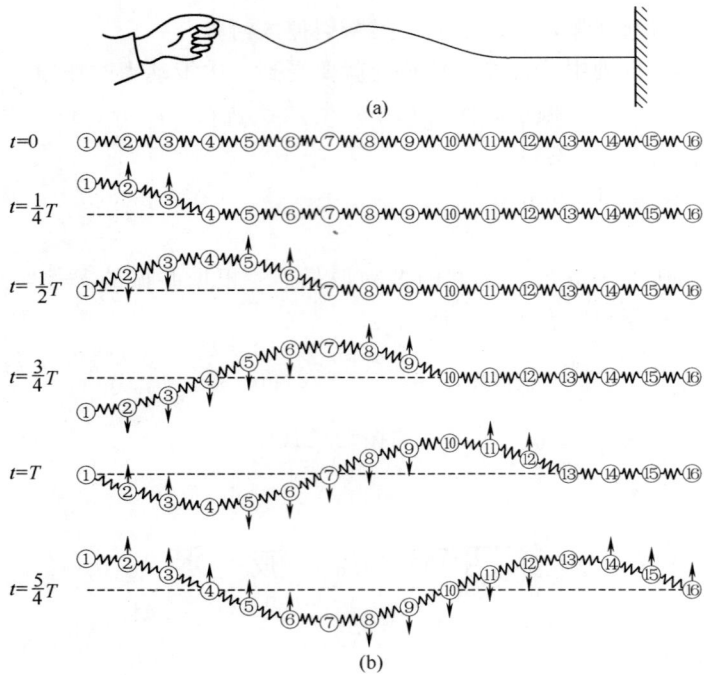

(a)

(b)

图 5-5　横波的形成过程

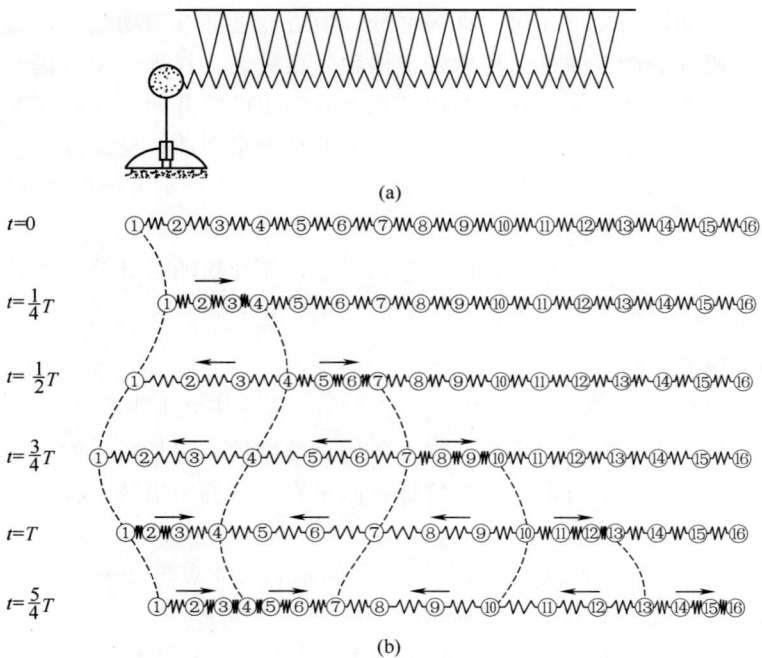

(a)

(b)

图 5-6　纵波的形成过程

　　波传来之前，介质质点是静止的，但随着波的传来而开始振动，从而具有了振动能量。这部分能量是从波源处传来的，波在传播振动的同时，也把能量传递出去。

第五节 频率 波长 波速

一、频率

波源或介质中任一质点的振动频率（或周期）也称为波的频率（或周期）。周期和频率依然是互为倒数的关系，即

$$T = \frac{1}{f} \quad \text{或} \quad f = \frac{1}{T}$$

二、波长

在一个周期内，振动在介质中传播的距离称为波长，通常以希腊字母 λ 表示，其 SI 单位为米（m）。

由图 5-5 和图 5-6 可知，横波中相邻波峰（或波谷）中心的距离或纵波中相邻密部（或疏部）中心的距离都等于波长。

三、波速

振动在介质中传播的速度称为波速。波速以字母 v 表示。由波长的定义可知

$$v = \frac{\lambda}{T} \quad \text{或} \quad v = \lambda f$$

应注意的是，频率由波源的振动情况决定，波速一般取决于介质本身的性质，而波长则由频率和波速共同确定。一列波经过不同介质时，其波长和波速一般都不相同，只有频率保持不变。

习题 5-5

5-5-1 什么是机械波？振动与波有何关系？

5-5-2 横波与纵波有何区别？

5-5-3 已知声波在空气中的传播速度为 340m/s，求频率分别为 265Hz 与 512Hz 的两列声波在空气中的波长。

5-5-4 一声波在空气中的波长为 25cm，波速为 3.4×10^2 m/s，当它传到另一介质时，波长变为 79cm，求它在这种介质中的波速。

本章小结

一、机械振动

物体在平衡位置附近所做的往复运动称为机械振动。

1. 简谐振动

物体在与位移大小成正比而与位移方向相反的回复力作用下的振动称为简谐振动。即

$$F = -kx$$

2. 描述振动的几个物理量

(1) 振幅 A　振动物体离开平衡位置的最大距离。

(2) 周期 T　物体完成一次全振动所需的时间。

(3) 频率 f　物体单位时间内完成全振动的次数。

$$T = \frac{1}{f} \quad 或 \quad f = \frac{1}{T}$$

对弹簧振子　　　　　　　　　　$$T = 2\pi\sqrt{\frac{m}{k}}$$

对单摆　　　　　　　　　　　　$$T = 2\pi\sqrt{\frac{l}{g}}$$

3. 受迫振动

(1) 固有频率和固有周期　只在回复力作用下的振动的频率（周期）称为固有频率（周期）。固有频率（周期）只由振动系统本身的性质决定。

(2) 阻尼振动　在阻力作用下振幅不断减小的振动称为阻尼振动。物体做阻尼振动时要克服阻力做功而消耗能量，所以机械能不守恒。

(3) 受迫振动　在周期性外力（策动力）作用下维持的振动称为受迫振动。受迫振动的频率等于策动力的频率。

(4) 共振　在受迫振动中，当策动力频率等于物体的固有频率时，振幅最大，这种现象称为共振。

二、机械波

1. 机械波

机械振动在弹性介质中的传播。

(1) 横波　质点的振动方向与波的传播方向垂直的波。

(2) 纵波　质点的振动方向与波的传播方向在同一直线上的波。

2. 描述波的物理量

(1) 频率　波的频率即波源或介质中质点的振动频率。

(2) 周期　波的周期即波源或介质中质点的振动周期。

(3) 波长　一个周期内波传播的距离。它由波速和频率决定。

(4) 波速　振动在介质中传播的速度。一般由介质的性质决定。

$$v = \lambda f = \frac{\lambda}{T}$$

复习题

一、判断题

1. 振动的物体任何时刻都受回复力的作用。　　　　　　　　　　　　　　（　　）

2. 振幅是描述振动强弱的一个物理量。　　　　　　　　　　　　　　　　（　　）

3. 单摆的振动周期与摆球的质量无关。　　　　　　　　　　　　　　　　（　　）

4. 物体做受迫振动时，其频率和它自身的固有频率无关。　　　　　　　　（　　）

5. 波动传播的除了介质的振动状态外，也将介质的各部分一起传播出去。　（　　）

二、选择题

1. 有一个弹簧振子，第一次把弹簧压缩 x 后开始振动，第二次把弹簧压缩 $2x$ 后开始振动，这两次振动的周期之比是　　　　　　　　　　　　　　　　　　　　　　　　　　　（　　）

A. 1∶2　　　　　B. 2∶1　　　　　C. 1∶1　　　　　D. 1∶4

2. 下列说法中错误的是　　　　　　　　　　　　　　　　　　　　　　　　　（　　）

A. 机械波是机械振动在弹性介质中的传播　　　B. 机械波是介质质点沿传播方向迁移的过程

C. 机械波有横波和纵波之分　　　　　　　　　D. 波是能量传播的一种形式

3. 波从甲介质进入乙介质时，不发生变化的物理量是　　　　　　　　　　　　（　　）

A. 波长　　　　　B. 频率　　　　　C. 波长和周期　　D. 波速

4. 有两个单摆，摆长之比为 1∶9，则它们的周期之比为　　　　　　　　　　（　　）

A. 9∶1　　　　　B. 1∶9　　　　　C. 3∶1　　　　　D. 1∶3

三、填空题

1. 质量为 m 的物体在回复力 $f=-kx$ 作用下做简谐振动，它的振动频率为_____。

2. 产生机械波的条件有两个，一是要有_____，二是要有_____。

3. 横波的特征是_____，

纵波的特征是_____。

4. 回复力的方向总是指向_____。

四、计算题

1. 一条河上架着一座铁桥，一个人用锤子敲一下铁桥一端而发出的声音，经过空气和铁桥分别传到桥的另一端时间相差 2.0s。已知空气和钢铁传声的速度分别是 340m/s 和 4 900m/s，求铁桥的长度。

2. 一次海啸中，海浪的速度达到 800km/h，海面振动的周期是 12min，求海浪的波长。

3. 某弹簧振子，在 30s 内完成 84 次全振动，求它的振动周期和频率。

第六章　静　电　场

静电场是静止的电荷在其周围激发的电场。本章主要研究静电场的基本性质及规律、静电场与导体的相互作用、相互影响，以及导体在静电场中的特性等。主要内容有：静电场的两条基本定律——电荷守恒定律和库仑定律；静电场的两个重要描述量——电场强度和电势，以及静电场中的导体、电容器与电容等内容。

第一节　电荷　电荷守恒定律

一、电荷

自然界中存在两种电荷：正电荷和负电荷。摩擦起电时，用丝绸摩擦过的玻璃棒带正电，用毛皮摩擦过的橡胶棒带负电。电荷之间有相互作用力：**同种电荷相互排斥，异种电荷相互吸引**。验电器就是根据电荷间的这种相互作用而制成的。

二、电量

物体所带电荷的多少称为**电量**。电量以符号 Q 或 q 表示。在 SI 中，电量的单位是库仑，用符号 C 表示。质子带正电、电子带负电，其电量相等，通常取 $1.6 \times 10^{-19} C$，这是迄今为止发现的电量最少的电荷，称为基本电荷，又称元电荷，以 e 表示。

$$e = 1.6 \times 10^{-19} C$$

其他任何带电体所带电量总是基本电荷的整数倍，即

$$q = ne \tag{6-1}$$

式中，n 是正的或负的整数，当物体带正电时 n 取正值，带负电时 n 取负值。

三、电荷守恒定律

物质由分子、原子组成，原子又由带正电的原子核和带负电的电子组成。一般情况下，原子核所带的正电荷与电子所带的负电荷数量相等，物体对外不显电性。当物体间由于摩擦等原因发生电荷转移时，失去电子的物体便带正电，得到电子的物体则带负电。由此可知，物体的带电过程实际上是电子转移的过程，必须注意到，电子仅仅是发生了转移而已，并没有产生或消失。

大量事实说明：**电荷既不能创造，也不能消灭，只能从一个物体转移到另一个物体，或者从物体的一部分转移到另一部分，在转移过程中，电荷的总量不变**。这个结论称为**电荷守恒定律**。这是自然界的重要规律之一。

第二节　库仑定律

一、点电荷

一般带电体之间的相互作用情况比较复杂，它与带电体所带电量、带电体的形状大

小、带电体之间的距离以及带电体周围的状况都有关系，本书只讨论点电荷之间的作用规律。

所谓点电荷，是当带电体本身的大小与带电体之间的距离相比可以忽略不计时，可以把带电体看作是一个电量集中于一点的电荷，称为点电荷。类似于力学中引入的质点。

二、库仑定律的表述

现在来研究两个点电荷之间相互作用力的规律。先观察下面的实验，把一个带正电的物体放在 A 处，再把一个挂在丝线下端的带正电的小球先后挂在 P_1,P_2,P_3 等位置，如图 6-1 所示。小球在不同位置所受带电体的作用力的大小可通过丝线偏离竖直方向的角度显示出来。实验表明，小球在 P_1,P_2,P_3 等各点所受的作用力依次减小，即电荷间的作用力随电荷间距离的增大而减小。在同一位置改变小球的电量，可以看出，电荷间的作用力随电量的增大而增大。

法国物理学家库仑，通过精确的实验得到这样的结论：**在真空中，两个点电荷间的相互作用力的大小，与两个点电荷的电量的乘积成正比，与它们之间距离的二次方成反比，作用力的方向在两个点电荷的连线上。**这就是**库仑定律**。

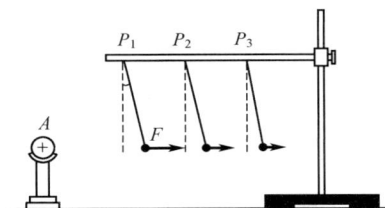

图 6-1 定性讨论库仑定律

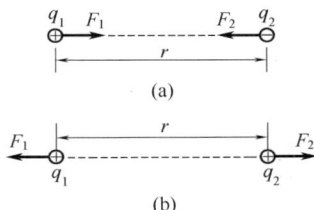

图 6-2 点电荷间的相互作用力

如果用 q_1、q_2 表示两个点电荷的电量，r 表示它们之间的距离（见图 6-2），F 表示它们相互作用力的大小，则库仑定律可以表示为

$$F = k\frac{q_1 q_2}{r^2} \tag{6-2}$$

式中，k 是一个比例恒量，称为静电力恒量。它的数值决定于 r、q 和 F 所用的单位。在 SI 中，它们的单位分别是 m、C 和 N，k 等于 $9.0 \times 10^9 \, \text{N} \cdot \text{m}^2/\text{C}^2$。图 6-2(a) 表示两个异种电荷之间的作用力为吸引力；图 6-2(b) 表示两个同种电荷之间的作用力为排斥力。

在应用式(6-2) 时，可以用电量的绝对值代入进行计算，求出力的大小后，再根据电荷的正负来确定力的方向。如果一点电荷同时受几个点电荷的作用，那么它所受到的作用力就等于那几个点电荷分别对它作用力的矢量和。

【例题】 真空中有两点电荷，相距 4.0cm，带电量分别为 $q_1 = 2.0 \times 10^{-10}$C，$q_2 = -8.0 \times 10^{-10}$C，求两个点电荷间的相互作用力。

已知 $q_1 = 2.0 \times 10^{-10}$C，$q_2 = -8.0 \times 10^{-10}$C，$r = 4.0\text{cm} = 4.0 \times 10^{-2}$m。

求 F。

解 由库仑定律得

$$F = k\frac{q_1 q_2}{r^2} = 9 \times 10^9 \times \frac{2.0 \times 10^{-10} \times 8.0 \times 10^{-10}}{(4.0 \times 10^{-2})^2} = 9.0 \times 10^{-7} \quad (\text{N})$$

因为两个点电荷为异种电荷，所以它们之间的作用力的方向沿两电荷连线相互吸引。

答：两个点电荷间的相互作用力大小是 9.0×10^{-7}N，方向沿两电荷连线相互吸引。

习题 6-2

6-2-1 为什么人们总是利用不同的物质摩擦起电？

6-2-2 真空中有两个点电荷，保持它们的距离不变，试回答它们之间的作用力在下列情况下将如何变化：

（1）一个电荷的电量变为原来的 2 倍；

（2）两个电荷所带的电量都变成原来的 1/2；

（3）其中一个电荷的正负发生变化；

（4）两个电荷的正负都发生变化。

6-2-3 在真空中，$q_1=3.6\times10^{-8}$C 的点电荷受到另一点电荷 q_2 的吸引力为 8.1×10^{-3}N，q_1、q_2 之间相距 0.10m，求 q_2 的电量。

第三节 电场 电场强度 电场线

一、电场

电荷间的相互作用并不需要互相接触，它们是怎样发生的呢？通过长期的研究，人们认识到**电荷周围存在一种特殊的物质，称为电场**。电荷间的相互作用就是通过电场发生的。例如，甲电荷对乙电荷的作用，就是甲电荷产生的电场对乙电荷的作用；同样，乙电荷对甲电荷的作用，是乙电荷产生的电场对甲电荷的作用。

电场对电荷的作用力称为电场力。本章只讨论静止的电荷产生的电场，称为**静电场**。

二、电场强度

电场最基本的性质就是对放入其中的电荷有作用力。把一个正的检验电荷 q（即电量极小的点电荷）先后放入正电荷 Q 在真空中形成的电场中的 a、b、c、d 各点，如图 6-3 所示，由库仑定律可知，$F=k\dfrac{Qq}{r^2}$，检验电荷 q 在电场中不同位置，受到的电场力大小、方向各不相同。电场力大，说明那点的电场强；电场力小，说明那点的电场弱。

如何表示电场的强弱呢？把正检验电荷 q 放在电场中 a 点，它受到的电场力 $F_a=k\dfrac{Qq}{r^2}$。同样将正检验电荷 q' 放在 a 点，它受

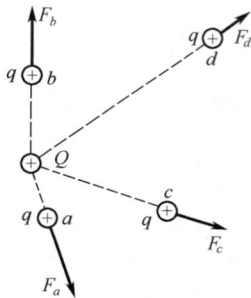

图 6-3 同一检验电荷在
电场中不同位置的受力

到的电场力 $F'_a=k\dfrac{Qq'}{r^2}$。考察检验电荷所受电场力与检验电荷电量的比值，发现

$\dfrac{F_a}{q}=\dfrac{F'_a}{q'}=k\dfrac{Q}{r^2}$。也就是说，对电场中同一点，电荷所受电场力大小与其电量的比值是一

个与放入该点的电荷无关的恒量。对于电场中的不同点，如 b、c、d 各点，该比值大小一般不同。比值越大的位置，单位电荷受到的电场力越大，电场也越强。这个结论不仅对正电荷 Q 产生的电场适用，而且对任何电场都适用。因此，用上述比值可以表示电场的强弱，定义它为电场强度。

电场中某点的检验电荷所受到的电场力 F 与它的电量 q 的比值，称为该点的电场强度，简称场强。场强用 E 表示。

$$E = \frac{F}{q} \qquad (6\text{-}3)$$

在 SI 中，场强的单位是牛顿/库仑，简称牛/库，符号为 N/C。

场强是矢量，规定正电荷在某点所受电场力的方向为该点的场强方向。

如果已知某点的场强，可用式(6-4)求得任一电荷在该点受到的电场力大小。

$$F = qE \qquad (6\text{-}4)$$

根据对场强方向的规定，正电荷在电场中某点受电场力的方向与该点场强方向相同，负电荷受力方向与该点场强方向相反。

三、点电荷形成电场的场强

由库仑定律和场强定义，推导得出点电荷形成电场的场强的表达式。

场源电荷 Q 置于 O 点，如图 6-4 所示，现在求距离 Q 为 r 的 P 点的场强。

假设在 P 点放入一个检验电荷 q，根据库仑定律，q 受电场力大小为 $F = k\dfrac{Qq}{r^2}$，而 P 点的场强为

$E = \dfrac{E}{q} = k\dfrac{Q}{r^2}$，即

$$E = k\frac{Q}{r^2} \qquad (6\text{-}5)$$

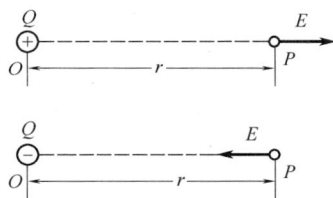

图 6-4　点电荷周围的场强方向

式(6-5)说明，电场中某点场强 E 与场源电荷 Q 及该点距场源电荷 Q 的距离 r 有关。而与放入该点的电荷 q 无关。

若场源电荷 Q 为正电荷，则 E 的方向沿 OP 连线背离 Q；若 Q 为负电荷，则 E 的方向沿 OP 连线指向 Q。如图 6-5 所示。

若有几个点电荷同时存在，这时某点的场强就等于各个点电荷单独在该点产生的场强的矢量和。这种关系称为场强的叠加。

图 6-5　一条电场线

在应用公式 $E = \dfrac{F}{q}$ 和 $E = k\dfrac{Q}{r^2}$ 时，Q、q 都用绝对值，E 的方向另行判断。

四、电场线

对电场的研究，重要的是知道电场中各点场强的大小和方向。除了用场强的定义式 $E = \dfrac{F}{q}$ 准确描述外，还可用图形将电场中各点场强的大小和方向形象地表示出来。为了形

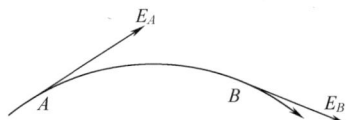

象地描述电场，人们引入了电场线（或电力线）的
概念。

在电场中画出一系列带箭头的曲线，使曲线上
每一点的切线方向都与该点的场强方向一致，这些
曲线称为**电场线**。图 6-5 为电场中的一条电场线。
图 6-6 为孤立点电荷的电场线。图 6-7（a）、（b）分
别为等量异种电荷、等量同种电荷的电场线。

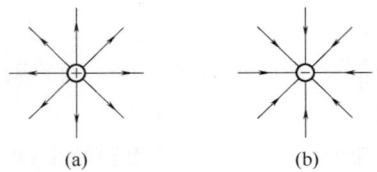

图 6-6　孤立点电荷的电场线

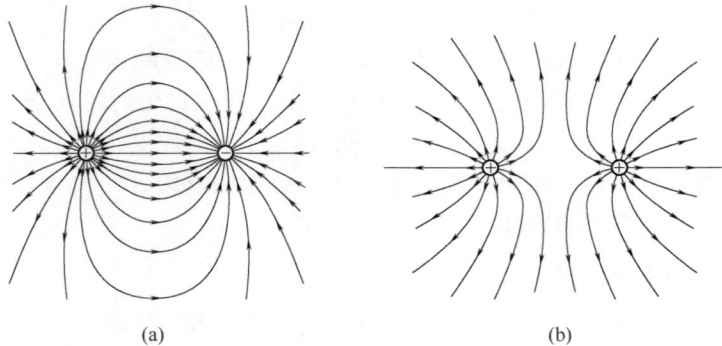

图 6-7　等量异种电荷、等量同种电荷的电场线

由图可知，静电场中的电场线有以下性质：**电场线起始于正电荷（或无限远），终止
于负电荷（或无限远）；它们不闭合、不相交；场强较大处电场线较密，场强较小处电场
线较疏。**

五、匀强电场

在电场的某一区域中，如果各点场强的大小和方向都相同，这个区域的电场就称为**匀
强电场**。匀强电场的电场线是疏密均匀、互相平行的直线。如图 6-8 所示，带等量异种电
荷的平行板之间的电场是匀强电场，电场线是等间距的平行直线。

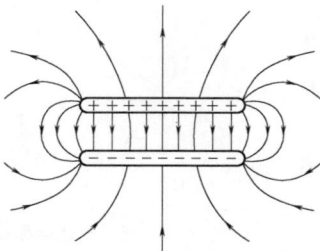

图 6-8　匀强电场的电场线

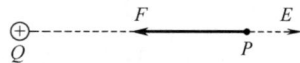

图 6-9　P 点的场强方向

【例题】　在真空中有一点电荷 Q，所带电量是 6.6×10^{-9}C，求距它 10cm 的 P 点的
场强。如图 6-9 所示，如果在 P 点放一个电量为 -2.0×10^{-9}C 的点电荷，求这个点电荷
所受电场力的大小和方向。

已知 $Q = 6.6 \times 10^{-9}$C，$r = 1.0 \times 10^{-1}$m，$q = 2.0 \times 10^{-9}$C。

求 E，F。

解 由点电荷的场强公式得

$$E = k\frac{Q}{r^2} = 9.0 \times 10^9 \times \frac{6.6 \times 10^{-9}}{(1.0 \times 1.0^{-1})^2}$$

$$\approx 5.9 \times 10^3 (\text{N/C})$$

由场强的定义式得

$$F = Eq = 5.9 \times 10^3 \times 2.0 \times 10^{-9}$$

$$\approx 1.2 \times 10^{-5} (\text{N})$$

因为 Q 为正点电荷，所以 P 点的场强 E 的方向为由 Q 指向 P 点。又因为 q 为负点电荷，所以力 F 的方向与场强 E 的方向相反（见图 6-10）。

答：P 点的场强大小是 $5.9 \times 10^3 \text{N/C}$，点电荷 q 在该点所受电场力大小是 $1.2 \times 10^{-5} \text{N}$，电场力的方向由 P 点指向 Q。

习题 6-3

6-3-1 由场强公式 $E = \dfrac{F}{q}$，判断下列说法是否正确。

(1) 电场强度 E 与 F 成正比，与 q 成反比；

(2) 无论检验电荷 q 的电量（不为零）如何变化，在同一点处 $\dfrac{F}{q}$ 始终不变；

(3) 电场中某点的电场强度为零，则处在该点的电荷受到的电场力一定为零；

(4) 一个带电的小球在某点受到的电场力为零，则该点的场强一定为零。

6-3-2 某电场的电场线分布如图 6-10 所示：

(1) 试比较 A、B 两点场强的大小；

(2) 画出 A、B 两点的场强方向；

(3) 把负点电荷放在 A 点，画出所受电场力的方向。

6-3-3 在真空中一个 $3.0 \times 10^{-8} \text{C}$ 的点电荷，受电场力是 $2.7 \times 10^{-3} \text{N}$，求该点场强的大小。一个电量为 $6.0 \times 10^{-8} \text{C}$ 的点电荷，在该点受到电场力多大？

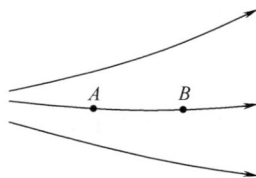

图 6-10 习题 6-3-2 图

第四节 电势 电势差

上一节从力的角度研究了电场，接下来从能量的角度再对电场进行讨论。

一、电势能

电荷在电场中受到电场力的作用，如果电荷发生了位移，则电场力就可能做功，可见，电场也具有做功的本领。与重力场类似，电荷在电场中也具有势能，这种势能称为**电势能**。用 E_p 表示。

在重力场中，重力做功与运动路径无关，而与起点位置和终点位置有关。物体下落时，重力对物体做正功，物体重力势能减小；物体上升时，重力对物体做负功，物体重力势能增加。重力对物体所做的功等于物体重力势能的减少量。与此类似，在电场中，电场力做功也与电荷移动的路径无关，而与两点位置有关。在电场中移动电荷时，电场力对电荷做正功，电荷的电势能将减少；电场力对电荷做负功，电荷的电势能将增加。电场力对电荷做的功等于电势能的减少量。如果电荷从电场中的 a 点移到 b 点，电场力做功用 W_{ab} 表示，电荷在 a、b 两点的电势能分别用 E_{pa}、E_{pb} 表示，则电场力做功和电势能的变化关系可表示为

$$W_{ab} = E_{pa} - E_{pb} \tag{6-6}$$

同重力势能一样，电势能也是一相对量，只有选定电势能零点后，才能确定电荷在其他点的电势能。电势能零点的选取是任意的，通常取无限远处或大地表面为电势能零点，即电荷在该点的电势能为零。在式（6-6）中，若选取 b 点的电势能为零，即 $E_{pb} = 0$，那么

$$E_{pa} = W_{ab} \tag{6-7}$$

可见，电荷在电场中某点的电势能，在数值上等于把它从该点移到电势能零点时电场力所做的功。

二、电势

电荷的电势能不仅与电荷在电场中所处的位置有关，而且还与电荷的电量有关。若检验电荷 q 在电场中 a 点的电势能为 E_{pa}，那么把检验电荷的电量增大到 n 倍，结果它在 a 点的电势能也是原来的 n 倍。也就是说，电荷在电场中某点 a 所具有的电势能 E_{pa} 与电荷的电量 q 成正比，无论电量 q 是多少，比值 $\dfrac{E_{pa}}{q}$ 总是一个与电荷无关的恒量。同理，对于电场中的 b 点，$\dfrac{E_{pb}}{q}$ 也是一个恒量，只不过不同的点，该比值一般不同，但都与检验电荷的电量无关。因此，这个比值反映了电场的一种性质，把它定义为电势。

检验电荷在电场中某点所具有的电势能 E_p 与它的电量 q 的比值，称为该点的电势，在电工和电子线路基础中也称为电位。电势用 V 表示。

$$V = \frac{E_p}{q} \tag{6-8}$$

在 SI 中，电势的单位是伏特，用符号 V 表示。电量为 1C 的电荷，在电场中某点的电势能为 1J，该点的电势就是 1V。

$$1V = 1J/C$$

电势与电势能一样，也是一相对量，只有选定了电势零点后，电场中其他点的电势才有确定的值。在同一电场中电势零点的选取同电势能零点的选取是一致的。理论上常取无限远处为电势零点，实用上常取大地表面为电势零点。在规定了电势零点之后，电场中各点的电势可以是正值，也可以是负值。

电势只有大小，没有方向，因此是标量。

若已知电势，可求出点电荷在某点的电势能

$$E_p = qV$$

三、电势差

电场中任意两点间电势的差值，称为这两点之间的电势差，也称为电压。 电势差常用

U 表示。设 a 点电势为 V_a，b 点电势为 V_b，则 a、b 两点的电势差为

$$U_{ab} = V_a - V_b \qquad\qquad (6\text{-}9)$$

在 SI 中，电势差的单位也是伏特（V）。应注意的是，电场中各点的电势与零电势点的选取有关，但两点间的电势差与零电势点的选取无关，这同重力场中两点的高度差与参考面的选取无关是一个道理。

显然　　　　　　　　　　$$U_{ba} = V_b - V_a = -U_{ab}$$

电势差常用来计算电场力所做的功，如果电荷 q 在某电场中 a 点的电势能是 qV_a，在 b 点的电势能是 qV_b，把 q 从 a 点移到 b 点时，电势能的减少量是（$qV_a - qV_b$），而电势能的减少量等于电场力对 q 做的功 W_{ab}，所以

$$W_{ab} = E_{pa} - E_{pb} = qV_a - qV_b$$

或　　　　　　　　　　$$W_{ab} = qU_{ab} \qquad\qquad (6\text{-}10)$$

式中，q、U、W 的单位分别是 C、V、J。计算时应注意：本节所提到的 E_p、V、U、W、q 等都是标量，运用到公式中应考虑各量的正负，不可再用绝对值。

将正的点电荷沿着电场线方向移动，电场力做正功，它的电势能逐渐减少，电势逐渐降低，因此，电场线指向电势降低的方向。

【例题】　电场中 a、b 两点间的电势差为 220V，将一个电量为 -2.0×10^{-3} C 的电荷从 a 点移到 b 点，电场力做多少功？

已知 $U_{ab} = 220$V，$q = -2.0 \times 10^{-3}$ C。

求 W_{ab}。

解　$W_{ab} = qU_{ab} = -2.0 \times 10^{-3} \times 220 = -4.4 \times 10^{-1}$（J）

$W_{ab} < 0$，表明是电荷反抗电场力做功。

答：电场力做功是 -4.4×10^{-1} J。

四、等势面

在电场中，所有电势相等的点组成的面称为等势面。

因在同一等势面上任意两点间电势差为零，故在同一等势面上的任意两点间移动电荷时，电场力不做功。

在同一等势面上移动电荷时，电荷要受到电场力的作用，但电场力又不做功，这说明电场力的方向与等势面垂直。又因电场力的方向是沿着电场线的切线方向的，可以推知，**电场线与等势面互相垂直**。

匀强电场的等势面是一组与电场线垂直的平面，如图 6-11 所示。点电荷的等势面是一组以点电荷为球心的球面，如图 6-12 所示。图 6-13、图 6-14 中的虚线分别为等量异种电荷、同种电荷的等势面。可以看出，不管是在匀强电场还是非匀强电场中，电场线都垂直于等势面。

因为测量电势比测量场强容易，所以往往是先测绘出等势面的形状和分布，再根据电场线和等势面垂直这一关系画出电场线，从而了解整个电场的场强分布情况。

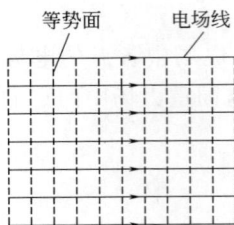

图 6-11 匀强电场的等势面

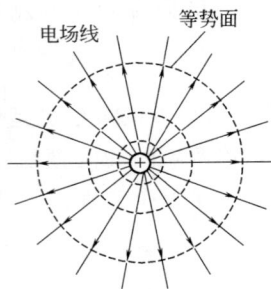

图 6-12 孤立正点电荷的等势面

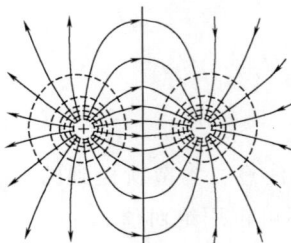

图 6-13 等量异种电荷的等势面

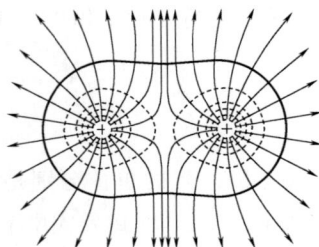

图 6-14 等量同种电荷的等势面

习题 6-4

6-4-1 判断图 6-15 中 a、b、c 和 e、f、g 各点电势的正负和高低。

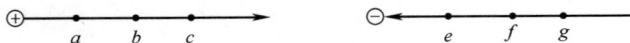

图 6-15 习题 6-4-1图

6-4-2 在下列情况中，电场力对电荷 q 做正功还是负功？电荷 q 的电势能有什么变化？
(1) 正电荷 q 顺着电场线方向移动；
(2) 正电荷 q 逆着电场线方向移动；
(3) 负电荷 q 顺着电场线方向移动；
(4) 负电荷 q 逆着电场线方向移动。

6-4-3 某电场的等势面如图 6-16 所示，试画出电场线的大致分布。

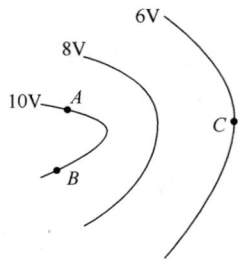

图 6-16 习题 6-4-3图

6-4-4 电量分别为 $q_1 = 1.6 \times 10^{-19}$C 和 $q_2 = -1.6 \times 10^{-19}$C 的两个点电荷，处在电场中 a、b 两点，它们的电势能分别为 4.8×10^{-17}J 和 -1.2×10^{-17}J，问 a、b 两点电势差 U_{ab} 是多少？b、a 两点电势差 U_{ba} 又是多少？

6-4-5 把一个电量为 1×10^{-5}C 的正电荷从电场中 a 点移到 b 点，反抗电场力所做的功是 6×10^{-5}J，求 a、b 两点电势差 U_{ab} 是多少？哪一点电势高？

6-4-6 把电荷从电势为 1.0×10^2V 的 a 点移到电势为 3.0×10^2V 的 b 点，电场力做功 3.0×10^{-5}J，被移动的是正电荷，还是负电荷？电量是多少？

第五节　匀强电场中电势差和场强的关系

　　场强 E 和电势 V 都是描述电场性质的物理量，它们之间必然存在一定的关系。下面在匀强电场中讨论它们之间的关系。

　　如图 6-17 所示，电场为匀强电场，设沿电场线方向上有相距为 d 的 a、b 两点，两点间的电势差为 U，电场方向由 a 指向 b。

　　如果把正电荷 q 放在 a 点，它在电场力作用下运动到 b 点，在此过程中电场力做的功为 $W = Fs = qEd$，此功也可用电势差来计算，$W = qU$。显然，$qU = qEd$，故有

$$U = Ed$$

或

$$E = \frac{U}{d} \qquad\qquad (6\text{-}11)$$

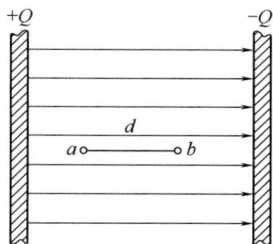

图 6-17　讨论电势差
与场强的关系

　　式（6-11）表明，在匀强电场中，电场强度的大小等于两点间的电势差与两点沿电场方向上的距离的比值。也就是说，电场强度在数值上等于沿电场方向上单位距离两点间的电势差。

　　式（6-11）还表明，电场强度有另外一个单位：伏/米（V/m），它和前面学过的单位 N/C 相同。

　　电场线指向电势降低的方向，而在匀强电场中，场强的方向与电场线方向相同，所以场强的方向也指向电势降低的方向。

　　【例题】　如图 6-18 所示，两金属板 A、B 平行放置，两板间距离为 2.0cm。用电压为 30V 的电池组使它们带电，设两板间为匀强电场，求场强。

　　已知 $d = 2.0 \times 10^{-2} \mathrm{m}$，$U = 30\mathrm{V}$。

　　求 E。

　　解　两金属板间电势差等于电池组电压，即 $U = 30\mathrm{V}$

　　由 $E = \dfrac{U}{d}$ 得

图 6-18　平行金属板间的
匀强电场

$$E = \frac{30}{2.0 \times 10^{-2}} = 1.5 \times 10^{3}（\mathrm{V/m}）$$

　　因为 $V_A > V_B$，所以 E 的方向由 $A \to B$

　　答：场强大小为 $1.5 \times 10^{3} \mathrm{V/m}$，方向由 A 板指向 B 板。

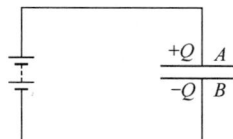

习题 6-5

下面说法正确吗？

（1）根据 $U = Ed$，匀强电场中任意两点间的距离越大，两点间的电势差越大。

（2）匀强电场中，电荷沿垂直某一条电场线的直线运动时，电场力不做功。

（3）电场线垂直于等势面，并指向电势降低的方向。

* 第六节　静电场中的导体

一、静电感应

金属导体中存在大量可以自由移动的电子。在正常状态下，导体中含有等量的正、负电荷，且分布均匀，导体对外不显电性。如果将导体放入电场中，金属导体中的自由电子在电场力作用下，将发生定向移动［见图 6-19(a)］，使导体两端出现等量的异种电荷。像这种**在外电场作用下，导体上电荷重新分布的现象，称为静电感应**。由静电感应引起的电荷，称为感应电荷。

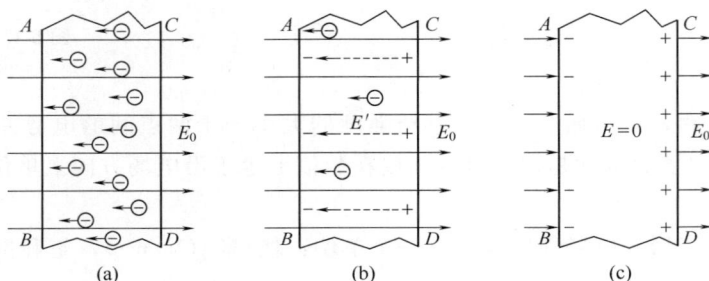

图 6-19　静电感应分析

二、静电平衡

由于静电感应，在导体两端出现的等量异种电荷将在导体内部产生一个附加的电场 E'，其方向与外电场 E_0 相反［见图 6-19(b)］。随着感应电荷的不断增多，E' 也不断增大，直到 $E' = E_0$ 时，导体内部的总场强 $E = E_0 - E' = 0$。此时，导体内的自由电荷不再发生定向移动［见图 6-19(c)］。

导体中（包括表面）**电荷不再发生定向移动的状态，称为静电平衡状态。**

导体处于静电平衡时，导体表面各点的场强必定与导体表面垂直，否则，场强将沿导体表面有一分量，自由电荷将在该分量的作用下沿物体表面移动，导体就不能处于静电平衡状态。

因此，导体处于静电平衡状态时，具有以下性质。

① **导体内部任一点的场强为零；**

② **导体表面任一点的场强都垂直于该处表面。**

由于导体处于静电平衡时内部场强为零，表面场强与表面垂直，所以在导体内部或表面上任意两点间移动电荷时，电场力都不做功，由此可知，导体上任意两点间的电势差都为零。因此，导体处于静电平衡状态时，**导体上各点电势都相等**，导体表面为等势面，整个导体为等势体。

三、静电平衡时导体上电荷的分布

理论和实验都证明：当导体处于静电平衡时，带电导体内部没有电荷，电荷只分布在导体表面上。如图 6-20 所示，空心金属球是一个带电体，用带绝缘柄的金属小球（验电球）接触空心球内壁后，再与验电器接触，验电器箔片不张开；验电球接触空心金属外壁后，再与验电器接触，箔片张开。

图 6-20　带电导体上电荷的分布

另外，电荷在导体表面上的分布密度与导体表面曲率有关，表面曲率小的地方（即表面平坦的地方），电荷分布密度小，表面曲率大（即表面弯曲厉害）的地方，电荷分布密度大。如图 6-21 所示，使尖形绝缘导体带电，用验电球分别与导体的 A、B、C 各点接触后再与验电器接触（注意，接触各点之前，要将验电球上原有的电荷导走）。结果发现，验电球接触 C 点时，箔片张角最大，其次是 B 点，最后是 A 点。

如果导体有尖端，尖端处的电荷分布密度特别大，电场也特别强，容易使附近空气发生电离。在电场力作用下，与导体电荷相反的离子移向导体，发生电荷中和，这种现象称为尖端放电。如图 6-22 所示。

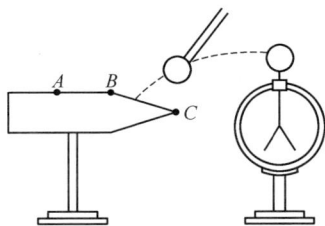

图 6-21　电荷分布密度与导体表面曲率的关系

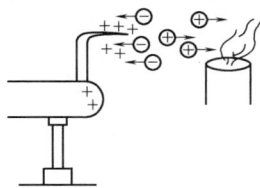

图 6-22　尖端放电

尖端放电现象在实际工作中有着重要的意义。在高大建筑物上安装的避雷针就是尖端放电的应用之一。为防止尖端放电造成能量损失，高压输电线的表面应光滑，高压设备中的电极也往往做成球形。

四、静电屏蔽

静电平衡时，电荷只分布在导体表面及内部场强为零的性质，在技术上得到了广泛的应用。如图 6-23（a）所示，当带正电的金属球接近验电器时，由于静电感应，验电器的小球带负电，箔片带正电而张开一定角度。如果用金属网把验电器罩起来，当带电的金属球再去接近验电器时，验电器的箔片就不张开，如图 6-23（b）所示。由此可见，金属网能使网内不受外电场的影响。

除此以外，还可以做这样的实验：把一个带电体放在金属网罩内，将验电器移近网罩，验电器的箔片张开一定的角度；但如果把网罩接地，再将验电器移近网罩，验电器的箔片不再张开。这个实验说明，一个接地的金属网罩，除能使网内空间不受外电场的影响外，还能使网外空间不受网内电场的影响。

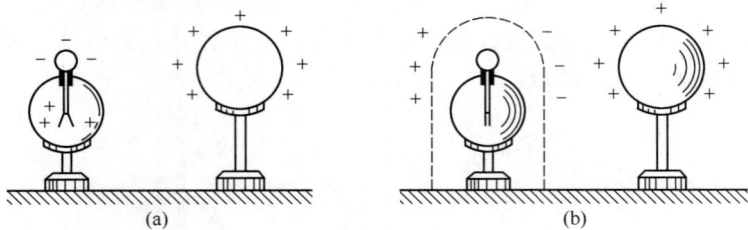

图 6-23 静电屏蔽

一个接地的金属网罩，可以隔离内外电场的相互影响，这就是静电屏蔽。在通讯电缆外面包上一层铅皮、在电子仪器外面安装金属外壳、在高电压设备外围设置金属罩等，都是静电屏蔽现象的实际应用。

* 习题 6-6

6-6-1 不带电的绝缘导体 A 与带电的绝缘空腔导体 B 的内壁接触后，问 B 的带电量有何变化？A 是否带电？说明理由。

6-6-2 如图 6-24 所示，带正电的导体 Q 近旁有一绝缘导体 AB，若 A 端接地，则哪端带电？若 B 端接地，则哪端带电，为什么？带何种电荷？

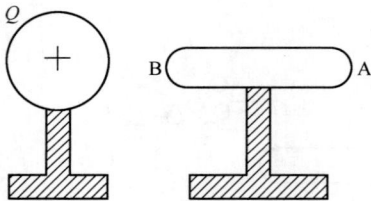

图 6-24 习题 6-6-2图

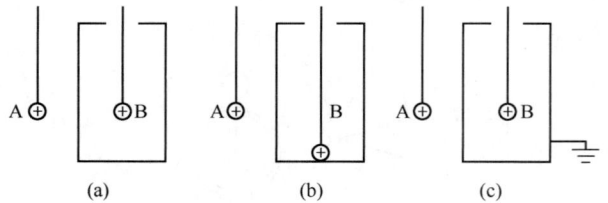

图 6-25 习题 6-6-3图

6-6-3 （1）如图 6-25 所示，将一个带正电的金属小球 B 放在一个开有小孔的绝缘金属壳内，但不与金属壳接触，将另一带正电的检验电荷 A 移近时［见图 6-25 （a）］，A 是否受电场力作用？

（2）若使小球跟金属壳内部接触［见图 6-25 （b）］，A 是否受电场力作用？这时再将小球 B 从壳内移去，情况如何？

（3）如情况（1），使小球不与壳接触，但金属壳接地［见图 6-25 （c）］，A 是否受电场力作用？将地线拆掉后，再把小球 B 从壳内移去，情况如何？

6-6-4 三个相同的绝缘金属导体球，一个带正电，两个不带电，用什么办法使原本不带电的球

（1）都带负电；

（2）带等量异种电荷。

第七节　电容器　电容

一、电容器

电容器是收音机、电视机以及其他电子仪器中的常用元件。两个彼此绝缘而又互相靠近的导体，就组成一个电容器，这两个导体称为电容器的两个极。两块平行放置且互相靠近的金属板就组成了一个简单的电容器，称为平行板电容器。

如图 6-26 所示，用导线将电源的正、负极分别接在电容器的两极上，两个极板上便分别带上了等量异种电荷，这个过程称作给电容器充电，每个极板所带电量的绝对值，称作电容器所带的电量。

使电容器失去电荷，称为电容器放电。用一根导线把电容器两极板连接起来，两极上的电荷互相中和，电容器就不带电了。

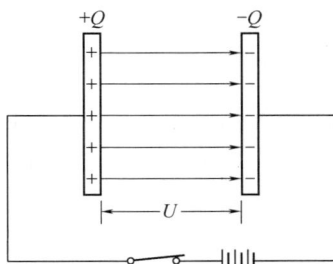

图 6-26　电容器充电

二、电容

电容器充电后，电容器两极之间就会存在一定的电势差。实验证明，对同一电容器来说，它所带的电量越多，两极间的电势差越大，电量和电势差成正比，两者的比值是一个恒量。对不同的电容器这个比值不同。可见，该比值反映了电容器本身的性质。

电容器所带电量 Q 与两板间的电势差 U 之比，称为电容器的电容量，简称电容。电容以 C 表示。

$$C = \frac{Q}{U} \tag{6-12}$$

在 SI 中，电容的单位是法拉，简称法，用符号 F 表示。

$$1F = 1C/V$$

在实际应用中，法这个单位过大，常用微法（μF）和皮法（pF）作为电容单位。它们的换算关系如下。

$$1F = 10^6 \, \mu F = 10^{12} \, pF$$

三、平行板电容器

电容是反映电容器储存电荷本领的物理量，它的大小决定于电容器本身的条件，而与它的带电状态无关。现在来研究平行板电容器的电容与哪些因素有关。

如图 6-27 所示，平行板电容器带电后，用静电计测量 A、B 两极板间的电势差，当静电计的金属外壳和电容器的负极板连接或同时接地，静电计的金属球与电容器的正极连接时，指针的偏角就表示两极板间电势差的大小。

使电容器所带的电量和两极板的正对面积保持不变，而改变两极板间的距离，可以观察到距离越大，电势差越大，由 $C = \frac{Q}{U}$ 可知，当 Q 不变时，U 变大，说明 C 变小。由此

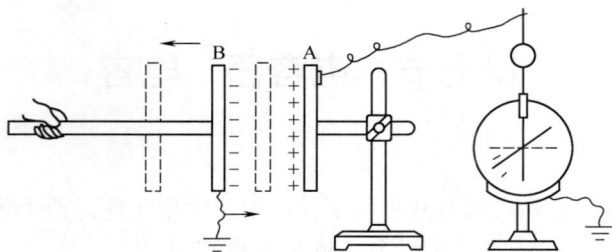

图 6-27　极板间距变化对电容器两极板间的电势差的影响

可知，平行板电容器的电容随两极板间距离的增大而减小。

　　使电容器所带的电量和极板间的距离保持不变，而改变两极板的正对面积，则可以观察到，正对面积越小，静电计指示的电势差越大（见图 6-28）。这说明，平行板电容器的电容随两极板正对面积的减小而减小。

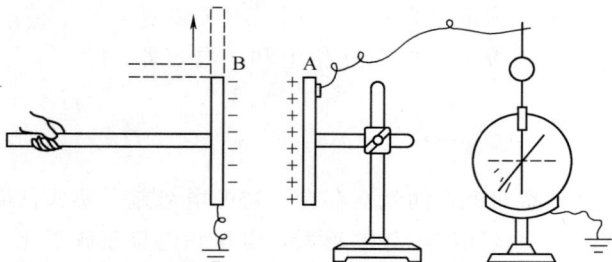

图 6-28　极板正对面积变化对电容器两极板间的电势差的影响

　　使两极板所带的电量以及它们之间的距离和正对面积都不变，而在两极板之间插入电介质（见图 6-29），则可观察到，静电计指示的电势差变小。这说明，电容器的电容变大。

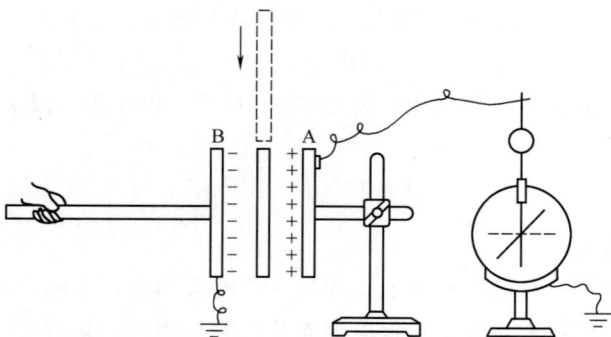

图 6-29　插入电介质对电容器两极板间的电势差的影响

　　实验和理论都证明，当两极板间为真空（或空气）时，平行板电容器的电容为

$$C_0 = \frac{\varepsilon_0 S}{d} \tag{6-13}$$

式中，S 为两块极板的正对面积；d 为两极板间的距离；ε_0 为真空介电常数。当 S、d、C_0 都采用 SI 单位时，$\varepsilon_0 = 8.9 \times 10^{-12}$ F/m。

四、电介质对电容的影响

电介质就是绝缘物质。例如，空气、纯水、煤油、云母、石蜡和玻璃等都是电介质。实验表明，平行板电容器极板间充满某种电介质后，它的电容 C 就由真空（或空气）时的电容 C_0 增大至 ε_r 倍，即

$$C = \varepsilon_r C_0 \tag{6-14}$$

式中，$\varepsilon_r = \dfrac{C}{C_0}$ 称为电介质的相对介电常数，它表示电介质对电容的影响程度。部分电介质的相对介电常数见表 6-1。

表 6-1　部分电介质的相对介电常数

电介质	空 气	石 蜡	陶 瓷	玻 璃	云 母
ε_r	1.0005	2.0~2.1	6	4~11	6~8

由式（6-13）和式（6-14）可得

$$C = \frac{\varepsilon_r \varepsilon_0 S}{d} \tag{6-15}$$

式（6-15）称为平行板电容器的电容公式。

五、常用电容器

电容器种类繁多，从构造上看可分为固定电容器和可变电容器两类。

固定电容器的电容是固定不变的。常用的有聚苯乙烯电容器和电解电容器。如图 6-30(a) 所示，聚苯乙烯电容器是在两层锡箔或铝箔中间夹聚苯乙烯薄膜，卷成圆柱体制成。电解电容器是用铝箔作一个极板，用铝箔上很薄的一层氧化膜作电介质，用浸过电解液的纸作另一个极板制成的，其极性是固定的，不能接错，如图 6-30(b) 所示。

可变电容器由两组铝片组成，它的电容是可以改变的。固定的一组铝片叫定片，可以转动的一组铝片叫动片。转动动片，使两组铝片的正对面积发生变化，电容就随着改变，如图 6-31 所示。

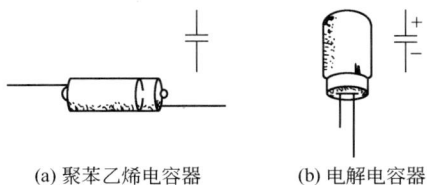

(a) 聚苯乙烯电容器　　(b) 电解电容器

图 6-30　固定电容器及其符号　　　　图 6-31　可变电容器及其符号

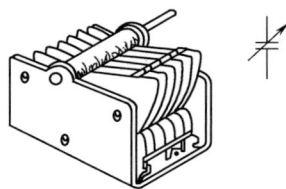

电容器上一般标有两个参数：电容和额定电压。使用时不要超过额定电压，否则电容器将被损坏。

电容器是现代电工技术和电子技术中的重要元件。其大小、形状不一，有大到比人还要高的巨型电容器，也有小到肉眼无法看见的微型电容器。在超大规模集成电路中，$1cm^2$ 可容纳数以万计的微型电容器。随着纳米技术的发展，更微小的电容器将会出现，电子技术正日益向微型化方向发展。同时，电容器的大型化也日趋成熟，利用高容量的电

容器可获得高强度的激光束，为实现人工控制核聚变等高科技技术提供了条件。

【例题】 一个平行板电容器，两极板间是空气，一个板的面积是 $15cm^2$，两极板相隔 $0.20mm$，两极板的电势差为 $3.0 \times 10^2 V$，求电容器的电容及所带的电量。

已知 $S = 15cm^2 = 1.5 \times 10^{-3} m^2$，$U = 3.0 \times 10^2 V$，$d = 0.20mm = 2.0 \times 10^{-4} m$。

求 C，Q。

解 由平行板电容器的电容公式有

$$C = \frac{\varepsilon_r \varepsilon_0 S}{d} = \frac{1 \times 8.9 \times 10^{-12} \times 1.5 \times 10^{-3}}{2.0 \times 10^{-4}} \approx 6.7 \times 10^{-11} (F)$$

由 $C = \dfrac{Q}{U}$ 可得

$$Q = CU = 6.7 \times 10^{-11} \times 3.0 \times 10^2 \approx 2.0 \times 10^{-8} (C)$$

答：电容器的电容为 $6.7 \times 10^{-11} F$，它所带的电量为 $2.0 \times 10^{-8} C$。

习题 6-7

6-7-1 由 $C = \dfrac{Q}{U}$ 知，电容器的电容量 C 与 Q 成正比，与 U 成反比，这样理解正确吗？为什么？

6-7-2 三个电容器的电容之比为 $1 : 2 : 5$，若使它们的电势差相同，则它们所带电量之比为多少？

6-7-3 一个电容器带电 $1 \times 10^{-5} C$，两极间电势差是 $2 \times 10^2 V$，这个电容器的电容是多少？

6-7-4 一平行板电容器，两板相对面积是 $45cm^2$，两极间距 $0.30mm$，当板间夹有云母（$\varepsilon_r = 6$）时，它的电容是多少？

6-7-5 电容为 $300pF$ 的平行板电容器，两板相距 $1.0cm$，使它带有 $6.0 \times 10^{-7} C$ 电荷时，求：

（1）两极板间的电势差；

（2）两极板间的电场强度。

本章小结

一、电荷守恒定律

电荷既不能创造，也不能消灭，只能从一个物体转移到另一个物体，或者从物体的一部分转移到另一部分，在转移的过程中，电荷的总量不变。

二、库仑定律

真空中两个点电荷之间相互作用力的大小与它们电量的乘积成正比，与它们之间距离的平方成反比，作用力的方向在它们的连线上。公式如下

$$F = k \frac{q_1 q_2}{r^2}$$

三、电场强度

电场中某点的电场强度等于检验电荷在该点所受电场力与它的电量的比值。定义式如下

$$E = \frac{F}{q}$$

点电荷形成的电场中某点的场强为

$$E = k\frac{Q}{r^2}$$

四、电势

电场中某点的电势等于检验电荷在该点所具有的电势能与它的电量的比值。定义式如下

$$V = \frac{E_p}{q}$$

五、电势差

电场中两点电势的差值，称为这两点之间的电势差。表达式如下

$$U_{ab} = V_a - V_b$$

电场力做功与电势差的关系为

$$W_{ab} = qU_{ab}$$

匀强电场中电场强度与电势差的关系为

$$E = \frac{U}{d}$$

六、电容器的电容

电容器的电容等于它所带电量与两极间电势差的比值。定义式如下

$$C = \frac{Q}{U}$$

平行板电容器的电容与两极板间距 d 成反比，与两极正对面积 S 和两板间介质的相对介电常数 ε_r 成正比。即

$$C = \frac{\varepsilon_0\varepsilon_r S}{d}$$

复习题

一、判断题

1. 带电体所带电量是基本电荷的整数倍。　　　　　　　　　　　　　（　　）

2. A、B 两个带电小球，其电量 $Q_A = 9Q_B$，则 A 球受的静电力是 B 球的 9 倍。　（　　）

3. 公式 $E = \dfrac{U}{d}$ 可用于点电荷形成电场的场强的计算。　　　　　　（　　）

4. 电场强度大的地方，电荷的电势能一定大。　　　　　　　　　　　（　　）

*5. 静电平衡时，导体表面上各点电势相等。　　　　　　　　　　　（　　）

二、选择题

1. 两个点电荷间的作用力为 F，距离为 r，要使它们之间的作用力变为 $\dfrac{F}{2}$，它们之间的距离应变为

　　　　　　　　　　　　　　　　　　　　　　　　　　　　　　　（　　）

A. $2r$ 　　　　　B. $\dfrac{r}{2}$ 　　　　　C. $\sqrt{2}r$ 　　　　　D. $\dfrac{r}{\sqrt{2}}$

2. 真空中两个等量异号电荷的电量均为 q，相距为 r，两点电荷连线中点处的场强为 （　　）

A. 0 　　　　　　B. $4kq/r^2$ 　　　　　C. $8kq/r^2$ 　　　　　D. $2kq/r^2$

3. 如复习题图 6-1 所示的电场中有 A、B 两点，则对 A、B 两点的场强和
电势表达正确的是 （　　）

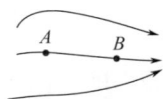

A. $E_A > E_B$；$V_A > V_B$ 　　　　　　B. $E_A > E_B$；$V_A < V_B$

C. $E_A < E_B$；$V_A > V_B$ 　　　　　　D. $E_A < E_B$；$V_A < V_B$

复习题图 6-1

4. 一电容器充电后与电源断开。当增大两极板间距离时，电容器所带电量 Q、电容 C、两极板间电压 U 的变化情况是 （　　）

A. Q 变小，C 不变，U 不变 　　　　B. Q 变小，C 变小，U 不变

C. Q 不变，C 变小，U 变大 　　　　D. Q 不变，C 变小，U 变小

三、填空题

1. 有两个带有异种电荷的小球，一个带电 2.0×10^{-10}C，另一个带电 -3.0×10^{-10}C，两个电荷间的距离是 0.30m，则相互之间的吸引力为 _____ N。

2. 电场强度的方向与该点 _____ 检验电荷受力方向一致，但场强本身却与检验电荷 _____ 关。

3. 电势差又称为 _____ ，$U_{ab} = $ _____ U_{ba}。

4. 电场力做正功，电荷的电势能 _____ ；电场力做负功，电荷的电势能 _____ 。

5. 匀强电场是指各点场强 _____ 相等，_____ 相同的电场。

6. 若平行板电容器一直与电源保持相连，当电容变化时，_____ 不变；若充电后切断电源，当电容变化时，_____ 不变。

7. 在点电荷形成的电场中，距电荷越近处，场强越 _____ ；越远处，场强越 _____ ，在无限远处场强变为 _____ 。

四、计算题

1. 距离带电量为 1.6×10^{-10}C 的点电荷 3.0cm 的一点 A 的场强是多大？如果在 A 点放一个质子，则质子受到的电场力多大？

2. 将一电量为 1.7×10^{-8}C 的点电荷从电场中的 A 点移到 B 点，克服电场力做功 5.1×10^{-8}J，问 A、B 两点间的电势差是多少？设 B 点电势为零，问 A 点电势多大？

3. 真空中，两块面积为 0.010m^2 的平行金属板，板间距离为 0.010m，板上带电量为 1.0×10^{-6}C，试求：

（1）平行板电容器的电容；

（2）两板间的电势差；

（3）两板间的场强大小；

（4）作用在置于两板间的电子上的力的大小。

第七章　恒定电流

在初中已学过直流电路的一些性质和规律，本章将在复习原有知识的基础上，着重讲述电动势的概念和闭合电路欧姆定律，并加强恒定电流基本规律的应用。

本章所述为恒定电流的基本规律及其应用，是工程技术人员必须掌握的基本知识，也是学习电工和电子线路的基础。

第一节　电　　流

一、电流的形成

电荷的定向运动形成电流。因此，要形成电流，首先要有能够自由移动的电荷——自由电荷，金属导体中的自由电子、电解液中的正负离子，都是自由电荷。但是，只有自由电荷，其运动是杂乱的，也不能形成电流。如果导体两端有电势差，导体内部就存在电场，导体内部的自由电荷在电场力作用下将做定向运动，此时，形成电流。电源可以保持导体两端有一定的电势差，从而使导体中有持续的电流。

导体中的电流既可以由正电荷的定向运动形成，也可以由负电荷的定向运动形成。在电场力的作用下，正电荷将由高电势处向低电势处移动，负电荷将由低电势处向高电势处移动。习惯上规定正电荷的运动方向为电流的方向。这样，导体中电流的方向总是从高电势流向低电势，所以导体中通过电流时，导体两端的电势差又称为电势降落或电压降。

金属导体中电流是由自由电子的定向移动形成的，所以金属导体中电流的方向与自由电子的实际运动方向相反。

二、电流强度

电流的强弱用电流强度表示。**通过导体横截面的电量 q 与通过这些电量所用时间 t 的比值，称为电流强度，简称电流**，用 I 表示。即

$$I = \frac{q}{t} \tag{7-1}$$

在 SI 中，电流的单位是安培，简称安，用符号 A 表示。电流的常用单位还有毫安（mA）和微安（μA），它们的关系如下。

$$1A = 10^3 \, mA = 10^6 \, \mu A$$

在电路中，方向不随时间改变的电流，称为**直流电流**；方向和大小都不随时间发生改变的电流，称为**恒定电流**。显然，只有当导体两端保持恒定的电势差时，导体中才能形成

恒定电流。

第二节 欧姆定律 电阻定律

一、欧姆定律

在导体两端加上电压，导体中就有电流。导体中的电流 I 和导体两端所加电压 U 之间有什么关系呢？德国物理学家欧姆于 1827 年经过精确的实验指出，通过一段导体的电流和导体两端的电压成正比，即

$$I = \frac{U}{R} \quad 或 \quad U = IR \tag{7-2}$$

式中，R 为比例常数，反映导体对电流的阻碍作用，称为导体的电阻。在 SI 中，电阻的单位是欧姆，简称欧，用符号 Ω 表示。$1\Omega = 1\text{V/A}$。常用的电阻单位还有千欧（$k\Omega$）和兆欧（$M\Omega$），它们的关系如下。

$$1k\Omega = 10^3 \, \Omega$$

$$1M\Omega = 10^6 \, \Omega$$

式(7-2) 表示，**导体中的电流与导体两端的电压成正比，与导体的电阻成反比**。这是我们所熟悉的**欧姆定律**。应该注意，该定律仅适用于金属和导电液体，对气体导电不适用。

导体中电流与电压的关系还可以用图像来表示。以横坐标表示电压 U，纵坐标表示电流 I，可画出 U-I 图像，该图像称为导体的伏安特性曲线。对于金属导体，根据欧姆定律，其电流与电压成正比，所以，它的伏安特性曲线是通过坐标原点的直线（见图 7-1），直线的斜率为电阻的倒数。比较图 7-1 中的 U、I 之比为 R_1 的导体与 U、I 之比为 R_2 的导体，给两者加相同电压，因为 $\dfrac{1}{R_1} < \dfrac{1}{R_2}$，所以后者的电流大，

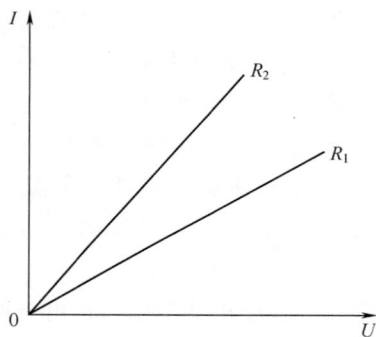

图 7-1 导体的伏安特性曲线

表明其导电性能好。由此可知，通过导体的伏安特性曲线可以分析导体的导电性能。伏安特性曲线是分析半导体器件导电性能的重要手段。

下面讨论 R 的物理意义。

二、电阻定律

实验表明，对同一导体，无论电压和电流的大小如何变化，导体温度不变时，比值 R 都相同；对不同的导体，R 值一般不相同。这表明 R 是一个与导体本身性质有关的量。导体的 R 越大，在同一电压下，通过导体的电流越小。可见比值 R 反映的是导体对电流的阻碍作用，把它称为导体的电阻。导体伏安特性曲线的斜率等于导体电阻的倒数。电阻越大，伏安特性曲线斜率越小，导体的导电性能相对较弱。

导体的电阻是由导体本身的性质决定的。实验表明，当导体材料一定时，对于同一温

度，**导体的电阻与它的长度成正比，与它的横截面积成反比**。这就是导体的**电阻定律**。可表示为

$$R = \rho \frac{L}{S} \tag{7-3}$$

式中，比例系数 ρ 由导体的材料决定，称为这种材料的电阻率。在一定温度下，同种材料的 ρ 值是一个常数，不同材料，ρ 的数值不同。长度和横截面积都相等的不同材料，导体 ρ 值大的电阻大，ρ 值小的电阻小。可见，电阻率是反映材料导电性能的物理量。

在 SI 中，根据式(7-3) 可以确定 ρ 的单位是欧姆·米，用符号 $\Omega \cdot m$ 表示。

常用材料的电阻率见表 7-1。

表 7-1　常用材料的电阻率（20℃）

材 料 名 称	电阻率 $\rho/\Omega \cdot m$	材 料 名 称	电阻率 $\rho/\Omega \cdot m$
银	1.65×10^{-8}	铂	1.05×10^{-7}
铜	1.75×10^{-8}	锰铜(85%铜+3%镍+12%锰)	$(4.2 \sim 4.8) \times 10^{-7}$
铝	2.8×10^{-8}	康铜(58.8%铜+40%镍+1.2%锰)	$(4.8 \sim 5.2) \times 10^{-7}$
钨	5.5×10^{-8}		
镍	7.3×10^{-8}	镍铬丝(67.5%镍+15%铬+16%碳+1.5%锰)	$(1.0 \sim 1.2) \times 10^{-6}$
铁	9.8×10^{-8}		
锡	1.14×10^{-7}	铁铬铝	$(1.3 \sim 1.4) \times 10^{-7}$

由表 7-1 可知，纯金属的电阻率小，合金的电阻率大。导线都以纯金属制造，铜、铝比银的导电性虽差一点，但价格较低，因此，铜、铝是制造导线的主要材料。电阻器、电炉丝都选用电阻率较大的合金制造。

各种材料的电阻率都随温度而变化。金属的电阻率随温度升高而增大，因此，它的电阻也随温度升高而增大。利用金属的这一性质，可以制造电阻温度计。如果已知导体电阻随温度变化的情况，那么，测出导体的电阻，就可以知道温度。常用的电阻温度计是以铂丝或铜丝制造的。电阻温度计测温范围大，一般在 $-263 \sim 1000℃$ 之间。有些合金材料如康铜和锰铜等，电阻率随温度的变化特别小，常用这类合金材料制造标准电阻等。

人们在实验中发现，当温度降到绝对零度附近时，某些金属、合金的电阻突然减小为零，这种现象称为**超导现象**。材料的这一性质称为**超导性**。使用这种材料的导体称为**超导体**。开始出现超导性的温度，称为这种材料的**临界温度**。

部分超导金属和合金的临界温度见表 7-2。

表 7-2　部分超导金属和合金的临界温度

材料	锡(Sn)	铅(Pb)	汞(Hg)	铌(Nb)	铌三锡(Nb_3Sn)	铌三锗(Nb_3Ge)
临界温度/K	8.72	7.18	4.15	9.09	28.05	23.3

超导性有重要的实用价值，但因临界温度过低，其应用受到限制。目前我国和其他国家都在积极寻找常温下的超导材料，探索它的实际应用。我国的研究已居世界先进水平。

习题 7-2

7-2-1　产生电流的条件是什么？在金属导体中，产生恒定电流的条件是什么？

7-2-2　导线中的电流为 $10A$，$20s$ 内有多少电子流过导体横截面？

7-2-3　有一电阻，两端加上 $50mV$ 电压时，通过 $10mA$ 电流；两端加上 $10V$ 电压时，通过的电流为多少？

7-2-4　有一条铜导线，长 $300m$，横截面是 $12.75mm^2$，如果导线两端加上 $8.0V$ 电压，求这条导线中通过的电流（铜的电阻率为 $1.7 \times 10^{-8} \Omega \cdot m$）。

第三节　电阻的连接

在电路中，电阻可根据不同的需要按不同方式连接起来。在简单电路中电阻连接的基本方式有串联和并联两种。

一、电阻的串联

把若干个电阻一个接一个，不分支地连接起来，使电流只有一条通路，这样的连接方式称为电阻的串联［见图 7-2（a）］，R 是它们的总电阻，又称等效电阻［见图 7-2（b）］。

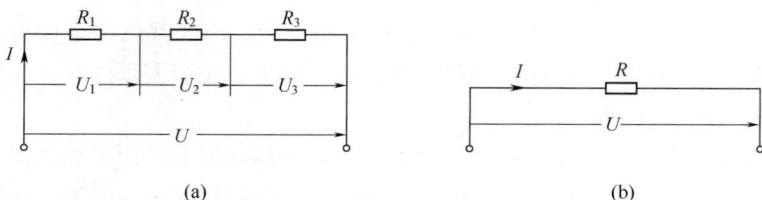

(a)　　　　　　　　　　　(b)

图 7-2　电阻的串联

1. 串联电路的性质

① 通过串联电路中各电阻的电流相等。

② 串联电路两端的总电压等于各电阻上的电压之和，即

$$U = U_1 + U_2 + U_3 \tag{7-4}$$

③ 串联电路的总电阻等于各串联电阻之和，即

$$R = R_1 + R_2 + R_3 \tag{7-5}$$

当 n 个相同电阻 R_0 串联时，其总电阻为

$$R = nR_0$$

把几个电阻串联，相当于增加了导体的长度，所以总电阻增大了。

2. 串联电路的分压作用

串联电路总电压等于各电阻上的电压之和，说明每个电阻上都分担了一定的电压。那么，每个电阻上分担的电压与电阻有什么关系呢？

因为串联电路的电流相等，即 $\dfrac{U_1}{R_1} = \dfrac{U_2}{R_2} = \dfrac{U_3}{R_3} = I$。这说明**串联电路中各电阻两端的电压与它的电阻成正比**。电阻越大，分担的电压就越大。下面以扩大电压表量程为例来说明其应用。

【例题 1】　一个量程为 $U_i = 3V$ 的电压表，表的内阻 $R_i = 300\Omega$，欲用来测量 300V 的电压，应在电压表上串联一个多大的分压电阻？

已知 $U_i = 3V$，$R_i = 30\Omega$，$U = 300V$。

求 R_f。

解　这只电压表指针偏转到满刻度时，表头两端电压 U_i 为 3V，这是电压表所能承受的最大电压。如果要让它测量 300V 的电压，所串联的分压电阻 R_f（见图 7-3）必须分担 $U_f = 300 - 3 = 297V$ 的电压。由于串联电路中通过各电阻的电流相等，即 $\dfrac{U_i}{R_i} = \dfrac{U_f}{R_f}$，所以

$$R_f = \frac{U_f}{U_i} R_i = \frac{297}{3} \times 300 = 2.97 \times 10^4 (\Omega)$$

答：应在电压表上串联 $2.97 \times 10^4 \Omega$ 的分压电阻。

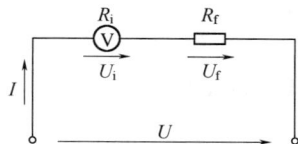

图 7-3　与电压表串联的分压电阻 R_f

二、电阻的并联

把几个电阻的一端连在一起，另一端也连在一起，使电路有两个接点，电流有多条通路，这种连接方式，称为电阻的并联［见图 7-4（a）］，R 是它们的总电阻，也称为等效电阻［见图 7-4（b）］。

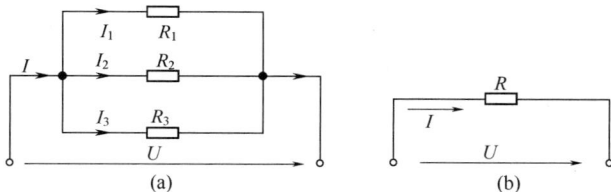

图 7-4　电阻的并联

1. 并联电路的性质

① 各支路两端的电压相等。

② 并联电路的总电流等于各支路电流之和，即

$$I = I_1 + I_2 + I_3 \tag{7-6}$$

③ 并联电路的总电阻的倒数，等于各支路电阻的倒数之和，即

$$\frac{1}{R} = \frac{1}{R_1} + \frac{1}{R_2} + \frac{1}{R_3} \tag{7-7}$$

当 R_1、R_2 两个电阻并联时，其总电阻为

$$R = \frac{R_1 R_2}{R_1 + R_2}$$

当 n 个相同电阻 R_0 并联时，其总电阻为

$$R = \frac{R_0}{n}$$

把几个电阻并联起来，可以认为导体的横截面增大了，所以总电阻比并联电阻中任何一个电阻都小。

2. 并联电路的分流作用

由于并联电路的总电流等于各支路电流的和，因此，每一支路都有一定的分流作用。那么各支路中的电流与它的电阻之间有什么关系呢？由欧姆定律可知

$$I_1 = \frac{U}{R_1}, \qquad I_2 = \frac{U}{R_2}, \qquad I_3 = \frac{U}{R_3}$$

因各支路两端电压相等，所以**并联电路中通过各支路的电流与它的电阻成反比**。电阻越大，分流作用越小。

【例题 2】 一量程为 $100\mu A$ 的电流表，内阻为 0.9Ω，若把它的测量范围扩大到 $1mA$，应并联多大的分流电阻？

已知 $I_i = 100\mu A$，$R_i = 0.9\Omega$，$I = 1mA = 1000\mu A$。

求 R_f。

解 要让这只电流表测量大于 $100\mu A$ 的电流，就要给表头并联一个分流电阻 R_f（见图 7-5），使得 R_f 中的电流 $I_f = 1000 - 100 = 900\mu A$。由于并联电路两端电压相等，即

$$I_i R_i = (I - I_i)R_f$$

所以 $\qquad R_f = \dfrac{I_i R_i}{I - I_i} = \dfrac{100 \times 0.9}{900} = 0.1(\Omega)$

答：应并联 0.1Ω 的分流电阻。

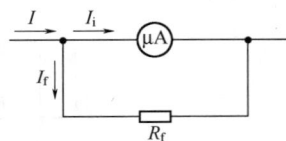

图 7-5 与电流表并联的分流电阻

三、混联电路

实际电路中，往往既有串联又有并联，这种电路称为**混联电路**。在分析这类电路时，应首先全面分析电路的结构，找出各电阻间的连接关系，一步步地把电路化简，并作出简明的电路示意图，然后按串联和并联的计算方法，求出整个电路的总电阻。具体步骤如下。

① 找出总电流的输入端和输出端。

② 抓住各电阻公共的连接端点，弄清电路中各电阻的串、并联关系。

③ 并联支路中有电阻串联时，先求串联电阻的总电阻；串联支路中有电阻并联时，先求并联电阻的总电阻。

④ 最后求出整个电路的总电阻。

【例题 3】 如图 7-6 所示，设电路两端电压 $U_{AB} = 20V$，电阻 $R_1 = 7\Omega$，$R_2 = 12\Omega$，$R_3 = 4\Omega$。求电路中总电流和两支路电流及 CD 间的电压。

已知 $U_{AB} = 20V$，$R_1 = 7\Omega$，$R_2 = 12\Omega$，$R_3 = 4\Omega$。

求 I，I_1，I_2，U_{CD}。

解 在图 7-6 中，电阻 R_2 和 R_3 并联后，又和 R_1 组成串联电路。所以，CD 段的总电阻为

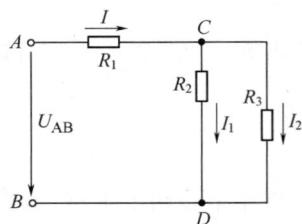

图 7-6 混联电路

$$R_{CD} = \frac{R_2 R_3}{R_2 + R_3} = \frac{12 \times 4}{12 + 4} = 3(\Omega)$$

由于 R_1 与 R_{CD} 串联，其总电阻为

$$R_{AB} = R_1 + R_{CD} = 7 + 3 = 10(\Omega)$$

由欧姆定律得，总电流

$$I = \frac{U_{AB}}{R_{AB}} = \frac{20}{10} = 2(A)$$

由串联电路中各电压之间的关系得

$$U_{CD} = U_{AB} - IR_1 = 20 - 2 \times 7 = 6(V)$$

由欧姆定律得，并联电路的各支路电流

$$I_1 = \frac{U_{CD}}{R_2} = \frac{6}{12} = 0.5(A)$$

$$I_2 = \frac{U_{CD}}{R_3} = \frac{6}{4} = 1.5(A)$$

答：电路中总电流 I 为 2A，两支路电流 I_1 为 0.5A，I_2 为 1.5A，CD 间电压为 6V。

习题 7-3

7-3-1　如图 7-7 所示，已知 $U = 30V$，$R_2 = 10\Omega$，$R_3 = 30\Omega$，通过 R_2 的电流为 0.6A，求：（1）各电阻上的电压；

（2）通过 R_1 和 R_3 的电流；

（3）电阻 R_1。

7-3-2　从引到室内的电灯干线的端点接出两组支路。在第一组支路里并联着 8 个电灯泡，电阻都是 2000Ω；在第二组支路里并联着 6 个电灯泡，电阻都是 1200Ω。干路里的电流是 1.98A，求通过各个电灯泡的电流。

7-3-3　已知 $R_1 = 10\Omega$ 和 $R_2 = 5\Omega$ 的两个电阻串联，测得 R_1 两端的电压 $U_1 = 20V$，求 R_2 两端的电压 U_2 和整个串联电路的电压 U。

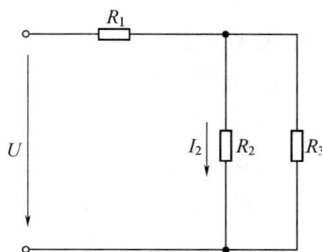

图 7-7　习题 7-3-1 图

7-3-4　欲将一个内阻为 10Ω，量程为 100μA 的电流表分别改装成能测量 1A 的电流表和 15V 的电压表，需在表头上各连接多大的分流电阻和分压电阻？

第四节 电功 电功率

一、电功

在初中已经学过电功和电功率，利用静电场知识，可以更好地理解这两个重要概念。

在导体两端加上电压，导体内就建立了电场。电场力在使自由电荷定向移动的过程中要做功。设导体两端的电压为 U，通过导体横截面的电量为 q，那么，电场力所做的功 $W = qU$，由于 $q = It$，所以

$$W = IUt \qquad (7\text{-}8)$$

式中，当 I、U、t 的单位分别为 A、V、s 时，电功的单位就是焦耳（J）。

在电路中，电场力做的功通常称为**电流的功**，简称**电功**。所以，电流在一段电路上所做的功等于这段电路两端的电压、电路中的电流和通电时间三者的乘积。

电流通过用电器（常称负载）时电场力做功的过程，实质上是电能转换成其他形式能量的过程。如电流通过电动机，电能转换成机械能和热能；电流通过电解槽，电能转换成化学能和热能。由能量守恒定律可知，电流做了多少功，就有多少电能转换成其他形式的能。

二、电功率

电流所做的功与完成这些功所用时间的比值，称为**电功率**，用 P 表示。

$$P = \frac{W}{t} = IU \qquad (7\text{-}9)$$

式中，I、U 的单位分别为 A、V 时，功率的单位就是瓦特，简称瓦（W）。

可见，一段电路上的电功率等于电路中的电流与这段电路两端的电压的乘积。

式(7-8) 和式(7-9) 是计算某段电路电流的功和功率的普遍公式，不论电能转换成什么形式的能，都可用它们进行计算。

用电器（即负载）上都标有用电器正常工作时的电压和功率数值，这些数值分别称作用电器的**额定电压和额定功率**。给用电器加上额定电压，用电器才能正常工作，达到额定功率。如标有"220V、60W"的灯泡，接在 220V 电路中，其功率是 60W。若电压不足 220V，功率则不足 60W；若电压超过 220V，功率则超过 60W，这时有烧断灯丝的危险。为防止事故发生，在给用电器通电前，必须检查其额定电压是否与电路提供的电压相同。

三、焦耳定律

电流通过导体时导体发热的现象，称为电流的热效应。通电导体上产生的热量与哪些因素有关呢？

英国物理学家焦耳（1818—1889）研究了这个问题。他指出：**电流通过导体所产生的热量，与电流的平方、导体的电阻和通电时间的乘积成正比**。这就是**焦耳定律**。在 SI 中，热量的单位是焦耳（J），这时焦耳定律可写为

$$Q = I^2 Rt \qquad (7\text{-}10)$$

单位时间内的发热量通常称为热功率。

$$P = \frac{Q}{t} = I^2 R$$

四、电功和电热的关系

电流通过电路时要做功，一般电路中都有电阻，所以电流通过电路时也要产生热量。那么，电流所做的功与它所产生的热量又有什么关系呢？

对于由白炽电灯、电炉等纯电阻元件组成的电路，即所谓的纯电阻电路，由于这时电路两端的电压 $U = IR$，因此，$W = IUt = I^2 Rt = Q$。可见，电流所做的功与产生的热量相等。这时，电能全部转换成热能，电流做功的公式也可写为

$$W = I^2 Rt = \frac{U^2}{R} t \tag{7-11}$$

对于含有电动机、电解槽等非纯电阻元件的电路，即所谓的非纯电阻电路，电能除一部分转换成热能外，还有一部分转换成机械能、化学能等。在这种情况下，电流的功仍是 IUt，产生的热量仍是 $I^2 Rt$，但是电流所做的功已不再等于产生的热量，而是大于这个热量。这个差值（$IUt - I^2 Rt$）则是转换成机械能或化学能等的部分。此时，加在电路两端的电压 U 也不再等于 IR，而是大于 IR，那么，就不能再使用式（7-11）计算电功了。

总之，只有在纯电阻电路里，电功才等于电热；在非纯电阻电路里，应注意电功与电热的区别。

【例题】 加在一内阻 r 为 2Ω 的电动机上的电压 U 为 $110V$，通过电动机的电流 I 为 $1A$，问该电动机消耗的功率有多大？电动机内阻的热耗功率有多大？转化为机械能的功率是多大？

已知 $U = 110V$，$r = 2\Omega$，$I = 1A$。

求 P，$P_热$，$P_机$。

解 电动机消耗的功率即是电源供给的总功率

$$P = IU = 1 \times 110 = 110 \,(\text{W})$$

其中电动机内阻的热耗功率为

$$P_热 = I^2 r = 1^2 \times 2 = 2 \,(\text{W})$$

根据能量守恒定律

$$P = P_热 + P_机$$

所以转化为机械能的功率为

$$P_机 = P - P_热 = 110 - 2 = 108 \,(\text{W})$$

答：电动机消耗的功率为 $110W$，其内阻的热耗功率为 $2W$，转化为机械能的功率为 $108W$。

习题 7-4

7-4-1 常用的电功单位是千瓦·时（kW·h，又称度）。1kW·h 等于功率为 1kW 的用电器在 1h 内所做的电功，即消耗的电能。1kW·h 等于多少焦耳？室内装有 25W 的电

灯 1 只，40W 电灯 2 只，平均每日用电 5h，30 天用电多少千瓦·时？

7-4-2 如图 7-8 所示，$U=100V$，$R_1=35\Omega$，$R_2=15\Omega$。求各电阻上的电压和它们消耗的功率。

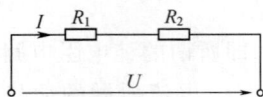

图 7-8 习题 7-4-2 图

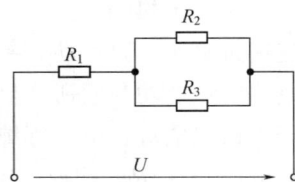

图 7-9 习题 7-4-3 图

7-4-3 如图 7-9 所示，$R_1=4\Omega$，$R_2=3\Omega$，$R_3=6\Omega$，$U=12V$，求：

（1）R_1 中的电流；

（2）R_2 和 R_3 中的电流之比；

（3）R_2 和 R_3 上所消耗的功率之比。

7-4-4 电线的电阻 $R=1.0\Omega$，输送的电功率 $P=100kW$。若用 400V 的低压送电，输电线上发热损失的功率是多少？若改用 10kV 的高压送电，损失的功率又是多少？

7-4-5 一台内阻为 2Ω 的电风扇，工作电压为 220V，测得工作电流为 0.5A。求：

（1）电风扇消耗的功率；

（2）电风扇热耗功率；

（3）转化为机械能的功率。

第五节 闭合电路欧姆定律

一、电源

一段电路中要有电流通过，就必须在它的两端保持电压。在初中学过，干电池、蓄电池和发电机等电源能够使电路中产生并保持电压。现在来讨论电源是怎样产生这种作用的。

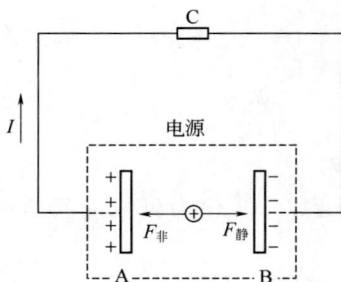

图 7-10 电源简化示意图

电源简化示意图如图 7-10 所示。虚线内是电源，A 是电源的正极，B 是电源的负极，C 是用电器。电源外部的电路，称为外电路（A→C→B），电源内部的电路，称为内电路。

电路接通后，正电荷从电势较高的正极经外电路向电势较低的负极移动，到达负极后与负极上的负电荷中和，因此正、负极上的正、负电荷同时减少。如果不及时将正电荷从负极移开并补充到正极，电路两端的电压将逐渐变为零，电路中的电流将停止。电源的作用就是将到达负极的正电荷送回正极。显然这不可能由静电力来完成，因为在静电力作用下，正电荷只能从高电势的正极向低电势的负极移动，而不能相反。电源能够提供某种与静电力本质上不同的非静电力，将正电荷从负极送到正极，维持正、负极间有一定电压，从而维持电路中的电流。

非静电力是由电源的种类决定的，不同种类的电源，形成非静电力的原因不同，如化学电池中的非静电力来源于化学作用，发电机中的非静电力则来自电磁作用。电源非静电力将电荷 q 从电源负极经内电路移送到正极，要反抗电场力做功，电荷的电势能将增大，实际上是将其他形式的能（如化学电池中的化学能、发电机中的机械能等）转化为电能的过程。非静电力做多少功，被移送的电荷就获得多少电能。因此，也可以说电源就是把其他形式的能转化为电能的装置。为表示电源把其他形式的能转化为电能的本领大小，引入电源的电动势这一物理量。

二、电动势

对于同一个电源来说，非静电力将一定量的正电荷从负极经电源内部移送到正极所做的功是一定的。但对不同的电源来说，非静电力将同样多的正电荷从负极经内电路移送到正极所做的功，一般是不同的。在移送电量相等的情况下，非静电力做的功越多，电源把其他形式的能转换成电能的本领就越大。用电动势这个物理量来表示电源转换能量的本领。

非静电力将正电荷从负极经电源内部移送到正极所做的功与被移送电荷的电量的比值，称为电源的电动势。如果被移送电荷的电量为 q，非静电力做的功为 W，那么电动势

$$E = \frac{W}{q} \tag{7-12}$$

式中，W 和 q 的单位分别是 J 和 C；电动势 E 的单位是 V。

电动势在数值上等于单位正电荷由负极经电源内部移送到正极时非静电力做的功。

每个电源的电动势都是由电源本身决定的，与外电路的情况无关。例如干电池的电动势是 1.5V 左右，铅蓄电池的电动势一般是 2V。规定由电源的负极经电源内部到正极的方向（即电势升高的方向）为电动势的方向。正如同电流有方向而不是矢量一样，电动势也不是矢量，而是标量。

三、闭合电路欧姆定律的表述

闭合电路由内电路和外电路组成，其简图如图 7-11 所示。外电路的总电阻称为外电阻，用 R 表示；内电路电阻称为内电阻，也就是电源内阻，用 r 表示。当闭合开关 S 时，电路中就有持续不断的电流。下面从能量守恒的观点来研究闭合电路中电流和电动势及电阻间的关系。

当电路中的电流为 I 时，在时间 t 内，通过电路任一横截面的电量 $q = It$，根据式(7-12)，这段时间内电源所做的功为

$$W = Eq = EIt$$

图 7-11 闭合电路简图

式中，EIt 是电源在时间 t 内向内、外电路提供的电能，若内、外电路是纯电阻电路，这些电能将全部转换为焦耳热。在外电阻上产生的热量是 I^2Rt，在内电阻上产生的热量是 I^2rt，因此，根据能量守恒定律有 $EIt = I^2Rt + I^2rt$，

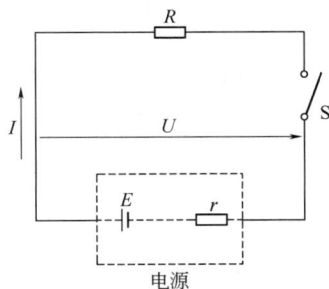

所以

$$E = IR + Ir \qquad (7\text{-}13)$$

即

$$I = \frac{E}{R + r} \qquad (7\text{-}14)$$

式(7-14)表明，**闭合电路中的电流与电源电动势成正比，与电路的总电阻成反比**。这一规律称为闭合电路欧姆定律。

式(7-13)中，IR 是外电路的电压降，习惯上叫做外电压或路端电压，用 U 表示。Ir 是内电路的电压降，叫做内电压，用 $U_内$ 表示，所以式(7-13)也可以写为

$$E = U + U_内 \qquad (7\text{-}15)$$

式(7-15)表明，电源的电动势等于内外电压之和。

四、路端电压与负载的关系

电路中，消耗电能的元件通常称为负载。负载变化时，电路中的电流就会变化，路端电压也随之变化。由式(7-15)可得

$$U = E - Ir \qquad (7\text{-}16)$$

以图 7-12 所示的电路来研究路端电压随外电阻的变化规律。实验发现，当增大外电阻 R 的阻值时，电流表的示数减小，由电压表测量的路端电压值增大；当 R 值减小时，电流表的示数增大，电压表的示数减小。这说明**路端电压随外电阻的增大而增大，随外电阻的减小而减少**。

路端电压随外电路（含负载）变化的规律，可根据闭合电路欧姆定律来解释。由式(7-14)和式(7-16)可知，当 R 增大时，I 变小，电源的内压降 Ir 减小，所以路端电压升高；反之，当 R 减小时，I 变大，电源的电压降增大，路端电压降低。

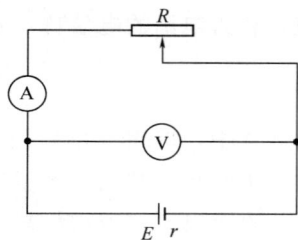

图 7-12　研究路端电压的电路图

讨论两种特殊情况。

① 当外电路断开，即开路时，$R \to \infty$，$I = 0$，则 $U = E$，所以，断路时的路端电压等于电源的电动势。因电压表的内阻很大，所以通常电压表直接接到电源的两极所测得的电压，近似等于电源电动势。

② 当 $R \to 0$，即电源两端短路时，$I = \dfrac{E}{r}$，$U = 0$，由于一般电源的内阻都很小，因此短路时电流很大，可能将电源烧毁。为防止短路事故的发生，应在电路中安装保险器（熔断器），同时在实验过程中绝不可将导线或电流表（电流表内阻很小）直接接到电源上，以防止短路。

五、电源的输出功率

将式(7-16)两端同乘以 I，得

$$IU = IE - I^2 r \qquad (7\text{-}17)$$

式中，IE 是电源的总功率；IU 是电源向负载输出的功率；$I^2 r$ 是内电路消耗的功率。它是以功率的形式表示的能量守恒定律。

由以上讨论可知：电流随负载电阻的增大而减小，路端电压随负载电阻的增大而增大。所以，电源向负载输出的功率 $P_出 = IU$ 也与负载电阻有关。下面仅讨论这个功率为最大值的条件。

若负载为纯电阻，则

$$P_出 = IU = I^2R = \left(\frac{E}{R+r} \right)^2 R$$

$$= \frac{E^2R}{(R-r)^2 + 4Rr} = \frac{E^2}{\frac{(R-r)^2}{R} + 4r}$$

当 $R = r$ 时，$P_出$ 有最大值，此时

$$P_出 = \frac{E^2}{4r} \quad \text{或} \quad P_出 = \frac{E^2}{4R} \tag{7-18}$$

式(7-18) 表明，当负载电阻等于电源内阻时，电源供给负载的功率最大，这时称负载与电源匹配。匹配的概念在电子线路中经常用到。

图 7-13 为电动势和内阻均恒定的电源的输出功率随负载电阻的变化关系。

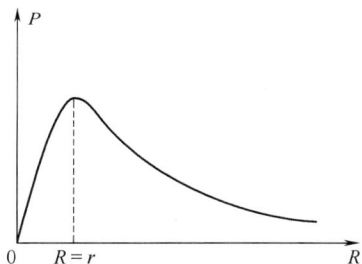

图 7-13 输出功率与负载电阻的变化关系

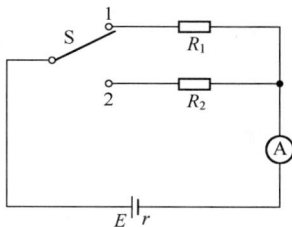

图 7-14 测量电源的电动势和内电阻的电路图

【例题 1】 在图 7-14 中，$R_1 = 9.9\Omega$，$R_2 = 4.9\Omega$。当单刀双掷开关扳到位置 1 时，测得电流 $I_1 = 0.2A$；当 S 扳到位置 2 时，测得电流 $I_2 = 0.4A$，求电源的电动势和内电阻。

已知 $R_1 = 9.9\Omega$，$R_2 = 4.9\Omega$，$I_1 = 0.2A$，$I_2 = 0.4A$。

求 E，r。

解 设电源电动势为 E，内电阻为 r，电流表内阻可以不计。由 $E = IR + Ir$ 得

$$\begin{cases} E = I_1R_1 + I_1r \\ E = I_2R_2 + I_2r \end{cases}$$

消去 E 可得 $\qquad I_1R_1 + I_1r = I_2R_2 + I_2r$

所以，电源的内电阻

$$r = \frac{I_1R_1 - I_2R_2}{I_2 - I_1} = \frac{0.2 \times 9.9 - 0.4 \times 4.9}{0.4 - 0.2} = 0.1(\Omega)$$

将 r 值代入 $E = I_1R_1 + I_1r$ 中，可得电源电动势

$$E = 0.2 \times 9.9 + 0.2 \times 0.1 = 2(V)$$

答：电源的电动势和内阻分别为 2V 和 0.1Ω。

这是测量电源电动势和内电阻的一种方法。

【例题 2】　已知电源电动势是 1.5V，内阻是 0.2Ω，如果把它与电阻为 2.8Ω 的外电路连接起来，求：

① 电路中的电流和路端电压各是多少？

② 电源输出的功率是多少？

已知 $E=1.5\text{V}$，$r=0.2\Omega$，$R=2.8\Omega$。

求 I，U，$P_{出}$。

解　① 根据闭合电路欧姆定律，电路中的电流

$$I=\frac{E}{R+r}=\frac{1.5}{2.8+0.2}=0.5(\text{A})$$

由式(7-16)得路端电压

$$U=E-Ir=1.5-0.5\times0.2=1.4(\text{V})$$

② 电源输出功率为

$$P_{出}=IU=0.5\times1.4=0.7(\text{W})$$

答：(1) 电路中的电流是 0.5A，路端电压是 1.4V；(2) 电源输出功率为 0.7W。

习题 7-5

7-5-1　对于闭合电路，下列说法是否正确：

(1) 当电源两端短路时，电流为无限大；

(2) 当外电路断开时，路端电压最大；

(3) 路端电压越高，输出功率越大。

7-5-2　电源的内电阻是 0.2Ω，外电路两端的电压是 1.8V，电路里的电流是 0.2A，求电源电动势。

7-5-3　电源电动势是 1.5V，外电路的电阻是 3.5Ω，接在电源两极的电压表上的示数是 1.4V，求电源的内阻。

7-5-4　如图 7-15 所示的电路，可以测出电源的电动势和内电阻。当变阻器的滑动端在某一位置时，电流表和电压表的读数分别是 0.2A 和 1.8V，改变变阻器滑动端的位置后，两表的读数分别为 0.4A 和 1.6V。求电源的电动势和内电阻。

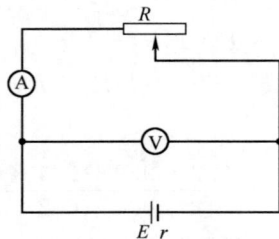

图 7-15　习题 7-5-4 图

7-5-5　有一电源，当外电阻是 14Ω 时，测得路端电压为 2.8V；当外电阻为 2Ω 时，测得路端电压为 2V。求短路时的电流和断路时的路端电压。

7-5-6　如图 7-16 所示，电源的电动势 $E=16V$，内阻 $r=1Ω$，外电路中 $R_1=5Ω$，$R_2=2Ω$，求：

（1）电源的总功率；

（2）电源的输出功率；

（3）消耗在各电阻上的热功率。

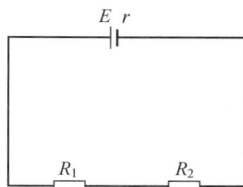

图 7-16　习题 7-5-6 图

*第六节　相同电池的连接

一电池所能提供的电压和允许通过的最大电流是一定的，超过这一允许的最大电流，电池就会损坏。但在实际应用中，当用电器的额定电压大于电池的电动势、额定电流大于电池允许通过的最大电流时，就需要把几个电池组合起来，提高供电电压或增大供电电流。电池组合的基本形式有串联和并联两种。

一、相同电池的串联

把第一个电池的负极与第二个电池的正极连接，再把第二个电池的负极与第三个电池的正极连接，像这样依次连接起来，就组成了串联电池组。第一个电池的正极和最后一个电池的负极，分别是串联电池组的正极和负极，如图 7-17 所示。

设串联电池组由 n 个电动势都是 E、内电阻都是 r 的电池组成。由于断路时的路端电压等于电源的电动势，因此，串联电池组的电动势等于各电池的电动势之和，即 $E_串=nE$。由于电池是串联的，电池的内电阻也

图 7-17　相同电池的串联

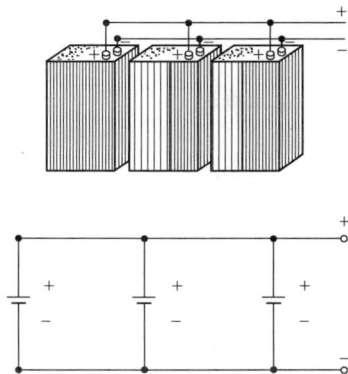

是串联的，因此，串联电池组的内电阻等于各电池的内电阻之和，即 $r_串=nr$。设外电路的电阻为 R，由闭合电路欧姆定律得到电路中的电流为

$$I=\frac{nE}{R+nr} \qquad (7-19)$$

串联电池组的电动势比单个电池的高。当用电器的额定电压大于单个电池的电动势时，可用串联电池组供电。如半导体收音机的供电就属此例。

二、相同电池的并联

相同电池的并联是把所有电池的正极连在一起，成为电池组的正极，再把所有电池的负极连在一起，成为电池组的负极，如图 7-18 所示。

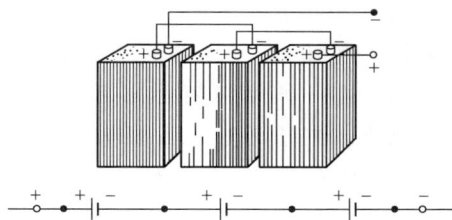

图 7-18　相同电池的并联

设并联电池组由 n 个电动势都是 E、内电阻都是 r 的电池组成。并联电池组的电动势等于单个电池的电动势，即 $E_并=E$。由于电池是并联的，电池的内电阻也是并联的，所以并联电池组的内电阻 $r_并=\dfrac{r}{n}$。设外电路的电阻为 R，由闭合电路欧姆定律得到电路中的电流为

$$I=\dfrac{E}{R+\dfrac{r}{n}} \tag{7-20}$$

并联电池组虽未增大电动势数值，但每个电池只通过一部分总电流，所以电池组可允许通过较强的电流。当用电器的额定电流大于单个电池允许通过的最大电流时，应采用并联电池组供电。

如果用电器的额定电压大于单个电池的电动势，额定电流大于单个电池允许通过的最大电流时，可把电池先串联成电池组，再把几个相同的串联电池组并联起来，组成混联电池组供电。

* 习题 7-6

7-6-1　由 10 个相同的蓄电池（单个蓄电池的电动势等于 2V，内阻等于 0.04Ω）串联而成的电池组与电阻等于 3.6Ω 的外电路连在一起。求这个电路中的电流。

7-6-2　由两个相同电池（单个电池的电动势是 2V，内阻是 0.4Ω）并联而成的电池组，与 0.8Ω 的外电阻连接在一起，求电路中的电流。

7-6-3　要使相同电池（单个电池的电动势是 2V，内阻是 0.2Ω）串联而成的电池组的路端电压为 19V，外电路的电流为 0.5A，需用几个电池串联？

7-6-4　有一批相同的电池，它们的电动势都是 1.5V，允许通过的最大电流都是 2.0A。问在下列情况下电池应如何连接：

（1）需要 6.0V、2.0A 的电源；

（2）需要 1.5V、6.0A 的电源；

（3）需要 6.0V、6.0A 的电源。

本章小结

一、基本概念

1. 电流

① 电流存在的条件：有可以自由移动的电荷；存在使电荷做定向运动的电场，即导体两端存在电势差（电压）。

② 电流强弱用单位时间内通过导体的横截面的电量来表示，称为电流强度。

$$I=\dfrac{q}{t}$$

③ 电流强度是标量，其方向规定：正电荷在电路中的运动方向为电流方向，与矢量的方向性存在根本区别。

2. 电阻

① 电阻是反映导体对电流的阻碍作用的物理量。

② 电阻定律

$$R = \rho \frac{L}{S}$$

式中，ρ 是材料的电阻率，反映材料的导电性能，当温度一定时，其数值由导体材料决定。

3. 电压

电压也称为导体两端的电势差，是电流存在的条件之一。

电流的方向总是从高电势流向低电势，因此在电流方向上某两点间的电压又称为电势降落，或称电压降。

4. 电动势

① 电动势是反映电源将其他形式的能转换为电能的本领的物理量。

② 电动势的大小以非静电力将单位正电荷由负极经电源内部移送到正极时所做的功来表示。

$$E = \frac{W}{q}$$

③ 电动势是标量，单位为伏特（V），通常把电源内从负极到正极的方向规定为电动势的方向。

二、串、并联电路的性质

1. 串联电路的性质

① 电流处处相等；

② 总电压等于各电阻上的电压之和；

③ 总电阻等于各串联电阻之和。

串联电路各电阻上的电压、功率之比与其电阻成正比。

2. 并联电路的性质

① 各支路两端电压相等；

② 总电流等于各支路电流之和；

③ 总电阻的倒数等于各支路电阻的倒数之和。

并联电路各支路的电流、功率与其电阻成反比。

三、电功和电功率

1. 电流的功

$$W = qU = IUt$$

2. 电功率

$$P = IU$$

3. 热功率

$$P = I^2 R$$

四、基本规律

1. 欧姆定律

$$I = \frac{U}{R}$$

2. 闭合电路欧姆定律

$$I = \frac{E}{R + r}$$

由 $E = U + Ir$ 可知，电源电动势等于内外电路电压之和。

由 $U = E - Ir$，$I = \dfrac{E}{R + r}$ 可知，路端电压 U 随负载电阻 R 的增大而增大，随负载电阻 R 的减小而减小。电源两端短路时，$R \to 0$，短路电流 $I = \dfrac{E}{r}$，路端电压 $U = 0$；外电路断开时，$R \to \infty$，电流 $I = 0$，路端电压 $U = E$。

由 $IE = IU + I^2 r$ 可知，电源的总功率等于电源向负载输出的功率和消耗在电源内阻上的热功率的和。

对输出功率需注意：

① 在纯电阻电路中，$P_出 = IU = I^2 R = \dfrac{U^2}{R}$，当 $R = r$ 时，电源给出最大输出功率 $P_出 = \dfrac{E^2}{4r}$；

② 在非纯电阻电路中，$P_出 = IU$，电源输出的功率要大于热功率。

﹡五、相同电池的连接

1. n 个电动势为 E、内阻为 r 的电池串联

$$E_串 = nE \qquad r_串 = nr$$

串联电池组做电源的闭合电路的电流为

$$I = \frac{nE}{R + nr}$$

2. n 个电动势为 E、内阻为 r 的电池并联

$$E_并 = E \qquad r_并 = \frac{r}{n}$$

并联电池组做电源的闭合电路的电流为

$$I = \frac{E}{R + \dfrac{r}{n}}$$

复习题

一、判断题

1. 导线中的电流由电子的定向移动所形成，所以电子的移动方向为电流的方向。　　　（　　）

2. 因为 $R = \dfrac{U}{I}$，所以导线的电阻与电压成正比，与电流强度成反比。　　　（　　）

3. 并联电路的总电阻要小于参与并联的每一个电阻。　　　（　　）

4. 路端电压随外电阻的增大而增大，随其减小而减小。　　　（　　）

﹡5. 如果要得到高电压，需使用串联电池组；若需要向外电路供给较大电流，则采用并联电池组。

　　　（　　）

二、选择题

1. 5Ω、10Ω 和 20Ω 的电阻适当组合后，得到的最小电阻 R 是　　　（　　）

A. $5\Omega < R < 10\Omega$　　　　　B. $10\Omega < R < 15\Omega$　　　　　C. $R < 5\Omega$　　　　　D. $15\Omega < R < 20\Omega$

2. 已知金属电器 A 的电阻是 B 的电阻的 2 倍，加在 A 上的电压是加在 B 上的电压的一半，那么通过 A 和 B 的电流 I_A 和 I_B 的关系是　　　（　　）

A. $I_A = 2I_B$　　　　　B. $I_A = \dfrac{I_B}{2}$　　　　　C. $I_A = 4I_B$　　　　　D. $I_A = \dfrac{I_B}{4}$

3. 有一个标有"220V，40W"的灯泡，下面说法中正确的是　　　（　　）

A. 正常工作时的电流是 5.5A　　　　　　　　　B. 电阻是 1210Ω

C. 只要通电，电功率就是 40W　　　　　　　　D. 只要通电，电压就是 220V

4. 如复习题图 7-1 所示，R_2 为变阻器，灯泡电阻为 R_1，电源电动势为 E、内阻为 r，当变阻器的电阻减小时，电灯的亮度将　　　　　　　　　　　　　　　　（　　）

A. 变亮　　　　　　　B. 变暗　　　　　　　C. 不变　　　　　　　D. 无法确定

5. 有 a、b、c、d 4 只电阻，它们的伏安特性曲线如复习题图 7-2 所示，则图中电阻最大的是　　（　　）

A. a　　　　　　　　B. b　　　　　　　　C. c　　　　　　　　D. d

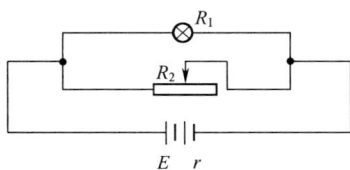

复习题图 7-1

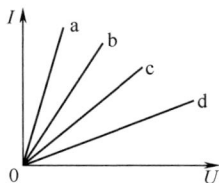

复习题图 7-2

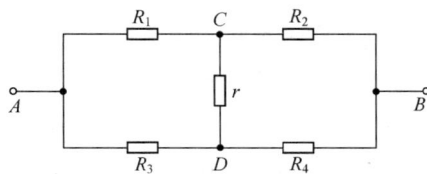

复习题图 7-3

三、填空题

1. 串联电路具有分_____作用，并联电路具有分_____作用。

2. 电源输出功率最大的条件是_____，最大值为_____。

3. 一根导线对折后，电阻是原来的_____倍，若拉至原长 2 倍，则电阻为原来的_____倍。

4. 对于纯电阻电路，电路中产生的热量 Q 和电功 W 的关系是_____，对于非纯电阻电路，二者的关系是_____。

5. 1kW·h 又称为_____，它等于_____ J。

6. 人体通过 50mA 的电流时，就会引起呼吸器官麻痹。如果人体的最小电阻是 800Ω，则人体的安全电压是_____ V。

7. 一电源电动势是 1.5V，其内阻为 0.5Ω，则其断路电压是_____ V，短路电流是_____ A。

8. 闭合电路中，内电阻为 r，外电路的总电阻为 R，若 R 变大，则内电阻 r 上的电压将_____。

四、计算题

*1. 如复习题图 7-3 所示，$R_1 = 4\Omega$，$R_2 = 10\Omega$，$R_3 = 12\Omega$，$R_4 = 2\Omega$，接在 C、D 间的电阻为 r，问：

(1) $r \to 0$，AB 间的总电阻是多少？

(2) $r \to \infty$，AB 间的总电阻是多少？

2. 在如复习题图 7-4 所示的电路中，三个电阻的阻值分别是 $R_1 = 2\Omega$，$R_2 = 4\Omega$，$R_3 = 6\Omega$，求：

(1) 接通开关 S 而断开开关 S_1 时，R_1 与 R_2 两端电压之比和消耗功率之比；

(2) 两个开关都接通时，R_2 与 R_3 所消耗的功率之比；

(3) 两个开关都接通时，通过 R_3 的电流为 0.8A，若电源内阻为 0.6Ω，求电源电动势。

3. 一台内阻为 2Ω 的直流电动机，工作时两端电压为 220V，通过的电流为 4A。求：

① 电动机从电源处吸收的功率；

② 电动机的热功率；

③ 转换为机械能的功率。

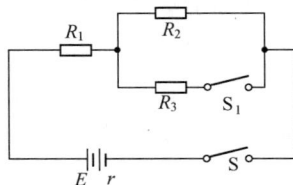

复习题图 7-4

第八章 磁 场

早在两千多年前，人们就已经发现了磁现象和电现象。指南针是我国古代对人类的伟大贡献之一。关于磁现象和电现象的联系，是由奥斯特 1820 年观察到的电流对磁针有作用力，才开始逐步认识的。随着对电磁现象的深入研究，电磁理论迅速发展起来，并极大地推动了科学研究和生产技术的发展。

本章在初中已有物理知识的基础上，将学习磁场的基本性质、电流和磁场的相互关系及相互作用等知识。

第一节 磁场 磁感应线

一、磁场

在初中已经学过，磁体能够吸引铁、钴、镍等磁性材料，磁体的这一性质称作磁性。一个磁体上磁性最强的两处称作**磁极**。可以自由转动的磁针静止时，总有一端指北，另一端指南，指北的一端称为北极，用 N 表示；指南的一端称为南极，以 S 表示。实验结果表明，磁体之间存在相互作用力：**同名磁极相互排斥，异名磁极相互吸引**。正如同电荷间的相互作用是通过电荷周围的电场传递的那样，磁体间的相互作用也是通过磁体在周围空间产生的磁场传递的。磁场对磁体的作用力称为**磁场力**。

二、磁场的方向

把小磁针放在条形磁体周围不同的位置上，磁针 N 极的指向一般各不相同（见图 8-1），这说明磁场是有方向性的。规定：**在磁场中某点，小磁针 N 极的受力方向，即小磁针静止时 N 极所指的方向，就是该点的磁场方向。**

三、磁感应线

在研究电场的时候，曾用电场线形象地描绘电场。与此类似，在研究磁场时也可以利用磁感应线描绘磁场。

在磁场中画出一系列带箭头的曲线，使这些**曲线上每一点的切线方向，与该点的磁场方向一致**，这些曲线就称为**磁感应线**或磁感线，又称磁力线。所以，某点的磁场方向就是该点的磁感应线的切线方向，如图 8-2 所示。

磁感应线不仅可以描述磁场的方向，还可以表示磁场的强弱。由常见磁体的磁感应线分布（见图 8-3）可知：磁极

图 8-1 磁场的方向性

附近磁场强，磁感应线密，距磁极较远处磁场弱，磁感应线疏。在磁体外部，磁感应线是从 N 极指向 S 极；在磁体内部，磁感应线是从 S 极指向 N 极，磁感应线是闭合曲线。此

外，磁场中任意两条磁感应线不会相交。

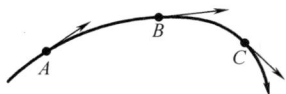

图 8-2　磁感应线

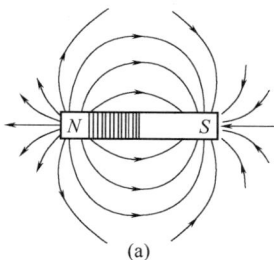

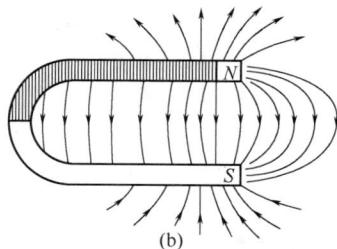

图 8-3　常见磁体的磁感应线分布

第二节　电流的磁场　安培定则

一、电流的磁效应

千百年来，人们一直认为电现象和磁现象之间没有什么联系，对物质的磁性本质迷惑不解。1820 年，丹麦物理学家奥斯特（1777—1851）给一条水平导线通电时，发现导线下面的小磁针发生偏转（见图 8-4）。这一偶然发现，对于长期探索电与磁关系的科学家来说，真是如获至宝。这说明，不仅磁铁可以产生磁场，电流也能产生磁场，电和磁是密切联系的。**电流产生磁场的现象称为电流的磁效应。**

在奥斯特发现电流的磁效应之后，法国物理学家安培（1775—1836）对电流的磁效应做了深入细致的研究。他发现电流的磁场的磁感应线都是环绕电流的闭合曲线，这与静电场中不闭合的电场线是不同的。对于直线电流，磁感应线在垂直于导线的平面内，是一系列的同心圆 ［见图 8-5(a)］。电流方向与磁感应线方向之间服从右手螺旋法则——安培定则。

二、安培定则

用右手握住导线，使垂直于四指的大拇指指向电流方向，弯曲的四指所指的方向就是磁感应线的方向 ［见图 8-5(b)］。

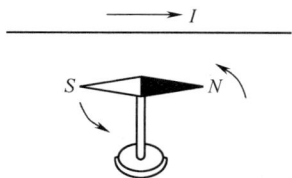

图 8-4　电流的磁效应

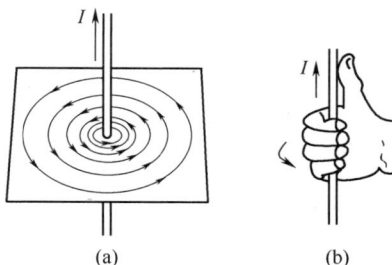

图 8-5　直线电流的磁场

环形电流的磁场如图 8-6 所示。它的磁感应线是一些围绕环形导线的闭合曲线。环形电流的方向与它的磁感应线方向之间的关系，也可用安培定则来判定：**使右手弯曲的四指**

指向电流方向，而与四指垂直的拇指所指的方向，就是环形电流中心轴线上磁感应线的方向。

通电螺线管的磁场如图 8-7 所示。它与条形磁体的磁场很相似，它的一端相当于条形磁体的 N 极，另一端相当于 S 极。它在外部的磁感应线是从 N 极指向 S 极。通电螺线管内部的磁感应线与螺线管轴线平行，方向由 S 极指向 N 极，并与外部的磁感应线相接，形成闭合曲线。

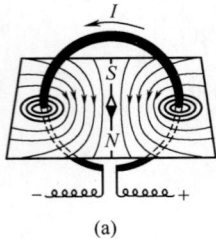
(a)

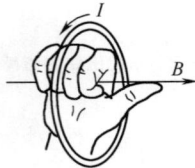
(b)

图 8-6　环形电流的磁场

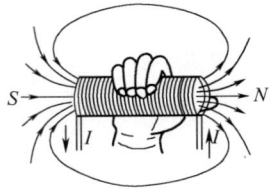

图 8-7　通电螺线管的磁场

通电螺线管的磁感应线方向与电流方向之间的关系，也可用安培定则来判定：**用右手握住螺线管，使弯曲的四指所指的方向与电流的方向一致，那么伸直的大拇指所指的方向，就是螺线管内部磁感应线的方向。**

习题 8-2

8-2-1　小磁针为什么具有指示南、北的特性？

8-2-2　什么叫磁感应线？磁感应线和电场线有什么显著的区别？

8-2-3　如图 8-8 所示，当导线 ab 中有电流通过时，磁针的 S 极转向读者，画出导线 ab 中电流的方向。

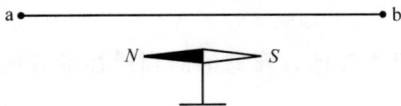

图 8-8　习题 8-2-3 图

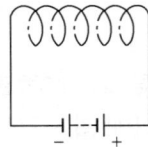

图 8-9　习题 8-2-4 图

8-2-4　试确定图 8-9 中通电螺线管的 N 极和 S 极，并画出它的内部和外部的磁感应线。

8-2-5　试确定图 8-10 中电源的正极和负极。

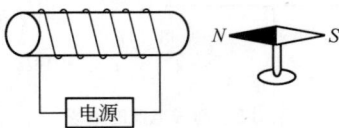
电源

图 8-10　习题 8-2-5 图

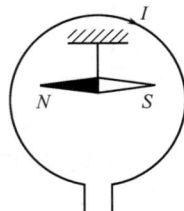

图 8-11　习题 8-2-6 图

8-2-6　如图 8-11 所示，竖直线圈内悬一磁针，线圈平面恰与磁针静止时所处的竖直平面重合。线圈内通以顺时针方向的电流后，磁针的 N 极指向何方？

8-2-7　当螺线管中通入的电流方向如图 8-12 所示时，试分别画出每只磁针的 N 极和 S 极。

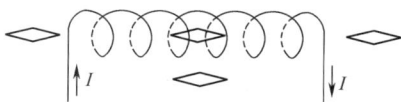

图 8-12　习题 8-2-7 图

第三节　磁感应强度　磁通量

一、磁感应强度

磁场不仅有方向性，而且有强弱的不同。巨大的电磁铁，能够吸起成吨的钢铁，而小磁铁只能吸起铁屑。那么，应如何表示它们磁场的强弱呢？

在研究电场强弱时，我们从分析电场对电荷的作用力着手，定义了描述电场强弱的物理量——电场强度。类似地，磁场的主要性质是对电流有力的作用。因此，可以根据电流受到的磁场力的情况来表示磁场的强弱。磁场对电流的作用力，可用图 8-13 所示的装置来研究。

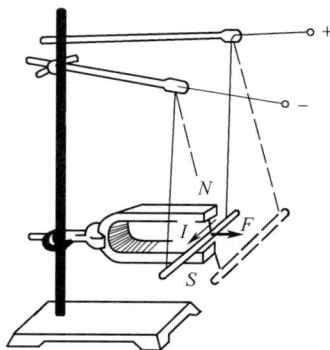

图 8-13　磁场对电流的作用力

实验发现，导线在磁场中通电时发生了运动。这表明通电导线在磁场中受到了力的作用。更精确的实验发现，当通电导线与磁场方向平行时，磁场对导线的作用力为零；当两者垂直时，作用力最大；当两者成其他角度时，作用力在零和最大值之间。为简单起见，先研究一小段通电导线与磁场垂直时决定磁场力的因素。

实验表明，当导线长度 L 不变时，导线所受磁场力 F 与电流强度 I 成正比；当电流强度 I 一定时，导线所受磁场力 F 与导线的长度 L 成正比，即通电导线所受磁场力 F 与 I、L 的乘积成正比，但其比值 $\dfrac{F}{IL}$ 的大小在磁场的同一位置总是不变的。在不同的磁场中，或在同一磁场的不同地点，比值一般不同。比值大处，说明一定长度的电流受到的磁场力大，即磁场强；比值小处，表示同一电流受到的磁场力小，即磁场弱。所以，这个比值可以表示磁场的强弱。

在磁场中，垂直于磁场方向的一小段通电导线所受的磁场力 F 与电流强度 I 和导线长度 L 的乘积 IL 的比值，称为导线所在处的**磁感应强度**，用 B 表示。

$$B = \frac{F}{IL} \tag{8-1}$$

在 SI 中，磁感应强度 B 的单位是特斯拉，简称特，其符号为 T。

$$1T = 1N/(A \cdot m)$$

地球磁场在地面附近的磁感应强度约为 5×10^{-5} T；永久磁铁两极附近的磁感应强度大约为 $0.4 \sim 0.7$T；在电机和变压器的铁芯中，磁感应强度可达到 $0.8 \sim 1.4$T，超导磁体产生的磁场可高达十几个特斯拉。

磁感应强度是矢量，规定它的方向与该点的磁场方向一致。

正如用电场线的疏密程度可以表示电场的强弱那样，用磁感应线的疏密程度也可以形象地表示磁场强弱。为此规定：磁感应强度在数值上等于穿过垂直于磁场方向的单位面积的磁感应线条数。这样，在磁感应强度大的地方，磁感应线密集一些；在磁感应强度小的地方，磁感应线稀疏一些。

二、匀强磁场

如果在磁场的某一区域，各点磁感应强度的大小和方向都相同，则这个区域的磁场就为匀强磁场。描绘匀强磁场的磁感应线是疏密程度均匀，而且互相平行的直线。

距离很近的两个平行的异名磁极间的磁场（见图 8-14）、通电长螺线管内部的磁场，均可视为匀强磁场。匀强磁场在电磁仪器和科学实验中常常用到。

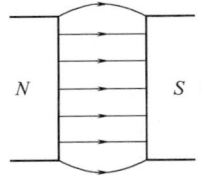

三、磁通量

在电磁学和电工学里，经常要用到磁通量的概念。**穿过磁场中某一面积的磁感应线条数，称为穿过该面的磁通量**，简称**磁通**，常以字母 Φ 表示。

图 8-14 匀强磁场

设在磁感应强度为 B 的匀强磁场中，有一个与磁场方向垂直的平面 S（见图 8-15）。因为磁感应强度在数值上等于穿过垂直于磁场方向的单位面积的磁感应线条数，所以穿过面积 S 的磁通量应为

$$\Phi = BS \tag{8-2a}$$

当平面 S 不与磁场方向垂直时（见图 8-16），穿过面积 S 的磁感应线条数等于穿过该面在垂直于磁场方向上的投影面 S' 的条数。设两个面的夹角为 α，那么穿过面积 S 的磁通量为

$$\Phi = BS\cos\alpha \tag{8-2b}$$

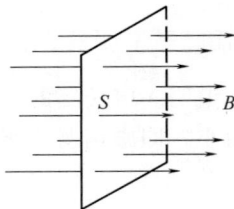

图 8-15 平面与磁场垂直

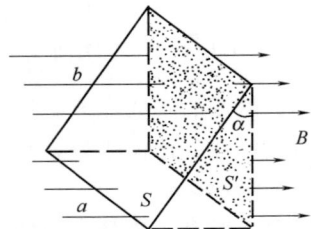

图 8-16 平面与磁场不垂直

如果平面与磁场方向平行，这时 $\alpha=90°$，$\cos\alpha=0$，穿过该面的磁通量是零。

在 SI 中，磁通量的单位是韦伯，简称韦，用符号 Wb 表示。

$$1Wb=1T \cdot m^2$$

垂直于磁场方向的单位面积的磁通量称为磁通密度。因磁感应强度在数值上等于磁通密度，所以磁感应强度也常称为磁通密度，并且用 Wb/m^2 作单位。

习题 8-3

8-3-1　磁感应强度的方向是怎样规定的？它与通电导线在磁场中所受磁场力的方向是否相同？

8-3-2　怎样用磁感应线表示磁场中某点磁感应强度的大小和方向？

8-3-3　在匀强磁场中一条长 6cm 的通电导线，电流是 2A，电流的方向与磁场方向垂直，设通电导线受到的作用力是 0.06N，求磁感应强度是多少？

8-3-4　在一个磁感应强度为 1.5T 的匀强磁场中，垂直穿过 $2.0m^2$ 面积的磁通量是多少？

8-3-5　下列情况中，穿过线圈中的磁通量是增加还是减少？

（1）增强或减弱通入线圈的电流强度时；

（2）线圈在匀强磁场中，线圈平面与磁感应线垂直，当线圈从该位置旋转 90° 时。

8-3-6　一小型变压器铁芯的横截面积为 $12cm^2$，铁芯内部的磁感应强度为 0.80T，求通过铁芯的磁通量是多少？

第四节　磁场对通电直导线的作用力

一、安培定律

磁场对通电导线的作用力通常称为安培力。把一小段通电直导线垂直放入磁场中，它所受到的磁场力的大小可以由磁感应强度的定义式 $B=\dfrac{F}{IL}$ 导出。

$$F=BIL \qquad (8-3)$$

式（8-3）只适用于匀强磁场。对非匀强磁场，因导线上各处的磁感应强度一般不相同，所以不能直接应用上述公式。

如果通电直导线与磁场不垂直，它所受的安培力的大小应该如何计算呢？

设在磁感应强度为 B 的匀强磁场中，电流方向与磁场方向间的夹角为 θ（见图 8-17），可将 B 分解为垂直于电流方向和平行于电流方向的两个分量，即 $B_\perp=B\sin\theta$ 和 $B_{/\!/}=B\cos\theta$。上节讲过，电流方向与磁场方向平行时，不受磁场力作用，所以分量 $B_{/\!/}$ 对电流不产生作用力；磁场对电流的作用力就等于 $B_\perp$ 对电流的作用力，因此可用 $B_\perp$ 代替 B 计算安培力，有

$$F=BIL\sin\theta \qquad (8-4)$$

可以看出，安培力的大小除与 B、I、L 各量的大小有关外，还与电流方向和磁场方向之间的夹角有关。当 $\theta = 0°$ 时，$\sin\theta = 0$，安培力等于零；当 $\theta = 90°$ 时，$\sin\theta = 1$，安培力最大。这与实验结果相符。

式（8-4）表明，**安培力的大小等于磁感应强度、电流强度、导线长度以及电流方向和磁场方向夹角的正弦的乘积**，这个结论称为安培定律。

在 SI 中，式（8-4）中 F、I、L 和 B 分别以 N、A、m 和 T 为单位。

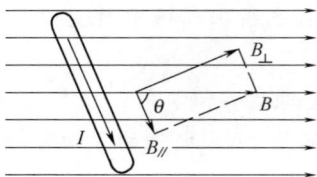

图 8-17 通电导线在磁场中所受力的作用

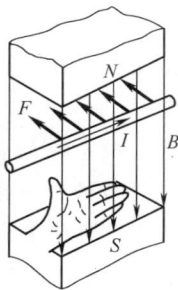

图 8-18 左手定则

二、左手定则

安培定律给出了安培力的大小，但安培力的方向又应如何确定呢？实验表明，电流所受安培力的方向总是与磁场、电流两者的方向垂直，即总是垂直于磁感应线和通电导线所决定的平面。安培力的方向可以利用**左手定则**来判断：**伸开左手，使大拇指与其余四指垂直，且在同一平面内，让磁感应线垂直穿入手心，使四指指向电流的方向，那么大拇指所指的方向，就是通电导线所受安培力的方向。**如图 8-18 所示。如果通电导线与磁场方向不垂直，可把 B 分解为与导线平行的 $B_{//}$，和与导线垂直的 $B_{\perp}$，如图 8-17 所示。因为只有 $B_{\perp}$ 使导线受到力的作用，所以可用 $B_{\perp}$ 代替 B 应用左手定则判断导线所受安培力的方向。

【例题】 如图 8-19 所示，在磁感应强度为 0.40T 的匀强磁场中，有一段长 20cm 并与磁场方向成 30° 放置的直导线。当直导线中有 10A 电流通过时，直导线所受的磁场力有多大？方向如何？

已知 $B = 0.4\text{T}$，$L = 20\text{cm} = 0.20\text{m}$，$I = 10\text{A}$，$\theta = 30°$。
求 F。

解 由安培定律得，直导线所受磁场力为

$$F = BIL\sin\theta = 0.40 \times 10 \times 0.20 \times \frac{1}{2} = 0.4(\text{N})$$

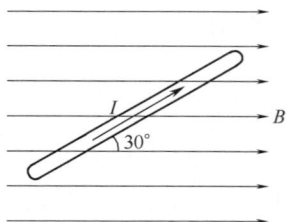

图 8-19 通电直导线
在磁场中的受力

由左手定则可知，力的方向垂直于 B 和 I 所决定的平面，即垂直纸面向里。

答：直导线所受的磁场力大小为 0.4N，方向垂直纸面向里。

把一个通电平面线圈放在磁场中，它会受到力矩作用而发生转动。磁电式电表和电动机就是根据这一原理制成的，下面分析这个力矩是怎样产生的。

三、磁场对通电线圈的作用

如图 8-20 所示，把一单匝通电矩形线圈放在匀强磁场中，线圈平面和磁场方向的夹角为 θ。线圈顶边 ad 和底边 bc 所受的安培力大小相等，方向相反，作用在轴线方向上，彼此平衡。ab 和 cd 边与磁感应线垂直，它们所受的安培力 F_{ab} 和 F_{cd} 大小相等，方向相反，由于不在一条直线上而要产生力矩，使线圈绕 OO' 轴转动。

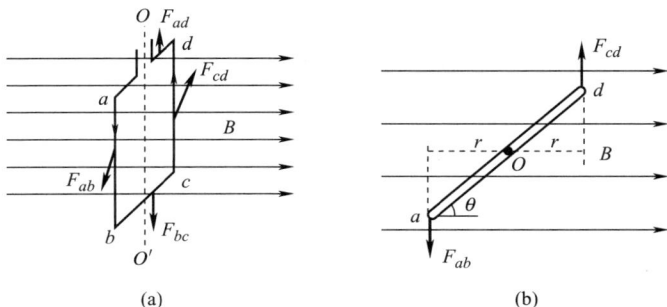

图 8-20　通电线圈在磁场中的受力

现在计算力矩的大小。设匀强磁场的磁感应强度为 B，$ab = cd = L_1$，$bc = da = L_2$，则力 $F_{ab} = F_{cd} = BIL_1$，力臂 $r_1 = r_2 = r = \dfrac{L_2}{2}\cos\theta$，力矩的大小为

$$M_1 = M_2 = F_{ab}r = BIL_1 \frac{L_2}{2}\cos\theta$$

由于力矩 M_1 和 M_2 均使线圈绕 OO' 轴按逆时针方向转动，所以合力矩 $M = M_1 + M_2 = BIL_1L_2\cos\theta$，而 L_1L_2 等于矩形线圈的面积 S，这样

$$M = BIS\cos\theta \tag{8-5}$$

由式（8-5）可知，当线圈平面与磁感应线平行时，$\theta = 0°$，$\cos\theta = 1$，线圈所受力矩最大，$M = BIS$；当线圈平面与磁感应线垂直时，$\theta = 90°$，$\cos\theta = 0$，线圈所受力矩为零。

对于 N 匝平面线圈，它所受力矩是单匝线圈的 N 倍。

$$M = NBIS\cos\theta \tag{8-6}$$

可以证明，式（8-6）不仅适用于矩形线圈，而且适用于任意形状的平面线圈。

习题 8-4

8-4-1　一根通电直导线放在磁场中，图 8-21 中已分别标明电流、磁感应强度和磁场对电流的作用力这三个物理量中两个量的方向，试标出第三个物理量的方向。

8-4-2　把长 20cm 通有 3.0A 电流的直导线，放入磁感应强度为 1.2T 的匀强磁场中，当电流方向与磁感应线方向成 90°、30° 时，导线所受的安培力各是多大？

8-4-3　在磁感应强度为 0.8T 的匀强磁场中，放一根与磁场方向垂直，长度为 0.5m 的通电直导线，导线中的电流是 10A。导线沿磁场力方向移动 20cm，磁场力对通电导线所做的功是多少？

8-4-4　一个边长为 10cm，通有 2.0A 电流的正方形线圈，放在磁感应强度为 0.80T 的匀强磁场中，磁场方向与线圈平面平行。求线圈在该位置时受到的力矩。

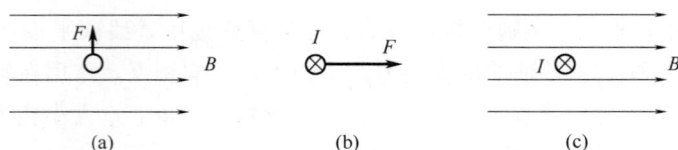

图 8-21　习题 8-4-1 图

8-4-5　把一长为 2.0cm，宽为 1.0cm 的长方形线圈放在匀强磁场中，线圈平面与磁感应线方向平行，当通过线圈的电流为 0.30A 时，磁场对线圈的力矩是 9.0×10^{-6}N·m，求磁场的磁感应强度。

第五节　磁场对运动电荷的作用力

一、电子束在磁场中的偏转

导体中的电流是由大量电荷做定向运动形成的，因此磁场对通电导线的作用力，实际上是对这些定向运动的电荷的作用力的宏观表现。

为了证实磁场对运动电荷有作用力，可以做下面的实验。图 8-22 是一个抽成真空的电子射线管，从阴极发射出来的电子束，在阳极和阴极间的高电压作用下，轰击到长条形的荧光屏上而激发荧光，因此能观察到电子束运动的径迹。实验表明，在没有外磁场时，电子束沿直线前进。如果把射线管放在蹄形磁铁的两极间，就可看到电子运动的径迹发生了弯曲。这就证明，运动电荷确实受到了磁场的作用力。

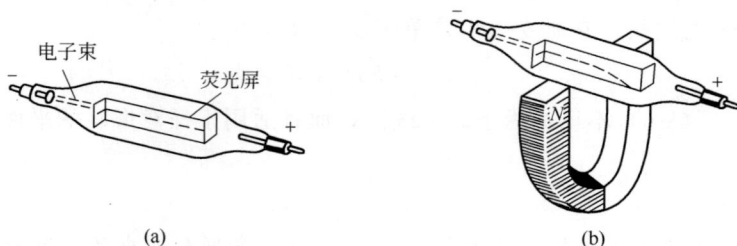

图 8-22　电子束在磁场中的偏转

二、洛伦兹力

荷兰物理学家洛伦兹（1853—1928）首先提出了磁场对运动电荷有作用力的观点。为了纪念他，人们把磁场对运动电荷的作用力称为洛伦兹力。洛伦兹力的方向也可以用左手定则来确定。**伸开左手，使拇指与其余四个手指垂直，并且都与手掌在同一个平面内，让磁感线垂直穿入手心，并使四指指向正电荷运动的方向或负电荷运动的反方向，那么，大拇指所指的方向就是运动电荷所受的洛伦兹力的方向**（见图 8-23）。

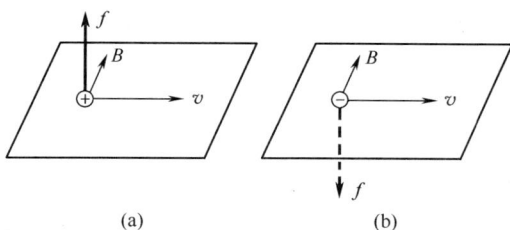

图 8-23 运动电荷在磁场中所受的作用力

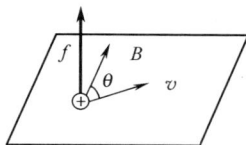

图 8-24 一般情况下运动电荷在磁场中所受的作用力

由于洛伦兹力总是与电荷运动的方向垂直，所以洛伦兹力对运动电荷不做功，它只能改变电荷运动的方向，而不能改变电荷运动速度的大小。这是洛伦兹力的一个重要特征。

实验和理论指出，当电荷的运动方向与磁场方向成一个夹角 θ 时（见图 8-24），洛伦兹力的大小为

$$f = Bqv\sin\theta \tag{8-7}$$

式中，f、q、v、B 的单位分别是 N、C、m/s、T。

如果电荷沿磁场方向运动，$\theta = 0°$，那么 $f = 0$，运动电荷不受洛伦兹力的作用；如果电荷运动方向垂直于磁场方向，$\theta = 90°$，那么 $f = Bqv$，运动电荷所受的洛伦兹力最大。

习题 8-5

8-5-1 带电粒子在磁场中运动，洛伦兹力对它是否做功？能否用磁场使电子加速？

8-5-2 竖直向上射出的一束粒子，有带正电荷的，有带负电荷的，还有不带电的，你能将它们分开吗？

8-5-3 如图 8-25 所示，带电粒子以速率 v 射入匀强磁场，试判断它们所受的洛伦兹力的方向。

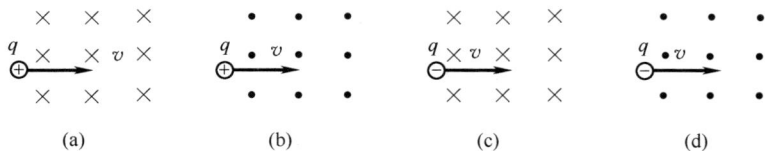

图 8-25 习题 8-5-3 图

8-5-4 电子的速度 $v = 3.0 \times 10^6$ m/s，垂直进入 $B = 0.10$T 的磁场，它所受的洛伦兹力多大？

本章小结

本章主要介绍了磁场的概念，并对磁场进行了定性和定量的描述，研究了磁场对电流、运动电荷的作用规律及其应用。

一、磁场

1. 磁场

存在于磁体和电流周围能传递磁相互作用的特殊物质。

磁场有强弱和方向，习惯上规定：可以自由转动的小磁针静止时 N 极的指向为磁场的方向。

2. 磁场的直观描述

为形象描述磁场的强弱和方向，引入磁感应线的概念。在磁场中画出一系列带箭头的曲线，使曲线上每一点的切线方向与该点的磁场方向相同。

3. 电流的磁场

电流能够产生磁场。电流的磁场可以用安培定则（右手螺旋定则）确定。

二、磁感应强度和磁通量

1. 磁感应强度

垂直于磁场方向的一小段通电导线所受的磁场力 F 与电流 I 和导线长度 L 的乘积 IL 的比值，称为该处的磁感应强度，即

$$B = \frac{F}{IL}$$

磁感应强度为矢量，其方向为该处磁场的方向。

2. 磁通量

穿过某一平面的磁感应线条数，称为磁通量。对匀强磁场中的一个平面线圈而言，穿过它的磁通量 Φ 等于磁感应强度 B、平面面积 S 及平面 S 与它在垂直于磁场方向上的投影平面 S' 的夹角 α 的余弦的乘积，即

$$\Phi = BS\cos\alpha$$

磁通量是标量。

三、磁场对电流和运动电荷的作用

1. 安培定律

在匀强磁场中，通电直导线所受的安培力 F 的大小等于磁感应强度 B、电流强度 I、导线长度 L 以及电流方向和磁场方向夹角的正弦 $\sin\theta$ 的乘积，即

$$F = BIL\sin\theta$$

其方向可用左手定则判定：伸开左手，使大拇指与其余四指垂直并在同一平面内，让磁感应线垂直穿入手心，四指指向电流的方向，则大拇指所指的方向即为电流所受安培力的方向。

2. 磁场对通电线圈的作用

一面积为 S 的平面线圈在匀强磁场中所受磁场的作用力矩为

$$M = NBIS\cos\theta$$

式中，N 为线圈匝数；B 为磁感应强度；I 为线圈中通入的电流强度；θ 为平面与磁场方向的夹角。

3. 洛伦兹力

磁场对运动电荷的作用力称为洛伦兹力，其大小为

$$f = qvB\sin\theta$$

式中，q 为电荷的电量；v 为电荷运动的速率；B 为磁感应强度；θ 为 v 方向与 B 方向的夹角。洛伦兹力的方向也用左手定则判定。

复习题

一、判断题

1. 磁感应线密集的地方磁场强。 （　　）

2. 磁场中的一小段通电导线所受的安培力方向与该处的磁场方向相同。 （　　）

3. 穿过某个平面的磁通量一定不为零。 （　　）

4. 通电线圈平面与磁感应线平行时，线圈受的力矩最大。 （　　）

5. 磁场对静止的电荷和运动的电荷都有作用力。 （　　）

二、选择题

1. 关于磁感应线，下列说法中正确的是 （　　）

A. 磁感应线起始于 N 极，终止于 S 极　　B. 磁感应线的方向是小磁针 N 极的受力方向

C. 磁感应线的切线方向是该点的磁场方向　D. 磁感应线可以相交

2. 在复习题图 8-1 中，能正确表达电流方向和磁感应线方向关系的是 （　　）

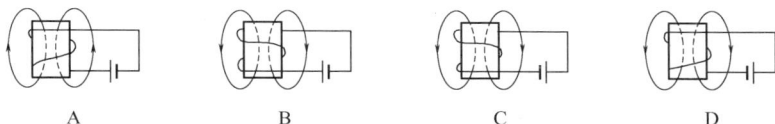

复习题图 8-1

3. 根据公式 $B = \dfrac{F}{IL}$，下列结论中，正确的是 （　　）

A. B 随 F 增大而增大　　　　　　　　B. B 随 IL 的增大而减小

C. B 与 F 成正比，与 IL 成反比　　　D. B 由磁场本身性质决定，与 F、I、L 均无关

4. 置于磁场中的一小段通电导线，受到安培力的作用，则下列说法中正确的是 （　　）

A. 安培力的方向一定与磁感应强度的方向相同

B. 安培力的方向一定与磁感应强度的方向垂直

C. 安培力的方向一定与电流方向垂直，但不一定与磁感应强度方向垂直

D. 安培力、电流和磁感应强度的方向一定相互垂直

三、填空题

1. 磁体外部的磁感应线从_____极到_____极；磁体内部的磁感应线是从_____极到_____。

2. 一长为 0.10m，通过 2.0A 电流的直导线，置于如复习题图 8-2 所示的匀强磁场中。已知磁感应强度为 0.10T，则导线所受安培力的大小分别为（a）_____N；（b）_____N；（c）_____N。

3. 把一个面积为 $5.0 \times 10^{-2} \mathrm{m}^2$ 的单匝线圈放在磁感应强度为 0.20T 的匀强磁场中，当线圈与磁场垂直时，穿过线圈的磁通量为_____。

4. 矩形通电线圈置于匀强磁场中，当线圈平面平行于磁感应线时，通过线圈的磁通量最_____，线圈所受力矩最_____；当线圈平面垂直磁感应线时，通过线圈的磁通量最_____，线圈所受力矩最_____。

四、计算题

1. 在磁感应强度为 1.5T 的匀强磁场中，有一边长为 0.20m 的正方形线圈。当线圈平面与磁场方向垂直时，通过线圈的磁通量是多少？

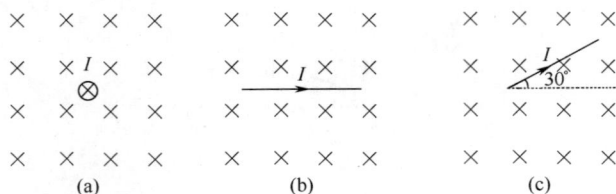

复习题图 8-2

2. 如复习题图 8-3 所示，一金属导体棒长 0.49m，质量为 0.010kg，用两根细线悬挂于磁感应强度为 0.50T 的匀强磁场中。若要使细线不受力，导体棒中应通以多大的何方向的电流？

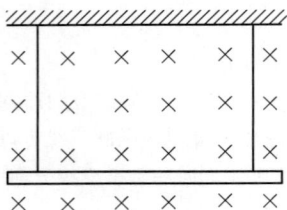

复习题图 8-3

*3. 如复习题图 8-4 所示，通电导体棒长为 10cm，电源电动势为 2.0V，回路的总电阻为 5.0Ω，磁感应强度为 0.20T。求导体棒所受安培力的大小和方向。

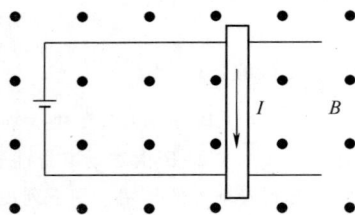

复习题图 8-4

第九章 电磁感应

电流的磁效应被发现后，人们推想电流既然可以产生磁场，反过来，磁场是不是也能产生电流呢？当时很多物理学家开始探索这个问题。英国物理学家法拉第经过十多年坚持不懈的研究，终于在 1831 年发现在一定条件下利用磁场也能产生电流。这一发现，进一步揭示了电与磁的内在联系，为发电机的制造、电能在生产和生活中的广泛应用开辟了道路。

本章主要研究感应电流的产生条件、方向的判断及感应电动势大小的确定，在此基础上介绍互感、自感现象以及它们的某些应用。这些内容是电磁学的基本内容之一，在电磁学中占有重要的地位。

第一节 电磁感应现象

"磁"怎样产生"电"呢？我们根据法拉第（1791—1867）当年获得电流的方法，做如下三个实验。

如图 9-1 所示，导体 AB 所在的磁场可以看作匀强磁场，当它向左或向右运动时，可以发现电流表的指针在偏转，说明闭合电路中的一部分导体做切割磁感应线运动时，电路中有电流产生。当导体 AB 静止或上下运动时，电流表的指针不发生偏转，这说明闭合电路中的一部分导体不切割磁感应线时，电路中就没有电流产生。这一现象还可以用磁通量的概念来说明。当导体 AB 向左或向右运动时，虽然磁场没有变化，但是导体 AB 切割磁感应线的运动使闭合电路包围的面积在变化，穿过闭合电路的磁通量就发生变化。可以说，穿过闭合电路的磁通量发生变化时，电路中就有电流产生。

如图 9-2 所示，把磁铁插入线圈，或把磁铁从线圈中抽出时，电流表指针发生偏转，这说明闭合电路中产生了电流。如果磁铁插入线圈后静止不动，或磁铁与线圈以同一速度

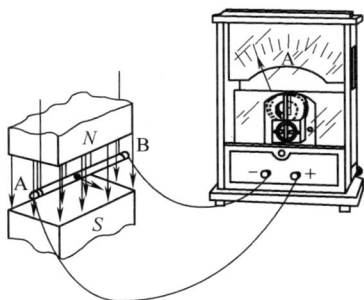

图 9-1 导体运动产生电流

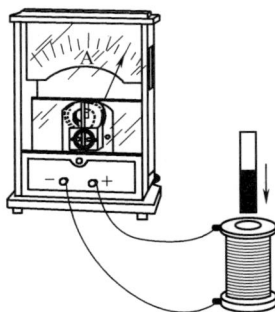

图 9-2 磁铁运动产生电流

运动时，电流表指针不发生偏转，这说明闭合电路中没有电流。在这个实验中，当磁铁插入线圈或从线圈中抽出时，要引起线圈内磁场的变化，线圈内的磁通量也随之发生变化。可见，当闭合电路内的磁通量发生变化时，电路中就产生电流。当磁铁和线圈没有相对运动，即穿过电路的磁通量不变化时，电路中没有电流。

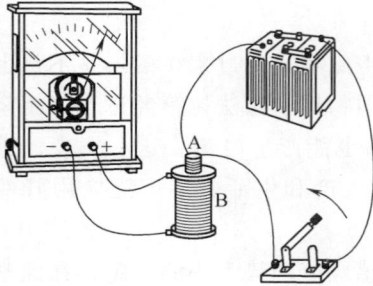

图 9-3　开关运动产生电流

如图 9-3 所示，螺线管 A 和线圈 B 彼此独立，把螺线管 A 与蓄电池连接起来，把线圈 B 与电流表连接起来。当接通或打开开关时，电流表指针将发生偏转，这说明在线圈 B 的闭合回路中产生了电流。如果把开关换成滑动变阻器，当调节电阻的阻值时，通过螺线管 A 中的电流发生变化，也可以观察到电流表指针的偏转，并且 A 中的电流变化越快，线圈 B 中的电流就越大，当螺线管 A 中的电流不变时，线圈 B 中就没有电流。在这个实验中，当 A 通电、断电或改变 A 中的电流时，它产生的磁场都在变化，穿过线圈 B 的磁通量也相应变化，因而在线圈 B 中产生了电流。

总之，不论是闭合电路中一部分导体做切割磁感应线的运动，还是闭合电路中磁场在发生变化，**只要穿过闭合电路的磁通量发生变化，闭合电路中就有电流产生。这种利用磁场产生电流的现象叫作电磁感应现象，所产生的电流叫作感应电流。**

第二节　楞次定律

在上一节的实验中，当穿过闭合电路的磁通量发生变化时，可以观察到电路中电流表的指针有时偏向右边，有时偏向左边。这表明在不同情况下，感应电流的方向是不同的。那么，怎样确定感应电流的方向呢？

一、右手定则

闭合电路中一部分导体做切割磁感应线运动时，电路中产生的感应电流的方向可用右手定则确定：**伸开右手，使拇指与其余四指垂直，且在一个平面内，让磁感应线垂直穿入手心，拇指指向导体运动的方向，四指所指方向就是感应电流的方向。**如图 9-4 所示。

二、楞次定律的表述

闭合电路中的磁通量发生变化时，怎样确定电路中产生的感应电流的方向呢？我们利用图 9-2 所示的实验来研究这个问题。

实验前，我们先要知道通过电流表的电流方向与指针偏转方向之间的关系，这样在实验过程中，根据指针的偏转方向就可以知道感应电流的方向了。

如图 9-5 所示，线圈中感应电流的方向如箭头所

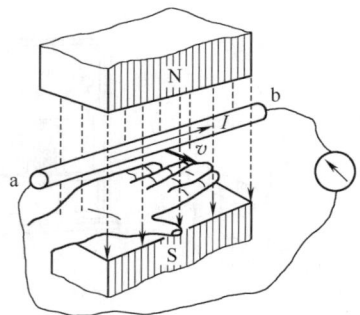

图 9-4　右手定则

示。当磁铁插入线圈时，线圈内感应电流产生的磁场方向与磁铁的磁场方向相反，如图9-5(a)、(c) 所示；当磁铁从线圈中抽出时，线圈中感应电流产生的磁场方向与磁铁的磁场方向相同，如图9-5(b)、(d) 所示。

由上述实验可得出以下结论：当磁铁插入线圈时，穿过线圈的磁通量增加，这时产生的感应电流的磁场方向与磁铁的磁场方向相反，阻碍线圈中原磁通量的增加，如图9-6(a) 所示。当磁铁从线圈中抽出时，穿过线圈的磁通量减少，这时产生的感应电流的磁场方向与磁铁的磁场方向相同，阻碍线圈中磁通量的减少，如图9-6(b) 所示。

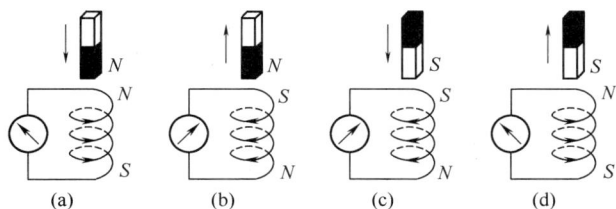

图 9-5 磁场方向间的关系

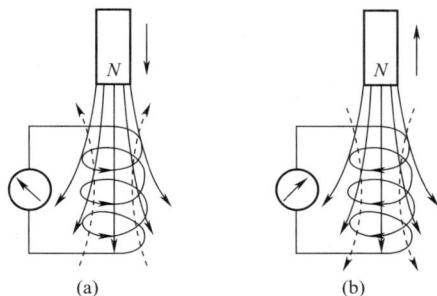

图 9-6 楞次定律的示意

通过对其他电磁感应实验的分析，都能得到类似的结论。当穿过闭合电路的磁通量增加时，感应电流的磁场方向总是与原来的磁场方向相反，阻碍磁通量的增加；当穿过闭合电路的磁通量减少时，感应电流的磁场总是与原来的磁场方向相同，阻碍磁通量的减少。因此可得出以下规律：**感应电流具有这样的方向，其磁场总是要阻碍引起感应电流的磁通量的变化**。该规律最早由俄国物理学家楞次（1804—1865）在大量实验的基础上总结归纳得出，故称之为**楞次定律**。

应用楞次定律可以判断各种情况下感应电流的方向，其具体步骤是：首先确定原磁场方向；其次判断穿过闭合电路的磁通量是增加还是减少；然后根据楞次定律确定感应电流的磁场方向；最后运用安培定则判定感应电流的方向。

下面从能量转换的角度来分析楞次定律。如图9-5(a)、(c) 所示，当磁铁靠近线圈时，线圈靠近磁铁的一端出现与磁铁同名的磁极；如图9-5(b)、(d) 所示，当磁铁远离线圈时，线圈靠近磁铁的一端出现与磁铁异名的磁极。由于同名磁极相斥，异名磁极相吸，所以无论磁铁如何运动，感应电流的磁场总是要阻碍磁铁和线圈之间的相对运动。由此可知，要使磁铁和闭合电路发生相对运动，外力就必须克服它们之间的作用力。在此过程中，外力通过做功将机械能转化为线圈中的电能。楞次定律从另一个侧面反映了能量转换与守恒定律的正确性。

【例题 1】 如图9-7所示，导线 AB 与 CD 互相平行，试用楞次定律确定当开关 S 闭合或断开时，CD 中感应电流的方向。

解 当开关 S 闭合时，导线 AB 中的电流从无到有，周围的磁场从无到有，使得导线 CD 所在回路中的磁通量增加，CD 回路中原磁场方向垂直纸面向外。根据楞次定律可知，感应电流的磁场将阻碍原磁通量的增加，所以它的

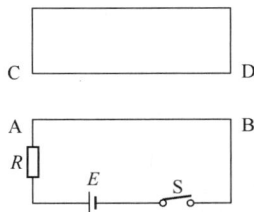

图 9-7 开关 S 闭合和断开时，
在 CD 中产生感应电流的

方向与原来的磁场方向相反，即垂直纸面向里。再根据安培定则，可确定导线 CD 中感应电流的方向为由 D→C。

同理，当开关 S 断开时，AB 中电流从有到无，其产生的磁场减弱。根据楞次定律可判断导线 CD 中感应电流的方向为 C→D。

【例题 2】 如图 9-8 所示，一个金属框架 abcd 置于匀强磁场中，其中 cd 边可动。当 cd 边向右运动时，试确定其中的感应电流方向。

解 用右手定则判断，导线中的电流由 c 指向 d。同样，根据楞次定律，当导线 cd 向右运动时，原磁场的磁通量增加，感应电流的磁场方向与原磁场的方向相反，即垂直纸面向外，再由安培定则可知，感应电流的方向是由 c 指向 d。

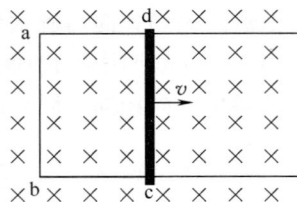

图 9-8 cd 边向右运动产生感应电流

习题 9-2

9-2-1 要使导线中产生如图 9-9（a）～（d）所示方向的感应电流，问导线应怎样运动？

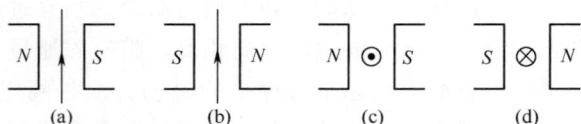

图 9-9 习题 9-2-1 图

9-2-2 如图 9-10 所示，闭合线框 ABCD 的平面与磁感应线方向平行。试问下列情况中有无感应电流？若有，方向怎样？为什么？

（1）线框沿磁感应线方向移动；

（2）线框垂直于磁感应线方向移动；

（3）线框以 BC 边为轴由前向上转动；

（4）线框以 CD 边为轴由前向右转动。

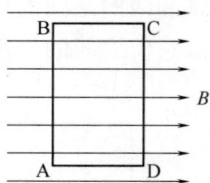

图 9-10 习题 9-2-2 图

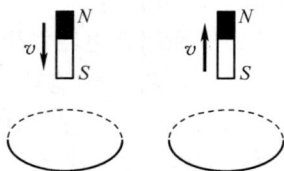

图 9-11 习题 9-2-3 图

9-2-3 如图 9-11 所示，将磁铁的 S 极插入金属环或从金属环抽出时，试用楞次定律确定金属环中感应电流的方向。

9-2-4 如图 9-12 所示，如果使磁铁的 N 极插入线圈，磁针的 N 极将向什么方向转动？

9-2-5 如图9-13所示，两个轻的铝环被尖端支撑在共同重心上，并可自由绕尖端转动。其中A环是闭合的，B环是断开的。用磁铁的任一极分别向A、B环插入或抽出时，各会发生什么现象？为什么？

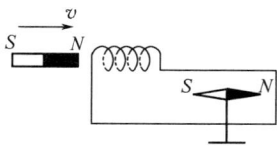

图9-12 习题9-2-4图　　　　图9-13 习题9-2-5图　　　　图9-14 习题9-2-6图

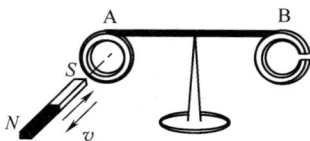

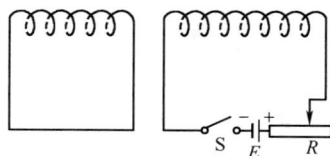

9-2-6 如图9-14所示，两个线圈都是固定不动的，当右边的线圈断电时，画出左边线圈中感应电流的方向。

第三节　法拉第电磁感应定律

一、感应电动势

由闭合电路欧姆定律可知，如果闭合电路中有电流，那么这个闭合电路中就有电动势。既然电磁感应现象中闭合电路中有电流产生，那么这个电路中也必定有电动势存在。**在电磁感应现象中产生的电动势称为感应电动势**。产生感应电动势的那段导体，如切割磁感应线的导体或磁通量发生变化的线圈，就相当于电源。感应电动势也是有方向的，它的方向与感应电流的方向相同，仍用右手定则或楞次定律来判断。

在电磁感应现象中，当电路不闭合时，虽然电路中没有感应电流，但感应电动势仍然存在。那么感应电动势的大小与哪些因素有关呢？

二、法拉第电磁感应定律的表述

在图9-1所示的实验中，导线切割磁感应线的速度越大，穿过闭合电路包围面积的磁通量就变化得越快，感应电流和感应电动势也就越大。在如图9-2所示的实验中，磁铁相对于线圈运动得越快，穿过线圈的磁通量就变化得越快，感应电流和感应电动势也越大。实验表明：感应电动势的大小与磁通量变化的快慢有关。磁通量变化的快慢，可用磁通量的变化量 $\Delta \Phi = \Phi_2 - \Phi_1$ 与发生该变化所用时间 $\Delta t = t_2 - t_1$ 的比值 $\Delta \Phi / \Delta t$ 来表示，这个比值称为磁通量随时间的变化率。

实验证明：电路中感应电动势的大小与穿过该电路的磁通量的变化率成正比。这就是法拉第电磁感应定律。可写为

$$E = K \frac{\Delta \Phi}{\Delta t}$$

式中，K 为比例恒量，它的数值决定于式中各量的单位。在 SI 中，Φ 以 Wb、t 以 s、E 以 V 作单位。可以证明 $1V = 1Wb/s$，则 $K = 1$。

实际上为获得较大的感应电动势，常采用多匝线圈。如果线圈的匝数为 N，穿过线

圈的磁通量的变化率都相同，那么这个线圈的感应电动势 E 就是单匝线圈感应电动势的 N 倍，即

$$E = N \frac{\Delta \Phi}{\Delta t} \tag{9-1}$$

由于只用式(9-1)计算 E 的大小，故式中的 $\Delta \Phi$ 可用其绝对值，即 $\Delta \Phi = |\Phi_2 - \Phi_1|$。

【例题 1】 在一个 $B = 0.01\text{T}$ 的匀强磁场中，放一个面积为 0.001m^2 的线圈，其匝数为 500 匝。在 0.1s 内，把线圈平面从平行于磁场的位置转到垂直于磁场的位置，求感应电动势的平均值。

已知 $B = 0.01\text{T}$，$S = 0.001\text{m}^2$，$N = 500$ 匝，$\Delta t = 0.1\text{s}$。

求 E。

解 线圈从平行于磁场的位置转到垂直于磁场的位置，其磁通量将由零变到 Φ_2。

$$\Phi_2 = BS = 0.01 \times 0.001 = 1 \times 10^{-5} \text{ (Wb)}$$

磁通量的变化为 $\Delta \Phi = \Phi_2 - 0 = \Phi_2$，所以

$$E = N \frac{\Delta \Phi}{\Delta t} = 500 \times \frac{1 \times 10^{-5}}{0.1} = 5 \times 10^{-2} \text{ (V)}$$

答：感应电动势的平均值为 $5 \times 10^{-2}\text{V}$。

三、导线切割磁感应线时产生的感应电动势

现在我们根据法拉第电磁感应定律来研究导线切割磁感应线时产生的感应电动势的大小。

如图 9-15 所示，把矩形线框 abcd 放在磁感应强度为 B 的匀强磁场中，线框平面与磁感应线垂直。设线框可动部分 ab 的长度为 l，它以速度 v 向右匀速运动，在 Δt 时间内，由原来的位置 ab 运动到 a′b′，这个过程中线框面积的变化量 $\Delta S = lv\Delta t$，那么穿过闭合电路的磁通量的变化量为

$$\Delta \Phi = Blv\Delta t$$

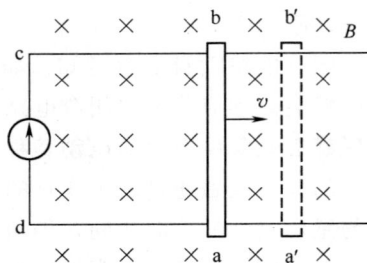

图 9-15 导线垂直切割磁感应线

根据法拉第电磁感应定律 $E = \dfrac{\Delta \Phi}{\Delta t}$，可以求出闭合电路的感应电动势

$$E = Blv \tag{9-2}$$

式(9-2)是导线垂直切割磁感应线时产生的感应电动势的大小，式中，B、l、v 三者的方向相互垂直。

如果导线的运动方向与导线本身垂直，但与磁感应线方向成一夹角 θ（见图 9-16），则可将 v 分解为两个分量：垂直于磁感应线的分量 $v_\perp$ 和平行于磁感应线的分量 $v_\parallel$。因为 $v_\parallel$ 不切割磁感应线，只有 $v_\perp$ 切割磁感应线，而 $v_\perp = v\sin\theta$，因此

$$E = Blv_\perp = Blv\sin\theta \tag{9-3}$$

【例题 2】 如图 9-17 所示，匀强磁场方向垂直于纸面向里，磁感应强度为 0.1T。长为 0.4m 的导线 cd 以 5m/s 的速度在导电的轨道 ae、bf 上向右匀速地滑动，问：

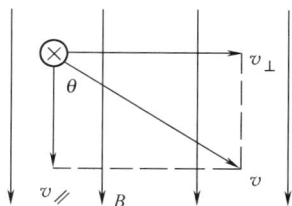

图 9-16　导线斜着切割磁感应线

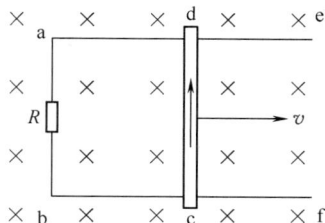

图 9-17　导线在匀强磁场中向右运动

① c、d 两端，哪一端电势高？

② 感应电动势多大？

③ 如果轨道 ae、bf 电阻很小，可以忽略不计，电阻 R 等于 0.5Ω，求感应电流的大小。

已知 $B=0.1\text{T}$，$l=0.4\text{m}$，$v=5\text{m/s}$，$R=0.5Ω$。

求 E，I。

解　① 由右手定则知，E 的方向由 c 到 d，可知 d 端电势高。

② 由 $E=Blv$ 得

$$E=0.1×0.4×5=0.2（\text{V}）$$

③ 由闭合电路欧姆定律得

$$I=\frac{E}{R}=\frac{0.2}{0.5}=0.4（\text{A}）$$

答：①d 端电势高；②感应电动势为 0.2V；③感应电流的大小为 0.4A。

习题 9-3

9-3-1　下列说法哪个正确？

（1）电路中感应电动势的大小，与穿过这一电路的磁通量成正比；

（2）电路中感应电动势的大小，与穿过这一电路的磁通量的变化量成正比；

（3）电路中感应电动势的大小，与穿过这一电路的磁通量的变化率成正比；

（4）电路中感应电动势的大小，与单位时间内穿过这一电路的磁通量的变化量成正比。

9-3-2　有一单匝线圈，穿过它的磁通量在 0.050s 内改变了 0.060Wb，求线圈中平均感应电动势的大小。

9-3-3　匀强磁场的磁感应强度是 0.050Wb/m^2，一根长 30cm 的导线，以 5.0m/s 的速度在磁场中运动，运动的方向与磁场方向垂直，计算导线中感应电动势的大小。

9-3-4　在磁感应强度为 0.50T 的匀强磁场中，有一面积为 $9.0×10^{-2}\text{cm}^2$、匝数为 100 匝的线圈。使线圈平面从与磁场平行位置匀速转到与磁场垂直的位置，所需时间为 0.30s，求这段时间内，线圈中平均感应电动势的大小。

9-3-5　有一个 1000 匝的线圈，在 0.4s 内穿过它的磁通量从 0.01Wb 均匀增加到 0.09Wb，求线圈中的感应电动势大小。如果线圈的电阻是 2Ω，当它与 38Ω 的电热器串联组成闭合电路时，通过电热器的电流是多大？

第四节　互感　感应圈

一、互感

由图 9-3 所示的实验可知，当螺线管 A 中的电流发生变化时，穿过线圈 B 的磁通量就发生变化，则在线圈 B 中就会产生感应电动势。这种**由于一个电路中的电流变化，而在邻近电路中产生感应电动势的现象，称为互感现象，简称互感**。变压器、感应圈都是利用互感原理制成的。

二、感应圈

感应圈（见图 9-18）是实验室中和技术上常用来获得高电压的一种装置，实际上是一种特殊形式的升压变压器。

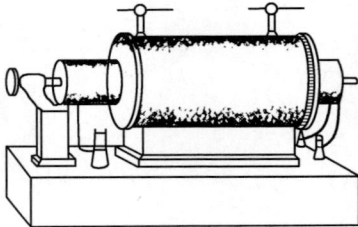

图 9-18　感应圈

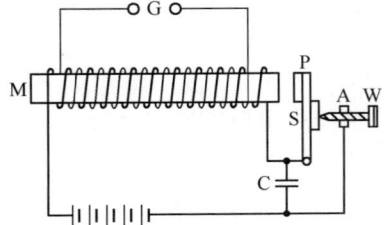

图 9-19　感应圈的构造原理

感应圈的构造原理如图 9-19 所示。在绝缘的硅钢片组成的铁芯 M 上，套着两个由绝缘导线绕成的线圈，其中连接电源的线圈称为原线圈，另一个线圈称为副线圈。原线圈是由较粗的绝缘导线绕成的，匝数不多，副线圈则由绝缘细导线绕成，匝数较多，它的两端分别接到两根绝缘的金属棒上，在棒端小球间形成空气间隙 G。原线圈电路的接通和断开是由断续器自动完成的。断续器由螺旋 W、弹簧片 S 和软铁 P 组成。当电路接通时，铁芯被磁化，吸引软铁 P，使它和接触点 A 分开，于是电源被切断，这时铁芯的磁性消失，软铁 P 受弹簧片 S 的弹力作用重新与螺旋 W 接触，电路又被接通。原线圈中的电流就这样时断时通，周期性变化。

由于原线圈中的电流发生变化，副线圈中的磁通量将随之变化，因此在副线圈中产生感应电动势。因为副线圈的匝数较多，所以产生的感应电动势数值很大，副线圈两端的电压非常高，能在小球间隙引起火花放电。为防止原线圈断电时在接触点 A 处产生火花放电而烧坏触头，通常在接触点 A 处并联一个电容 C。汽车上的点火装置，常用感应圈制成。

第五节　自　感

在电磁感应现象中，有一种称为自感的特殊情形，下面来观察这种现象。

一、自感现象

如图 9-20 所示，合上开关 S，调节变阻器 R，使两个同样规格的灯泡 A_1 和 A_2 达到相同的亮度。再调节变阻器 R_1，使两个灯都正常发光，然后断开电路。

再接通电路时可以看到，与变阻器 R 串联的电灯 A_2 立刻达到了正常的亮度，而与线圈 L 串联的电灯 A_1，却是较慢地达到正常的亮度。为什么会出现这种现象呢？这是因为在电路接通的瞬间，通过线圈 L 的电流增强，线圈中的磁通量也随之增加，在线圈 L 中产生了感应电动势。由楞次定律可知，这个电动势要阻碍通过线圈的电流的增强，所以灯泡 A_1 较慢地达到正常亮度。

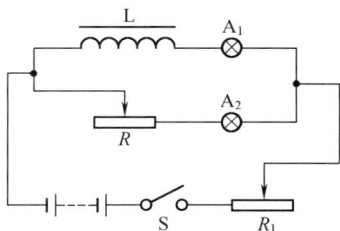

图 9-20　通电时的自感电路图　　　　图 9-21　断电时的自感电路图

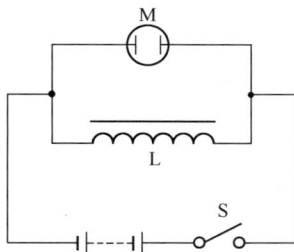

如图 9-21 所示，将一小氖灯 M 与带铁芯的线圈 L 并联在电路中。这种氖灯只有在约 50V 的电压下才能发光。当接通开关后，因为电源电压很低（只有几伏），所以 M 不发光。但将开关断开的瞬时，可看到氖灯突然闪亮一下。

为什么会出现这种现象呢？这是因为开关断开的瞬间，线圈 L 中电流突然减小，磁通量也随之很快减小，在线圈 L 中产生较大的感应电动势，足以使氖灯发光。

由以上实验可知：当电路中电流发生变化时，电路本身就会产生感应电动势，电动势总是阻碍电路中原来电流的变化。这种**因电路中电流变化而在电路本身产生感应电动势的现象称为自感现象，简称自感。**在自感现象中产生的电动势称为自感电动势，以 E_L 表示。

二、自感系数

自感电动势与其他感应电动势一样，大小与线圈中磁通量的变化率成正比。但是在自感现象中，磁场是由电路中的电流产生的，线圈中磁通量的变化快慢与通过线圈的电流的变化快慢成正比。因此，自感电动势 E_L 就与电流的变化率 $\dfrac{\Delta I}{\Delta t}$ 成正比，即

$$E_L \propto \frac{\Delta I}{\Delta t}$$

或
$$E_L = L\frac{\Delta I}{\Delta t} \tag{9-4}$$

式中，L 为比例系数，称为线圈的自感系数，简称自感或电感，它由线圈本身的特性决定。线圈越长，单位长度匝数越多，截面积越大，自感系数就越大。另外，有铁芯的线圈的自感系数比无铁芯的大得多。

在 SI 中，自感系数的单位是亨利，简称亨，用符号 H 表示。一个线圈，如果通过它

的电流强度在 1s 内变化 1A，产生的电动势是 1V，那么这个线圈的自感系数就是 1H。所以

$$1H = 1V \cdot s/A$$

自感系数有时也用毫亨（mH）和微亨（μH）作单位，它们之间的换算关系如下。

$$1mH = 10^{-3}H$$
$$1\mu H = 10^{-6}H$$

与式（9-1）的情况一样，在用式（9-4）计算 E_L 的大小时，ΔI 可用其绝对值。

三、自感现象的应用

自感现象在各种电器设备和无线电技术中的应用十分广泛。日光灯的镇流器就是一个例子。

日光灯的线路图如图 9-22 所示，它由灯管、镇流器和启动器组成。镇流器是一个带铁芯的线圈。启动器的构造如图 9-23 所示，它有两个电极，一个是静触片，一个是双金属片制成的 U 形动触片，泡内充氖气。灯管内充有水银蒸气，当它导电时，就发出紫外线，使管壁上的荧光粉发光。由于激发水银蒸气导电所需的电压较高，因此，日光灯需要一个瞬时高电压以利于点燃。

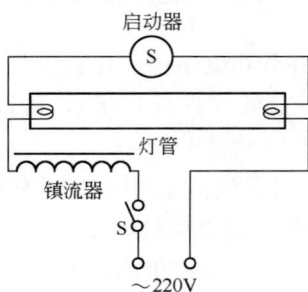

图 9-22　日光灯的线路图

图 9-23　启动器的构造

当开关 S 闭合后，电源电压加在启动器的两极之间，使氖气放电从而产生热量，使 U 形动触片与静触片接触而接通电路，灯管的灯丝中就有电流通过。电路接通后，启动器的氖气停止放电，U 形动触片冷却收缩，使电路突然中断，而使镇流器中产生一个瞬时高电压，将灯管点燃，日光灯开始发光。此后，由于通过镇流器的是交流电，线圈中就产生自感电动势来阻碍电流的变化，这时，自感电动势又起着降压限流作用，保证日光灯正常工作。

自感现象也有不利的一面。在切断自感系数很大而电流很强的电路时，会产生很高的自感电动势，使开关（闸刀）和固定夹片之间形成电弧，会烧坏开关，甚至危及工作人员的安全。因此在开关上要加防护罩或将它放在绝缘性能良好的油中，以保证安全。

习题 9-5

9-5-1　制造电阻箱时要用双线绕法，如图 9-24 所示，这样就可以使自感现象的影响减弱到可以忽略的程度，为什么？

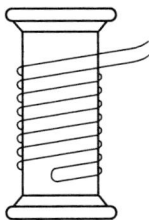

图 9-24　习题 9-5-1 图

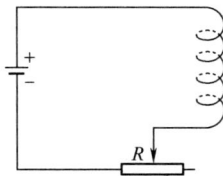

图 9-25　习题 9-5-2 图

9-5-2　线圈和变阻器串联后接入直流电源，如图 9-25 所示，当变阻器的滑动触头向左或向右滑动时，用楞次定律分别判定线圈中感应电动势的方向。

9-5-3　有一个线圈，它的自感系数是 1.2H，当通过它的电流在 0.0050s 内由 1.0A 增加到 5.0A 时，产生的自感电动势是多少？

9-5-4　一个线圈的电流在 0.010s 内有 0.50A 的变化时，产生的自感电动势为 50V，求线圈的自感系数。若该电路中电流的变化率变为 40A/s，自感系数有无变化？自感电动势有无变化？若变化，变为多少？

本章小结

本章主要介绍了电磁感应现象及其遵循的规律。感应电流方向的判断、感应电动势大小的计算是重点内容。

一、电磁感应现象

1. 感应电流

利用磁场产生电流的现象称为电磁感应现象，产生的电流称为感应电流。

产生感应电流的条件是穿过闭合电路的磁通量要发生变化。

2. 感应电流方向的确定

当闭合电路中磁通量变化时，感应电流的方向可用楞次定律判断：感应电流的方向，总是使它的磁场阻碍引起感应电流的磁通量的变化。

当闭合电路中的一部分导体做切割磁感应线运动时，感应电流可用右手定则判断：伸开右手，使拇指与其余四指垂直，且在同一平面，让磁感应线垂直穿入手心，大拇指指向导体运动方向，则四指所指的方向就是导体中感应电流的方向。

二、感应电动势

1. 感应电动势

在电磁感应现象中产生的电动势。

在电磁感应现象中产生的首先是电动势，若电路闭合，才会有感应电流产生。

2. 法拉第电磁感应定律

闭合电路中感应电动势的大小，与穿过该电路的磁通量的变化率成正比，即

$$E = \frac{\Delta \Phi}{\Delta t}$$

对于 N 匝线圈，有

$$E = N\frac{\Delta\Phi}{\Delta t}$$

若导线切割磁感应线产生感应电动势，其大小为

$$E = Blv\sin\theta$$

式中，θ 为导线运动方向与磁场方向的夹角。

三、互感和自感

1. 互感

一个电路中电流变化而在邻近电路中产生感应电动势的现象，称为互感现象。

变压器和感应圈都是应用互感原理制成的。

2. 自感

由于电路中电流发生变化而在电路本身产生的电磁感应现象，称为自感现象。

自感现象中产生的电动势称为自感电动势，其大小为

$$E_L = L\frac{\Delta I}{\Delta t}$$

式中，L 为线圈的自感系数。

复习题

一、判断题

1. 穿过闭合电路的磁通量越大，产生的感应电流越大。　　　　　　　　　　（　　）

2. 在匀强磁场中，闭合电路只要运动，电路中就产生感应电流。　　　　　　（　　）

3. 只要闭合电路的一部分导体在做切割磁感应线运动，电路的磁通量就一定变化。（　　）

4. 电路中感应电动势的大小，与穿过这一电路的磁通量的变化快慢有关。　　（　　）

5. 线圈中产生的自感电动势越大，则线圈的自感系数也越大。　　　　　　　（　　）

二、选择题

1. 下列说法中正确的是　　　　　　　　　　　　　　　　　　　　　　　　（　　）

A. 电路中有感应电动势，就一定有感应电流

B. 电路中有感应电流，就一定有感应电动势

C. 两电路中感应电流大的，感应电动势一定大

D. 两电路中感应电动势大的，感应电流一定大

2. 闭合电路中产生的感应电动势的大小，与穿过这一闭合电路的哪个物理量成正比　（　　）

A. 磁感应强度　　　　　　B. 磁通量　　　　　C. 磁通量的变化量　　　　D. 磁通量的变化率

3. 如复习题图 9-1 所示，当磁铁远离线圈时，电流表中的电流　　　　　　（　　）

A. 为零

B. 由下向上

C. 由上向下

D. 无法判断

4. 关于自感和互感，下列说法中正确的是　　　　　　　　　　（　　）

A. 两个邻近的线圈，若其中一个电流大，另一个中的感应电动势一定大

B. 两个邻近的线圈，若其中一个电流变化大，另一个中的感应电动势一

定大

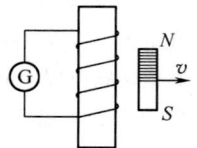

复习题图 9-1

C. 自感电动势的大小与线圈的匝数有关

D. 自感电动势的方向总是与引起自感电动势的原电流的方向相反

三、填空题

1. 如复习题图 9-2 所示，一矩形线圈匀速向右穿过一匀强磁场，则在位置 1、2 _____（填有、无）感生电流；在场区内_____（填有、无）感生电流。

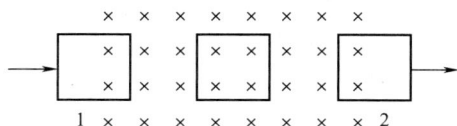

复习题图 9-2

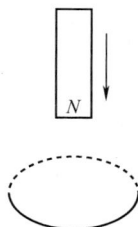

复习题图 9-3

2. 如复习题图 9-3 所示，一条形磁铁的 N 极在插入一闭合线圈的过程中，线圈中产生的感应电流的方向为_____（填顺时针方向或逆时针方向）。

3. 如复习题图 9-4 所示，一导体棒在匀强磁场中绕 a 端转动，则_____点电势高。

4. 如复习题图 9-5 所示，当矩形线圈远离通电直导线时，线圈中的电流方向为_____（填顺时针方向或逆时针方向）。

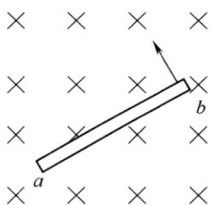

复习题图 9-4

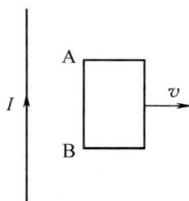

复习题图 9-5

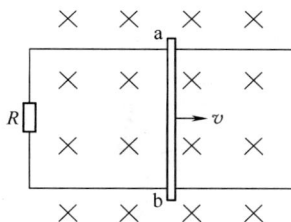

复习题图 9-6

四、计算题

1. 有一长为 0.2m、宽为 0.4m 的矩形线圈 abcd。已知磁感应强度为 0.1T，线圈在 0.01s 内从垂直于磁场的位置转过 90°，求线圈的平均感应电动势的大小。

2. 如复习题图 9-6 所示，金属可动边 ab 长 $l = 0.10m$，磁感应强度 $B = 0.50T$，$R = 2.0\Omega$。当 ab 在外力作用下以 $v = 10m/s$ 向右匀速运动时，电路中其他电阻忽略不计，求：

（1）感应电动势的大小；

（2）电路中感应电流的大小和方向。

3. 一线圈的自感系数为 1.2H，其中的电流在 0.020s 内由 5.0A 减小到零，求自感电动势的大小。

第十章 交　流　电

前面已经介绍过大小和方向都不随时间变化的电流，这种电流称为稳恒电流，简称为**直流电**。除此之外，还有一种大小和方向都随时间作周期性变化的电流，叫做交变电流，简称为**交流电**。交流电和直流电相比有许多优点，它可用变压器升降电压以便于传输，可驱动结构简单、运行可靠的感应电机，因此在工农业生产和日常生活中被广泛使用。

本章主要研究交流发电机的工作原理，表征交流电的物理量以及变压器的工作原理和应用。

第一节　交流发电机的原理

一、交流电的产生

图 10-1 所示的是一个旋转电枢式交流发电机的模型，它由定子和转子两部分组成。

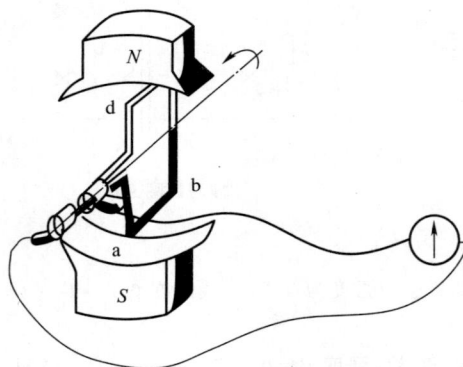

图 10-1　旋转电枢式交流发电机模型

静止部分称为定子，是用来产生匀强磁场的；运动部分称为转子，由线圈 abcd 和滑环组成。当线圈在匀强磁场中匀速转动时，可以观察到电流表的指针随线圈的转动而摆动，且线圈每转一周，指针左右摆动一次。这说明转动的线圈中产生了大小和方向都随时间作周期性变化的感应电流。

下面分析变化的电流是如何产生的。如图 10-1 所示，线圈 abcd 在磁场中转动时，它的 ab、cd 两边做切割磁感应线运动，磁圈中就会产生感应电动势，因为回路是闭合的，所以有感应电流产生。

如图 10-2 所示，设线圈从图 10-2（a）位置开始，沿逆时针方向转动。此时线圈的各边都不切割磁感应线，所以回路里没有感应电流。

线圈由图 10-2（a）位置转到图 10-2（b）位置的过程中，ab 边向右切割磁感应线，cd 边向左切割磁感应线，所以线圈中产生了感应电流。由右手定则可知，电流是沿着 a→b→c→d 方向流动的。当线圈转到图 10-2（b）位置时，ab 边和 cd 边都垂直切割磁感应线，线圈中产生的感应电动势最大，因而感应电流最大。

线圈由图 10-2（b）位置转到图 10-2（c）位置的过程中，ab 边继续向右切割磁感应线，cd 边向左切割磁感应线，所以线圈中产生的感应电流仍然沿着 a→b→c→d 方向流动。当线圈转到图 10-2(c) 位置时，线圈的各边都不切割磁感应线，所以回路里没有感应电流。

线圈由图 10-2(c) 位置转到图 10-2(d) 位置的过程中，ab 边变为向左切割磁感应线，cd 边向右切割磁感应线，所以线圈中又产生了感应电流。由右手定则可知，电流是沿着 d→c→b→a 方向流动的，与前面所述的电流方向相反。当线圈转到图 10-2(d) 位置时，ab 边和 cd 边又都垂直切割磁感应线，线圈中产生的感应电流反向最大。

线圈由图 10-2(d) 位置转到图 10-2(e) 位置的过程中，ab 边仍然向左切割磁感应线，cd 边向右切割磁感应线，所以线圈中感应电流的方向不变，仍沿着 d→c→b→a 方向流动。当线圈转到图 10-2(e) 位置时，线圈的各边都不切割磁感应线，所以回路里没有感应电流。

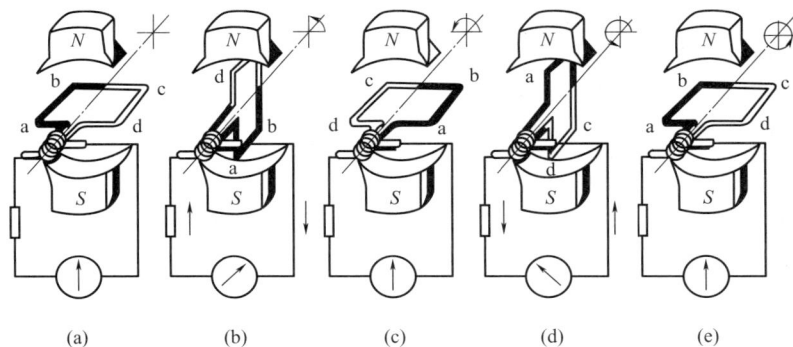

图 10-2　产生交流电的原理图

线圈继续转动下去，回路里电流的大小和方向就重复着上述的变化。

在图 10-2(b) 和 (d) 位置时，感应电流有最大值。在图 10-2(a)、(c) 和 (e) 位置时，感应电流为零，把这样的位置叫做中性面。从以上分析可知，线圈平面每经过中性面一次，感应电流的方向就改变一次。因此线圈转动一圈，感应电流的方向改变两次。这种**大小和方向都随时间作周期性变化的电流**叫做**交变电流**，简称为**交流电或交流**。

二、交流发电机

交流发电机就是根据上述原理制成的。如图 10-3 所示，在线圈的转动轴上安装两个铜滑环，两个滑环彼此绝缘，和转动轴也都相互绝缘。把线圈两个头分别焊接在两个滑环上，两个滑环分别和金属电极接触，这两个电极叫做电刷。电刷上有接线柱 a′、d′ 连着外电路，这样线圈产生的感应电流就可以经过滑环和电刷送到外电路中去，供用电器使用。这种能产生交流电的发电机叫做**交流发电机**。图 10-3 中，只有一个线圈在磁场里转动，电路里只产生一个交变电动势，这样的发电机叫做单相交流发电机。如果在磁场里有三个互成 120°的线圈同时转动，电路里就产生三个交变电动势，这样的发电机叫做三相交流发电机，它发出的电流叫**三相交流电**。

图 10-4 是三相交流发电机的示意图。在铁芯上固定着三个相同的线圈 AX、BY、CZ，始端是 A、B、C，末端是 X、Y、Z，线圈平面互成 120°角。匀速转动铁芯，三个线圈就在磁场里匀速转动。这三个线圈是相同的，它们产生的三个交变电动势也是相同的，但它们不能同时为零或同时达到最大值。由于三个线圈的平面依次相差 120°，它们到达零值（即通过中性面）和最大值的时间，依次落后 1/3 周期。

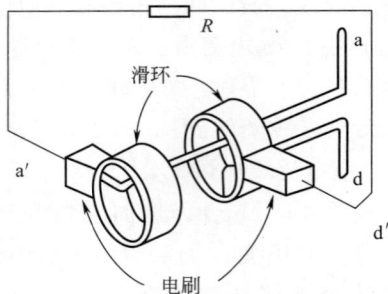

图 10-3 单相交流发电机的示意图

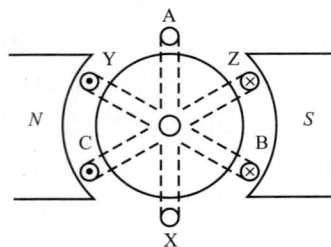

图 10-4 三相交流发电机的示意图

上述介绍的只是发电机的模型，实际的发电机要复杂得多，但基本结构相同。交流发电机通常有两种：一种是线圈在磁场中转动，称为旋转电枢式发电机；另一种是磁铁（多为电磁铁）在线圈中转动，称为旋转磁极式发电机。

习题 **10-1**

10-1-1　交流电和直流电有什么区别？

10-1-2　交流发电机的原理是什么？

10-1-3　线圈在磁场中转动一周，感应电流的方向改变几次？

第二节　表征交流电的物理量

一、交流电的变化规律

为了便于对交流电作定量研究，现将图 10-1 改画成图 10-5。图中标 a 的小圆圈表示线圈 ab 边的横截面，标 d 的小圆圈表示 cd 边的横截面。设线圈平面从中性面开始匀速转动，角速度为 ω。经过时间 t，线圈转过的角度 $\theta = \omega t$，ab 边的线速度 v 的方向与磁感应线的夹角也等于 ωt。设 $ab = cd = l$，磁感应强度为 B，ab 边产生的感应电动势就是

$$e = Blv\sin\omega t$$

由于 cd 中的感应电动势与 ab 中的相同，且两者是串联的，所以这一瞬间整个线圈中的感应电动势大小为

$$e = 2Blv\sin\omega t$$

如果有 N 匝线圈，则有

$$e = 2NBlv\sin\omega t$$

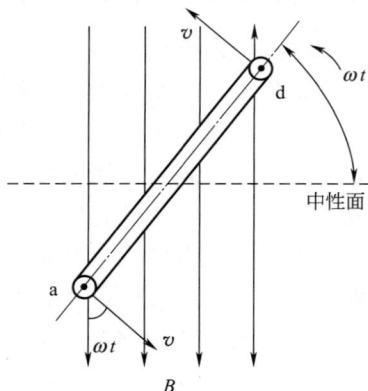

图 10-5　推导交流电动势用图

令 $E_m = 2NBlv$，则有

$$e = E_m\sin\omega t$$

上式反映了在匀强磁场中匀速转动的线圈产生的感应电动势随时间变化的规律，又叫做感应电动势的瞬时值。式中 E_m 是感应电动势的最大值。

如果线圈回路是闭合的，则可根据欧姆定律求出线圈里的感应电流的瞬时值。若回路的总电阻为 R，则电流的瞬时值为

$$i = \frac{e}{R} = \frac{E_{\mathrm{m}}}{R} \sin\omega t$$

式中，$\dfrac{E_{\mathrm{m}}}{R}$ 为电流的最大值，用 I_{m} 表示，即有

$$i = I_{\mathrm{m}} \sin\omega t$$

可见，感应电流也是按正弦规律变化的。此时，电路中某一电阻 R' 两端的电压的瞬时值同样也是按正弦规律变化，即

$$u = iR' = I_{\mathrm{m}} R' \sin\omega t$$

式中，u 为电压的瞬时值；$I_{\mathrm{m}} R'$ 为电压的最大值，用 U_{m} 表示，则有

$$u = U_{\mathrm{m}} \sin\omega t$$

　　这种按正弦规律周期性变化的交流电叫做正弦交流电。 交流电的变化规律除了用上述瞬时值描述外，也可以用图像表示。图 10-6 是正弦交流电的电动势、电流和电压随时间变化的图像。

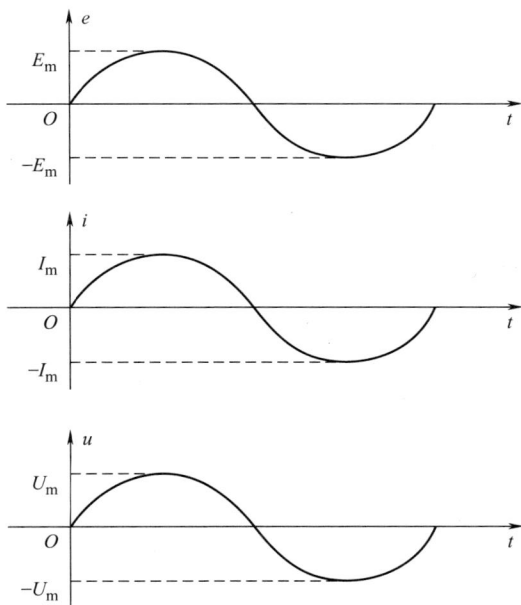

图 10-6　正弦交流电的图像

　　正弦交流电是交流电中最简单最基本的一种，在日常生活和生产活动中被广泛地使用着。实际应用的交流电不限于正弦交流电，它们随时间变化的规律是各种各样的。图 10-7

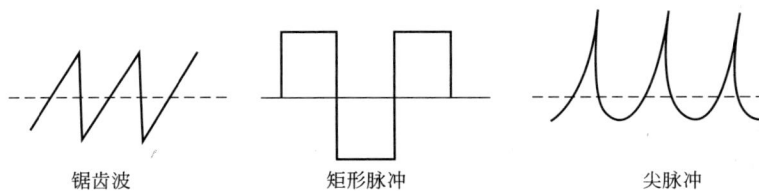

锯齿波　　　　　　　　矩形脉冲　　　　　　　　尖脉冲

图 10-7　几种常见的交流电波形

中给出了几种常见的交流电的波形。

二、周期和频率

与其他的周期过程一样，交流电也可以用周期或频率来表示变化的快慢。**交流电完成一次周期性变化所需的时间，叫做交流电的周期**，通常用 T 表示。在 SI 中，周期的单位是秒（s）。**交流电在单位时间内完成周期性变化的次数，叫做交流电的频率**，通常用 f 表示。在 SI 中，频率的单位是赫兹（Hz），$1\mathrm{Hz}=1\mathrm{s}^{-1}$。根据定义，周期和频率的关系是

$$T=\frac{1}{f}$$

瞬时表达式中的 ω，是发电机线圈转动的角速度，对交流电来说，称为**角频率**。ω 与 T 或 f 的关系为

$$\omega=\frac{2\pi}{T}=2\pi f$$

交流电的周期可以根据角频率 ω 求出，即

$$T=\frac{2\pi}{\omega}$$

或直接从交流电图像上读出。

我国工农业生产和生活用的交流电，周期是 0.02s，频率是 50Hz，电流方向每秒钟改变 100 次。

三、最大值和有效值

交流电的最大值（E_m、I_m、U_m）是交流电在一个周期内所能达到的最大数值，可以用来表示交流电的电流强弱或电压高低，在实际中有着重要的意义。例如把电容器接在交流电路中，就需要知道交流电压的最大值。电容器所能承受的电压要高于交流电压的最大值，否则电容器就可能被击穿。但是交流电的最大值不适合用来表示交流产生的效果。在实际应用中通常用有效值来表示交流电的大小。

交流电的有效值是根据电流的热效应来规定的。让交流电和直流电通过相同阻值的电阻，如果它们在相同的时间内产生的热量相等，就把这一直流电的数值叫做这一交流电的有效值。通常用 E、I、U 表示交流电的电动势、电流和电压的有效值。

计算表明，正弦交流电的有效值与最大值之间有如下的关系

$$E=\frac{E_m}{\sqrt{2}}=0.707E_m$$

$$I=\frac{I_m}{\sqrt{2}}=0.707I_m$$

$$U=\frac{U_m}{\sqrt{2}}=0.707U_m$$

人们通常说家用电路的电压是 220V、动力供电线路的电压是 380V，指的都是电压的有效值。各种使用交流电的电器设备上所标的额定电压和额定电流的数值、一般交流电流表和交流电压表测量的数值，也都是有效值。

【例题】　已知正弦电动势 $e=220\sqrt{2}\sin100\pi t$，$e$ 的单位为 V，求：电动势的最大值、有效值、交流电的周期和频率。

已知 $e=220\sqrt{2}\sin100\pi t$。

求 E_m，E，f，T。

解　将 $e=220\sqrt{2}\sin100\pi t$ 与 $e=E_m\sin\omega t$ 比较得

$$E_m=220\sqrt{2}\ （V）$$

$$\omega=100\pi\ （rad/s）$$

由 $E=\dfrac{E_m}{\sqrt{2}}$ 和 $T=\dfrac{2\pi}{\omega}$ 知

$$E=\frac{220\sqrt{2}}{\sqrt{2}}=220\ （V）$$

$$T=\frac{2\pi}{100\pi}=0.02\ （s）$$

由 $T=\dfrac{1}{f}$ 知

$$f=\frac{1}{T}=\frac{1}{0.02}=50\ （Hz）$$

答：电动势的最大值为 $220\sqrt{2}$ V，有效值为 220V；交流电的周期为 0.02s，频率为 50Hz。

习题 10-2

10-2-1　某用电器两端允许加的最大电压是 100V，能否把它接在交流电压是 100V 的电路里？为什么？

10-2-2　有一正弦交流电，电流的有效值为 2A，它的最大值是多少？

10-2-3　图 10-8 是一个正弦交流电的电流图像。根据图像求出它的周期、频率、电流的最大值和有效值。

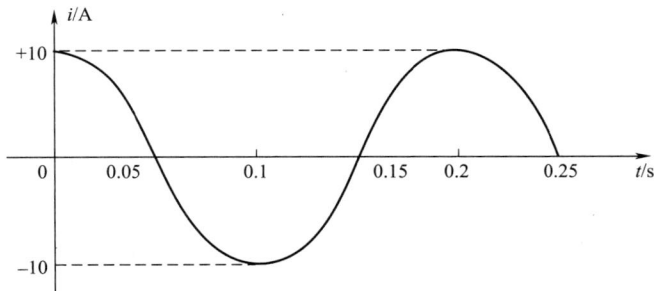

图 10-8　习题 10-2-3 图

第三节 变 压 器

在实际应用中，常常需要改变交流电的电压。如在电力传输过程中，若采用低压传输，传输线路就会消耗许多电能，若使用高压（通常电压高达几十万伏）传输，就能大大降低消耗。在使用过程中，各种用电设备所需电压也各不相同。为满足不同的要求，就需要有改变电压的设备——变压器。

一、变压器的原理

图 10-9 是变压器的示意图。变压器由铁芯和绕在铁芯上的两个线圈组成。铁芯由涂有绝缘漆的硅钢片叠合而成，线圈用绝缘导线绕制而成。和电源相连的一个线圈，称为**原线圈**或**初级线圈**；与负载相连的另一个线圈，称为**副线圈**或**次级线圈**。

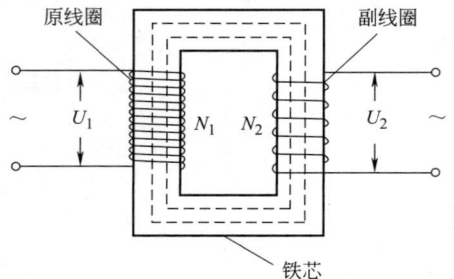

图 10-9 变压器的示意图

在原线圈上加交变电压 U_1，原线圈中就有交变电流，该电流产生一个变化的磁场。由于有铁芯的存在，磁场几乎完全被封闭在铁芯中，只有很小一部分漏到铁芯之外。若忽略漏磁现象，则穿过原、副线圈中的磁通量相同，即 $\Phi_1 = \Phi_2 = \Phi$。设原线圈的匝数为 N_1，副线圈的匝数为 N_2，穿过铁芯的磁通量为 Φ，由法拉第电磁感应定律，可得原、副线圈中的感应电动势分别为

$$E_1 = N_1 \frac{\Delta \Phi}{\Delta t}$$

$$E_2 = N_2 \frac{\Delta \Phi}{\Delta t}$$

两式相比可得

$$\frac{E_1}{E_2} = \frac{N_1}{N_2}$$

在原线圈中，感应电动势 E_1 起着阻碍电流变化的作用，与加在原线圈两端的电压 U_1 的作用相反。若忽略原线圈中的电阻，则有 $U_1 = E_1$。副线圈相当于一个电源，感应电动势 E_2 相当于电源的电动势。副线圈中的电阻也很小，若忽略不计，副线圈可以相当于无内阻的电源，因而其两端的电压 $U_2 = E_2$，于是

$$\frac{U_1}{U_2} = \frac{N_1}{N_2}$$

即理想变压器原、副线圈的端电压之比等于这两个线圈的匝数之比。

当 $N_1 > N_2$ 时，$U_1 > U_2$，变压器使电压降低，这种变压器叫做降压变压器；$N_1 < N_2$ 时，$U_1 < U_2$，变压器使电压升高，这种变压器叫做升压变压器。

变压器工作时，输入的功率一部分从副线圈中输出，一部分消耗在线圈电阻及铁芯的热损耗上。但消耗的功率一般都较小，在百分之几左右，特别是大型变压器的效率可达 $97\% \sim 99\%$。所以一般的变压器可以近似地认为是理想的，其输入功率和输出功率相等，即

$$I_1 U_1 = I_2 U_2$$

将电压和匝数的关系式代入上式，可得

$$\frac{I_1}{I_2} = \frac{N_2}{N_1}$$

可见，**理想变压器工作时，原、副线圈中的电流之比等于这两个线圈的匝数的反比**。通常变压器的高压线圈匝数多而通过的电流小，可用较细的导线绕制；低压线圈匝数少而通过的电流大，可用较粗的导线绕制。

二、自耦变压器

图 10-10 为自耦变压器的示意图。这种变压器的特点是铁芯上只绕一个线圈。如果整个线圈作为原线圈，副线圈只取线圈的一部分，就可以降压，如图 10-10(a) 所示；如果将线圈的一部分作原线圈，整个线圈作为副线圈，就可以升压，如图 10-10(b) 所示。

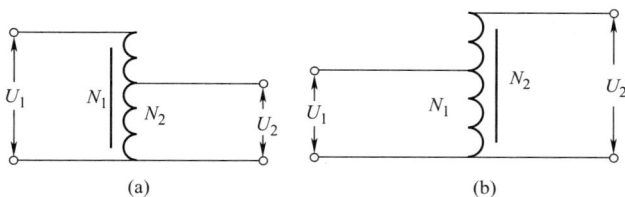

图 10-10　自耦变压器的示意图

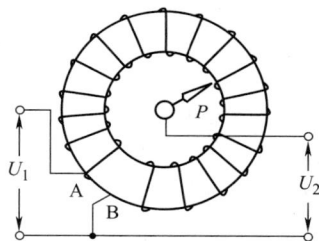

图 10-11　调压变压器的示意图

三、调压变压器

图 10-11 是调压变压器的示意图。线圈 AB 绕在一个圆环形的铁芯上，AB 之间加上电压 U_1，P 为一滑动触头，P 沿线圈滑动可改变副线圈的匝数，从而平滑地调节输出电压 U_2。U_2 的调节在 0 和 U_1 之间。由于这种调压器在调节过程中，滑动触点会出现火花，故只限于在容量为几十千伏安、电压几百伏的场合使用。

习题 **10-3**

10-3-1　变压器改变的是什么电压？能否利用变压器改变直流电压？

10-3-2　一个变压器的原线圈是 800 匝，将它接到 220 V 的交流电路中，若要从副线圈中获得 55 V 的电压，问副线圈需要绕多少匝？

10-3-3　降压变压器的原线圈和副线圈中，哪个应该用较粗的导线绕制？升压变压器中又是如何的？

本章小结

本章主要介绍交流电的产生、特点，表征交变电的物理量。通过本章学习，要求了解交流电的产生原理，掌握正弦交流电的周期和频率的概念，以及有效值和最大值的关系，了解变压器的工作原理和应用。

一、交流电

大小和方向都随时间作周期性变化的电流叫交变电流，简称交流电。

1. 交流电的变化规律

对正弦交流电而言，感应电动势、感应电流和某一电阻上的电压瞬时值为

$$e = E_m \sin\omega t$$

$$i = I_m \sin\omega t$$

$$u = U_m \sin\omega t$$

2. 交流电的周期和频率

交流电完成一次周期性变化所需时间，叫做交流电的周期。交流电在单位时间内完成周期性变化的次数叫做交流电的频率。

周期和频率的关系是

$$T = \frac{1}{f}$$

3. 最大值和有效值

交流电在一个周期内所能达到的最大数值，叫交流电的最大值。在瞬时值中的 E_m、I_m 和 U_m 分别叫感应电动势、感应电流和某电阻两端电压的最大值。

让交流电和直流电通过相同阻值的电阻，如果它们在相同的时间内产生的热量相等，就把这一直流电的数值叫做这一交流电的有效值。

计算表明，正弦交流电的有效值与最大值之间有如下的关系

$$E = \frac{E_m}{\sqrt{2}} = 0.707 E_m$$

$$I = \frac{I_m}{\sqrt{2}} = 0.707 I_m$$

$$U = \frac{U_m}{\sqrt{2}} = 0.707 U_m$$

二、变压器

对理想的变压器而言，原线圈和副线圈的匝数与电压、电流的关系为

$$\frac{U_1}{U_2} = \frac{N_1}{N_2}$$

$$\frac{I_1}{I_2} = \frac{N_2}{N_1}$$

复习题

一、判断题

1. 产生交流电的条件是线圈中的磁通量要发生周期性变化。 （　　）

2. 线圈转到中性面时，感应电动势为零。 （　　）

3. 通常照明电路电压 220V，指的是交流电压的最大值。 （　　）

4. 变压器能改变直流电压。 （　　）

5. 理想变压器工作时，原、副线圈的端电压之比等于两线圈的匝数比。 （　　）

二、选择题

1. 交流电流的表达式为 $i = 3\sin314t$，其单位为 A，下面说法正确的是 （　　）

A. 有效值是 3A，频率是 50Hz
B. 最大值是 3A，频率是 50Hz

C. 有效值是 3A，频率是 314Hz
D. 最大值是 3A，频率是 314Hz

2. 一个电热器接在 10V 电源上，产生一定的电功率；当接在最大值是 20V 的正弦交流电源上时，该电热器产生的电功率是原来的 （　　）

A. 4 倍
B. 2 倍
C. 1 倍
D. 0.5 倍

3. 一个变压器原线圈 110 匝，副线圈 660 匝，原线圈接入电压 12V 的电池组后，副线圈的端电压为 （　　）

A. 72V
B. 36V
C. 4V
D. 0V

三、填空题

1. 频率为 50Hz 的交流电的周期为_____，角频率为_____。

2. 对一理想的升压变压器而言，输出电压_____输入电压，输出电流_____输入电流。

3. 某一电路中电压的瞬时值为 $u = 220\sqrt{2}\sin100\pi t$，则其电压的最大值为_____，有效值为_____，交流电的频率为_____，交流电的周期为_____。

四、计算题

1. 一正弦交流电的频率为 50Hz，电流的有效值为 10A。试写出电流的瞬时值的表达式。

2. 在有效值为 220V 的交流电路中，接入 50Ω 的电阻，则电流的有效值和最大值各为多少？这时电阻消耗的功率是多少？

3. 一台发电机产生的正弦交流电的电动势最大值是 400V，线圈匀速转动的角速度为 314rad/s，试写出电动势瞬时值的表达式，并求出电动势的有效值。

第十一章　分子动理论　热和功

热学是研究物质的热运动及其规律的一门科学。

在力学中我们所研究的物体，大都是宏观物体。现在将从物质的微观结构出发来研究热现象，并从能量的角度出发，研究在物体状态变化过程中有关热功转换的问题。

第一节　分子动理论

一、物体由分子组成

早在 2000 多年前，古希腊的德谟克利特就认为，物体是由无数不可再分的"原子"组成的，这虽然是没有实验根据的假说，却奠定了人类对物质微观世界认识的基础。

今天，人们用电子射线、X 射线和中子射线等现代化手段研究物质结构的结果表明，物体由分子组成，分子又由原子组成。分子可以是单原子分子、双原子分子，也可以是千万个原子组成的高分子（如塑料）。

分子是很小的，别说用肉眼，就是用光学显微镜也很难观察到它们。测量结果表明，一般分子直径约为 10^{-10} m 左右，如氧分子直径约为 3×10^{-10} m，一些大分子直径可达 10^{-7} m。除高分子外，一般分子的质量也是很小的，例如，氧分子的质量是 5.3×10^{-26} kg，1 个氢分子与 1 粒黄豆的质量之比，约等于 1 粒黄豆与地球的质量之比。正因为单个分子的体积和质量都非常小，所以平时我们看到的物体，即便是体积或质量很小的物体，也是由大量分子组成的。为建立物体中分子数目和分子大小的概念，我们举一个例子：一个小动物在喝水，假如它每秒喝进 100 亿个水分子，那么要多长时间才能喝完 $1cm^3$ 的水呢？答案是，至少要 10 万年。

二、分子间有空隙

在长玻璃管中装入一半水，再缓慢倒入酒精，然后，摇动玻璃管使液体充分混合，可以发现，混合后总体积比混合前小，这表明，分子间有空隙，混合后一种液体的分子跑到另一种液体分子的空隙里去，因而总体积减少了。

钢铁看起来是那样坚硬密实，很难想像它的分子间会有空隙，但若有非常高的压强来压缩储存在钢筒里的油，油就能从筒壁渗出，这说明钢分子间也存在空隙。

此外，物体受压时体积减少，外部压强减小时体积会增大等现象，也都证明物体的分子间有空隙。

三、分子的热运动

1827 年，英国植物学家布朗用显微镜观察水中悬浮的花粉时，意外地发现它们在不停地做杂乱无章的运动。后来人们就把这样的运动称为**布朗运动**。布朗运动如图 11-1 所

示，在观察过程中每隔 30s 记录两个微粒的位置，并用
线段依次把它们连接起来得到折线。实际上，在短短的
30s 内，微粒的运动也是极不规则的，实验结果还表明，
不管是白天黑夜，不管是夏季冬季，无论怎样减小气流、
振动等外来因素的干扰，布朗运动总是不停地进行着。

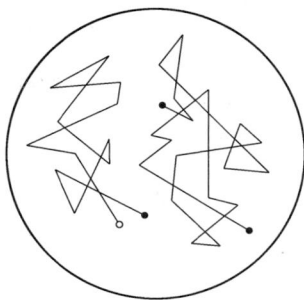

图 11-1　布朗运动

那么，产生布朗运动的原因是什么呢？研究表明，
液体是由无数做无规则运动的分子组成的。这些分子包
围着液体中的小微粒，从四面八方撞击它。若微粒较小，
则某一瞬间它在不同方向受到的冲力一般不相等，因而
微粒就会沿着某一方向运动。另一瞬间，它又受另一方
向上较大的冲力作用，因而就会改变其运动方向。这样
就引起微粒的无规则运动。由此可知，微粒虽然并不是单个分子，但它们的无规则运动却
是液体分子无规则运动的反映。布朗运动表明，组成物质的分子总是不停地做无规则
运动。

过大的颗粒不能做布朗运动。这是因为同时与它碰撞的分子数越多，各个方向上的冲
力越趋于平衡。另外，颗粒质量过大，在较小冲力的作用下，其运动状态的变化也很难
觉察。

值得注意的是，液体的温度越高，布朗运动就越剧烈。这表明，分子的运动速度与温
度有关，温度越高，分子的运动速度也就越大。所以，**大量分子的无规则运动也称为热
运动**。

四、分子间的作用力

一根铁棒用很大的力也难以拉断，这说明铁棒任一截面两侧的分子间有很大的吸引
力。液体有一定体积，固体有一定形状，也说明物体分子间有吸引力。另一方面，压缩物
体使其体积减小，也需要施加一定外力，这又说明分子间还存在排斥力，**分子间的这种相
互作用力称为分子力**。

实验和理论研究都证明，分子间的吸引力和排斥力是同时存在的，实际表现出来的分
子间的作用力是吸引力和排斥力的合力。

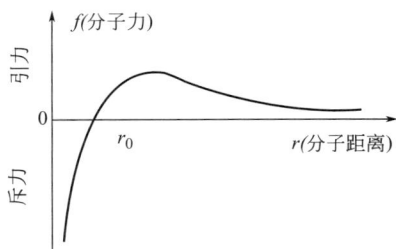

图 11-2　分子力与分子距离的关系

分子力与分子距离的关系如图 11-2 所示。由图
可知，分子距离等于 r_0 时（r_0 约为 10^{-10} m），吸引
力和排斥力相等，合力为零，分子处于平衡状态。分
子距离小于 r_0 时，随着分子距离的缩小，排斥力和
吸引力都增加，但排斥力比吸引力增加得快，分子力
表现为排斥力，所以，物体被压缩时，分子力起阻碍
压缩的作用。分子距离大于 r_0 时，随着分子距离的
增大，排斥力和吸引力都减小，但排斥力比吸引力减小得快，分子力表现为吸引力，所以
物体被拉伸时，分子力起阻碍拉伸的作用。

分子间距离超过 10^{-9} m 时，分子力就表现得十分微弱。由此可见，分子力的作用范
围是很小的。例如，在地面附近，空气中的气体分子的平均距离一般约为 3×10^{-9} m 左
右，分子力几乎是零，因而气体不能在分子力的作用下聚集成一定形状。

综上所述，**物体都是由大量分子组成的，分子间有空隙；分子间存在相互作用力；分子都在永不停息地做无规则运动，这就是分子动理论的基本论点。**

习题 11-1

11-1-1 试举出日常生活中的几个例子，说明分子时刻都在运动。

11-1-2 有人说悬浮在液体中花粉的运动就是分子运动，这种说法正确吗？

11-1-3 为了测定某种油分子的直径，把 0.10cm^3 的油撒在水面上，形成了面积为 $4.0\times10^2\text{m}^2$ 的油膜，求油分子的直径。

11-1-4 试用分子动理论的观点解释以下的现象：

(1) 打进篮球中的空气，体积缩小；

(2) 把两铅块压紧后能连成一块；

(3) 油压千斤顶可以顶起汽车。

第二节 物体的内能 热和功

一、分子动能

组成物体的分子都在做永不停息的热运动，它们都具有热运动动能。

我们知道，即使很小的物体，也含有大量分子，这些分子的热运动速度不同，动能也不同。由于我们观察到的各种热现象都是物体内大量分子热运动的集体表现，因此在研究热现象时，我们关心的不是每个分子的动能，而是所有分子动能的平均值，即分子的**平均动能**。

物体的温度越高，分子的热运动越剧烈，分子热运动的平均动能也就越大；反之，温度越低，分子热运动平均动能就越小，所以，从分子动理论的观点来看，**温度是物体分子热运动平均动能的量度**。

二、分子势能

我们已经知道，地球上的物体因与地球有万有引力作用而具有重力势能，其大小由物体和地球的相对位置决定。同样，分子间有作用力，因而也具有由分子间相对位置决定的势能，这种势能称为**分子势能**。

如果物体的体积改变，分子间相对位置就会改变，分子势能也会随之变化，所以分子势能与物体的体积有关。

三、物体的内能

自然界中一切物体都由分子组成，因此，所有物体都具有分子动能和分子势能。**物体中所有分子热运动动能和分子势能的总和称为物体的内能。**

综上所述，**物体的内能与物体的温度和体积有关**，温度和体积改变都可能引起物体内能的改变。

常温常压下，气体分子间的距离较大，分子力很小，如果忽略分子力的作用，就可以不考虑气体的分子势能，这时可认为气体的内能仅与温度有关。

物体除具有内能外，还可以同时具有机械能。例如，在空中飞行的子弹就具有整体运动的动能和重力势能。在以后关于物体内能变化的讨论中，我们将不考虑物体机械能的变化，即认为其机械能是不变的。

四、内能的变化

在力学中我们已经知道，做功能使物体的机械能发生变化；同样，做功也能使物体的内能发生变化。锯木头时，锯条和木头间相互摩擦，锯条和木头的温度升高，内能增加。用搅拌器在水中搅拌，对水做功，水的温度升高，内能增加。压燃式柴油机的活塞压缩汽缸中的气体，对气体做功，使它的温度升高，内能增加（温度能升高到约 600℃，从而使气体中的雾状柴油燃烧）。热机汽缸内燃烧后的高温高压气体体积膨胀，推动活塞运动，气体对外做功，它的温度降低，内能减少。

做功并不是改变物体内能的惟一方式。两个温度不同但相互接触（或相距较近）的物体，其中高温物体的温度将逐渐降低，其内能减小；低温物体的温度将逐渐升高，其内能增大，这里并没有做功，但是物体的内能也改变了，这样的过程称为**热传递**。

可见，能够改变物体内能的物理过程有**做功和热传递**两种。

五、热和功

当物体内能的变化是由做功过程所引起时，外界对物体做多少功，物体的内能就增加多少；物体对外界做多少功，物体的内能就减少多少。当物体内能的变化是由热传递过程所引起时，物体吸收多少热量，物体内能就增加多少；物体放出多少热量，物体内能就减少多少。**做功和热传递都能改变物体的内能，在这一点上它们是等效的。**能量的 SI 单位是焦耳（J），功和热量的 SI 单位也都是焦耳（J）。

第三节 热力学第一定律 能量守恒定律

一、热力学第一定律

当物体从外界吸收热量 Q 时，物体的内能应增加，其增量应等于 Q；当物体对外做功 W 时，物体的内能应减少，其减少量应等于 W。如果物体从外界吸收热量 Q，同时又对外做功 W，则物体内能的增量应为 $\Delta E = Q - W$，通常写为

$$Q = \Delta E + W \tag{11-1}$$

式中，Q 为物体从外界吸收的热量；ΔE 为物体内能的增量；W 为物体对外做的功。式中各量的单位都是 J。

式（11-1）表明，**物体从外界吸收的热量等于物体内能的增量与物体对外做功的和。**这就是**热力学第一定律**。

为使式（11-1）普遍适用，式中各量的符号规定如下：物体从外界吸热，Q 取正值；物体向外界放热，Q 取负值。物体对外做功，W 取正值；外界对物体做功，W 取负值。物体内能增加，ΔE 取正值；物体内能减少，ΔE 取负值。

【例题】 一定量的气体从外界吸收热量 2.66×10^5 J，其内能增加 4.15×10^5 J。问在此过程中是气体对外做功，还是外界对气体做功？做了多少功？

已知 $Q=2.66×10^5J$，$\Delta E=4.15×10^5J$。

求 W。

解 由热力学第一定律 $Q=\Delta E+W$ 可得

$$W=Q-\Delta E=2.66×10^5-4.15×10^5=-1.49×10^5(J)$$

W 为负值，表示外界对气体做功 $1.49×10^5J$。

答：在此过程中是外界对气体做功，做了 $1.49×10^5J$ 的功。

二、能量守恒定律

如果不对物体传递热量，即 $Q=0$，由式(11-1) 可得

$$W=-\Delta E$$

上式表明，物体对外所做的功等于其内能的减少。或者说，物体以减少自身内能为代价而对外做功。若再有 $\Delta E=0$，即物体内能不减少，则 $W=0$，物体不能对外做功。

由此可见，要使物体对外做功，必须向物体传递热量或者消耗物体的内能。历史上有人曾幻想制作这样一种机器（永动机），既不需要向它传递热量，它又不消耗自身内能而能永远对外做功。由热力学第一定律可知，这是根本不可能实现的。热力学第一定律实质上是包含了机械运动与热运动的能量守恒定律。

在力学中我们知道，物体的机械能可以相互转化并守恒；由热力学第一定律，我们看到在一定条件下机械能和内能也可以相互转化，而且能量总和保持不变。

实质上，物质的每一种运动形式都有与之相对应的能量，除与机械运动对应的机械能，与热运动对应的内能之外，还有电能、化学能、原子能和生物能等。大量事实表明，不仅机械能和内能，而且各种形式的能都能相互转化。例如，水力发电是把机械能转化为电能；通电导体发热，是把电能转化为内能；炽热物体发光，是把内能转化为光能；植物的光合作用，是把光能转化为化学能等。大量事实表明，任何形式的能转化为另外形式的能时，总的能量都是守恒的。

经过长期的生产实践和科学研究，人们认识到：**能量既不能创生，也不能消灭，它只能从一种形式转化成另一种形式，或由一物体转移到另一物体，而能量的总和保持不变。**这就是能量守恒定律。

自能量守恒定律建立以来，在科学技术的各个领域发挥了重大作用，它是人类认识自然和改造自然的有力武器。

习题 11-3

11-3-1 什么是物体的内能？改变物体内能的物理过程有哪两种？每一种举几个实例。

11-3-2 为什么说物体的内能与物体的温度和体积有关？

11-3-3 举出几个能量转化的实例。

11-3-4 空气压缩机在一次压缩中，活塞对空气做了 $3.0×10^5J$ 的功，同时空气内能增加 $1.5×10^5J$，这时空气向外界传递的热量是多少？

11-3-5 用活塞压缩汽缸里的空气，对空气做了 920J 的功，同时汽缸对外散热 230J，汽缸中空气的内能改变了多少？

第四节　热机　制冷机

一、热机

热机是利用工作物质不断地从外界吸收热量，同时又不断地对外界做功并放出热量，经过一次次的循环，将热能转化为机械能的装置。蒸汽机、内燃机、汽轮机和喷气发动机等都是热机。下面我们以蒸汽机为例介绍热机的工作过程和原理。

如图 11-3 所示，水泵可将水池中的水打入加热器即锅炉中，水在锅炉内加热，变成温度和压强较高的蒸汽，这是一个吸热使物体内能增加的过程。蒸汽通过管道进入汽缸，并在汽缸中膨胀推动活塞对外做功，同时蒸汽温度下降，内能减小，在这一过程中内能通过做功转化为机械能。最后，蒸汽变为废气，进入冷凝器，在冷凝器中经冷却放热，水蒸气冷凝成水，再经过水泵将水打入水池，完成一个工作循环。随着循环过程不断进行，水蒸气从锅炉中不断吸收热量对外界做机械功。通常，将机器中的做功物质称为工作物质。例如蒸汽机中的水蒸气等。

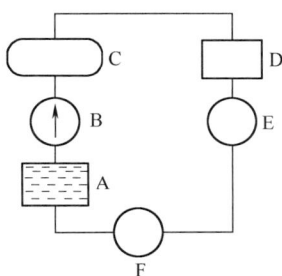

图 11-3　蒸汽机的工作原理

A—水池；B，F—水泵；C—锅炉；

D—汽缸；E—冷凝器

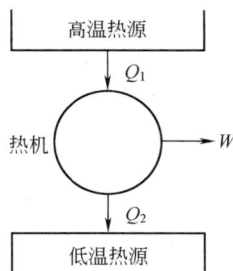

图 11-4　热机循环过程

工作物质经过一系列的变化过程后，仍回到原始状态的整个过程称为**循环过程**。在每一个循环过程中，工作物质从中吸收热量的物体称为高温热源，如锅炉；工作物质对应放出热量的物体称为低温热源，如冷凝器。循环过程中热量的传递变化及做功的过程可用图 11-4 表示，图中表示工作物质在高温热源（如锅炉）中吸收热量 Q_1，在汽缸中膨胀对外做功 W，再向低温热源（如冷凝器）放出热量 Q_2 的过程，这个循环称为正循环。经过一个循环，工作物质恢复原状，如果工作物质在循环过程中只与两个热源（高温热源、低温热源）交换热量，且没有散热和漏气，对于整个循环过程来说，工作物质的内能没有变化。根据热力学第一定律，得到

$$W = Q_1 - Q_2 \quad (Q_2 \text{ 取绝对值})$$

由此可见，在循环过程中，工作物质从外界吸收的热量的总和 Q_1，必然大于放出的热量 Q_2，而且其差值（$Q_1 - Q_2$）就等于对外做的功 W。即工作物质从高温热源吸收的热量，部分用来对外做功，部分不可避免地传递给低温热源而废弃不用。

二、热机效率

热机性能的重要指标之一就是热机效率。在一个循环过程中，工作物质对外界所做的功与从高温热源吸收的热量的比值，即吸收来的热量有多少转化成有用功，称为**热机效率**。热机效率通常用百分数来表示。

$$\eta = \frac{W}{Q_1} = \frac{Q_1 - Q_2}{Q_1} = 1 - \frac{Q_2}{Q_1} \qquad (11\text{-}2)$$

由于散热、漏气、摩擦等因素损耗能量，另一方面由于一部分热量在低温热源处放出，所以热机的效率一般较低。为提高热机的效率，法国工程师卡诺研究了理想热机（没有散热、漏气和摩擦等因素），理想热机的循环也称为卡诺循环。理想热机的效率只由高温热源的温度 T_1 和低温热源的温度 T_2 决定。理想热机的效率为

$$\eta = \frac{T_1 - T_2}{T_1} = 1 - \frac{T_2}{T_1} \qquad (11\text{-}3)$$

由式(11-3) 可知，高温热源的温度 T_1 越高，低温热源的温度 T_2 越低，则理想热机的效率越高。实际热机越接近理想热机效率越高。

【例题】 蒸汽机的锅炉温度为 853K，冷凝器的温度为 303K，若按卡诺循环计算，其效率为多少？

已知 $T_1 = 853\text{K}$，$T_2 = 303\text{K}$。

求 η。

解 由理想热机的效率公式得

$$\eta = \frac{T_1 - T_2}{T_1} = 1 - \frac{T_2}{T_1} = 1 - \frac{303}{853} = 0.64 = 64\%$$

答：理想蒸汽机的效率是 64%。

事实上，实际蒸汽机的效率比 64% 小得多，约为 36% 左右。这是因为实际的循环和卡诺循环相差很多，例如热库并不是恒温的，还存在散热、漏气和摩擦等因素。

三、制冷机

如果沿着热机循环的反方向即逆循环进行时，则为制冷机的工作过程。氨蒸气压缩制冷装置如图 11-5 所示。经压缩机压缩的氨蒸气，在热交换器中被冷却凝结成液氨，然后经节流阀降压降温，在冷库中液氨吸收热量全部蒸发为气体，然后重新经压缩机压缩进行一个循环。在一次制冷循环中，工作物质由低温热源（如冷库）吸收的热量为 Q_2，外界对工作物质做功为 W，向高温热源（如热交换器）放出的热量为 Q_1，如图 11-6 所示。由热力学第一定律可得 $W = Q_1 - Q_2$，制冷机的效能可用制冷系数 ε 表示。

$$\varepsilon = \frac{Q_2}{W} = \frac{Q_2}{Q_1 - Q_2} \qquad (11\text{-}4)$$

由式(11-4) 可知，外界对工作物质做功越少，而从低温热源吸热越多，制冷机性能就越好。

对卡诺制冷机

$$\varepsilon = \frac{T_2}{T_1 - T_2} \qquad (11\text{-}5)$$

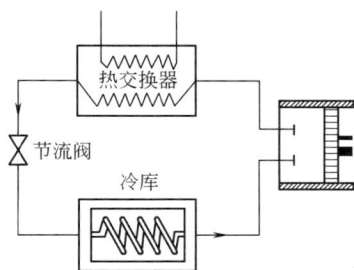

图 11-5　氨蒸气压缩制冷装置

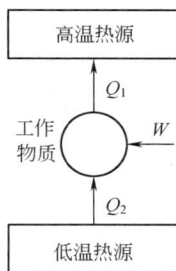

图 11-6　逆循环过程

在制冷机中，高温热源的温度 T_1 通常是大气温度，所以卡诺制冷机的制冷系数取决于所能达到的制冷温度 T_2。T_2 越低，制冷系数越小。

习题 11-4

11-4-1　简述热机的工作原理。

11-4-2　何为热机效率？怎样提高热机效率？

11-4-3　想一想电冰箱、空调的制冷原理是什么？

*第五节　热力学第二定律

一切宏观热力学过程都必须遵守热力学第一定律，那么符合热力学第一定律的宏观过程是否一定就能实现呢？这就是热力学第二定律所要回答的问题。

一、功热转换的不可逆性

功完全可以转换成热，也就是说机械能可以完全转化成内能，摩擦生热就是一个明显的例子，但是反过来，热完全转化为功而不引起外界任何变化是不可能的。如热机，从高温物体吸收热量 Q_1，对外做功为 W，而此时 $Q_1>W$，它们的差值 $Q_2=Q_1-W$ 传递给了低温物体。自然界中热功转化是有方向性的，即摩擦生热是不可逆的。

二、热传递的不可逆性

两个温度不同的物体相互接触时，热量总是自动地由高温物体传递给低温物体，最终两个物体的温度相同，但是从来也没有看到热量会自动地从低温物体传递给高温物体，使低温物体的温度越来越低，高温物体的温度越来越高。也就是说，热传递是有方向的，热量由高温物体传递给低温物体的过程是不可逆的。热传递在不受外界影响的情况下由低温物体自动传递给高温物体是不可能的。

三、气体绝热自由膨胀的方向性

如图 11-7（a）所示，气体聚集在容器的左半部，当绝热容器的隔板被抽去的瞬间，气体将自动地迅速膨胀充满整个容器，如图 11-7（b）所示。而相反的过程即充满容器的气体自动地收缩到只占有原体积的一半，而另一半变为真空的过程是不可能实现的。也就是说，气体向真空中绝热膨胀的过程是不可逆的。

以上三个典型的实际过程都是按一定的方向进行的，是不可逆的。相反方向的过程不能自动地进行，或者说，可以发生，但必然会产生其他后果。由于自然界中一切与热现象有关的实际宏观过程都涉及热功转化和热传递，因此可以说，一切与热现象有关的实际过程都是不可逆的。

四、热力学第二定律的表述

历史上热力学理论是在研究热机工作原理的基础上发展的，热力学第二定律是在研究热机效率的过程中发现的，最早由克劳修斯和开尔文分别于 1850 年和 1851 年提出。这两种表述方法一直沿用至今。

不可能从单一热源取热使之完全变为有用功而不引起其他变化。这就是热力学第二定律的开尔文表述。

热力学第二定律的另一种表述是：**不可能把热从低温物体传递到高温物体而不引起其他变化**。这就是热力学第二定律的克劳修斯表述。克劳修斯表述排除了热量自发地从低温物体传递到高温物体的可能性。

热力学第一定律告诉我们，在任何热力学过程中能量必须守恒。热力学第二定律进一步告诉我们，满足能量守恒定律的过程不一定能够实现，与热现象有关的宏观自然过程都是有方向性的。综上所述，**热力学第二定律反映了自然过程进行的方向和条件**。

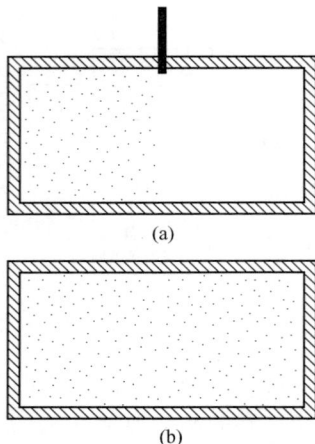

图 11-7　气体绝热自由膨胀

习题 **11-5**

11-5-1　热力学第二定律的内容是什么？

11-5-2　下列说法是否正确？

（1）功可以完全转化成热，但热量在任何情况下都不能完全转化成功；

（2）满足热力学第一定律的热力学过程都可以发生；

（3）热量可以自动地从高温物体传给低温物体，但不可能自动地从低温物体传给高温物体。

本章小结

一、分子动理论的基本论点

物体是由分子组成的，分子之间有空隙；分子在永不停息地做无规则的热运动；分子之间存在相互作用。这是分子动理论的基本论点。

许多事例说明分子动理论的观点是正确的，利用分子动理论可以解释大量的热现象。分子动理论是统计物理学的基础。

二、分子动能和分子势能　内能

分子做无规则的热运动，因此分子具有分子动能；分子之间存在相互作用的引力和斥力，所以分子之间具有分子势能。组成物体的所有分子具有的分子动能和分子势能之和称为物体的内能。

物体的内能不同于物体的机械能。物体的内能与物体的温度和体积有关。

三、热量和功

做功和热传递是改变物体内能的两种方式。做功和热传递在改变物体内能上是等效的，但本质不同。热量和功都是与热力学过程相联系的物理量。

四、热力学第一定律

$$Q = \Delta E + W$$

热力学第一定律是能量转化与守恒定律在热力学中的体现。在应用其解题时，应注意 ΔE、Q、W 三者的符号规定。

*五、热力学第二定律

宏观热力学过程自发进行具有方向性，都是不可逆的。热力学第二定律是关于热力学过程进行方向的定律。热力学第二定律告诉我们，某些过程尽管符合热力学第一定律，但实质上从没有也不可能发生。

复习题

一、判断题

1. 布朗运动就是分子的运动。 （ ）

2. 物体的内能是组成物体的所有分子的动能之和。 （ ）

3. 在物体内能的改变上，做功和热传递是等效的。 （ ）

4. 物体的温度越高，则热量越多。 （ ）

5. 理想热机的效率只由高温热源和低温热源的温度决定。 （ ）

二、选择题

1. 关于布朗运动，下列说法正确的是 （ ）

A. 布朗运动就是液体分子的热运动　　　　B. 布朗运动就是分子运动

C. 悬浮的颗粒越大，布朗运动越剧烈　　　　D. 物体的温度越高，布朗运动越剧烈

2. 固体很难压缩，原因是 （ ）

A. 分子不停地运动　　　　B. 分子间空隙较大

C. 分子本身占据了空间　　　　D. 分子间存在斥力

3. 一定质量的气体，从外界吸收了100J的热量，同时气体对外界做了500J的功，则 （ ）

A. 气体内能增加，温度升高　　　　B. 气体内能减少，温度不变

C. 气体内能减少，温度降低　　　　D. 无法判断

三、填空题

1. 分子的_____运动称为热运动。分子间的相互作用力与分子间的_____有关。

2. 改变物体内能的方法是_____和_____。

四、计算题

1. 对一定质量的气体，向它传递了300J的热量，气体的内能增加了500J，则气体对外做功还是外界对气体做功？做了多少功？

2. 空气压缩机在一次压缩中，对空气做了 4.0×10^5 J 的功，同时汽缸向外散热 9.0×10^4 J，空气内能改变了多少？是增加还是减少？

*第十二章 气体的性质

常温下，物质由液体变为气体时，体积会扩大上千倍。由此可知，气体分子间的距离较液体大得多。所以，气体分子间的作用力十分微弱，可以认为，除分子之间或与容器壁碰撞外，分子不受力，可以自由运动。因此，气体没有固定的体积和形状，容易扩散并充满整个容器，也比较容易被压缩。

第一节 气体的状态参量

在研究气体的热学性质时，首先要对它们的状态加以描述。通常，以气体的体积、压强、温度来描述气体的状态。**气体的体积、压强、温度，这三个物理量称为气体的状态参量。**

一、气体的体积

气体分子间距离很大，相互作用力很小，可以忽略不计，所以气体分子能够自由运动，气体没有一定的形状和体积。对于储存在某容器中的一定气体，气体分子总是充满整个容器空间。因此，**气体的体积就是储存气体的容器的容积。**

气体体积以符号 V 表示，在 SI 中，单位为立方米，符号为 m^3。在生活和工程技术中，体积的单位有时还用升（L）、毫升（mL）。

$$1L = 10^{-3} m^3$$
$$1mL = 10^{-6} m^3$$

二、气体的压强

打入自行车轮胎的空气，会使车胎鼓得很硬；给气球充气，气球胀大。说明气体对容器壁有力的作用。通常，**容器器壁单位面积上受到的气体的垂直作用力称为气体的压强。**

气体的压强是怎样产生的？气体对容器器壁的压强，是由大量运动着的气体分子对容器器壁的撞击而产生的。气体分子不停地做无规则运动，就会不断地与容器器壁碰撞，一个分子对器壁的撞击力尽管很小，而且也不连续，但大量的气体分子与器壁碰撞，就对容器器壁产生均匀、持续的稳定作用力。如同雨中打伞那样，一滴雨滴到伞上，往往感觉不到对伞的压力，但大量密集雨点打在伞上，就会感到伞面受到一均匀的压力。

气体压强常用符号 p 表示，在 SI 中，压强的单位是帕斯卡，符号为 Pa。在工程技术中，压强的单位还有标准大气压（atm）、毫米汞柱（mmHg）等。

$$1Pa = 1N/m^2$$
$$1atm = 1.013 \times 10^5 Pa \approx 1.0 \times 10^5 Pa$$
$$1atm = 76cmHg = 760mmHg$$

气体的压强，可用压强计来测量。如图 12-1(a) 所示为测量小压强的水银压强计；如图 12-1(b) 所示为压力容器上测量大压强的压强计。

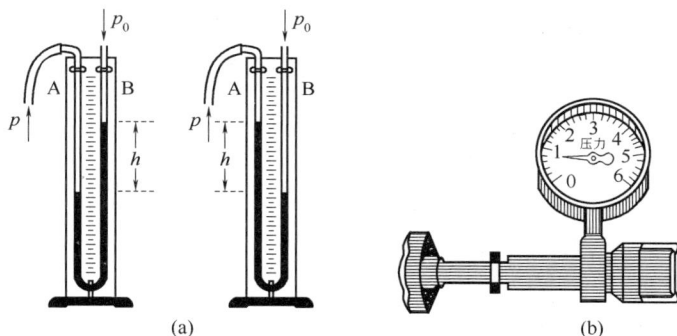

图 12-1　压强计

三、气体的温度

冬天天气寒冷，气温低；夏天炎热，气温高。这里的气温指的是空气的温度。

气体温度宏观上反映了气体的冷热程度，从分子动理论的观点看，气体温度反映气体内部大量分子无规则运动的剧烈程度，是气体分子平均动能的量度。

温度高低的表示法称为**温标**。在日常生活中常用的温标是摄氏温标，对应的温度称为摄氏温度，用 t 表示，它的单位是摄氏度，符号是℃。摄氏温标是将标准大气压下水结冰的温度定为 0℃，水沸腾的温度定为 100℃，中间分成 100 等份，每一等份代表 1℃。在 SI 中，常用热力学温标表示温度高低。对应的温度称为热力学温度，热力学温度用 T 表示，单位是开尔文，符号是 K。热力学温标与摄氏温标两者只是零点的选择不同，热力学温标以 -273.15℃作为零，称作绝对零度。摄氏温度 t 与热力学温度 T 的关系如下。

$$T = t + 273.15$$

为简化计算，在实际应用过程中，常取绝对零度为 -273℃，因此

$$T = t + 273$$

温度通常以温度计测量。温度计除我们熟悉的体温计、寒暑表外，在科学研究和工程技术中还有热电偶温度计、电阻温度计等。

习题 12-1

12-1-1　已知某容器的气体的压强为 30atm，则气体的压强为多少帕？合多少毫米汞柱？

12-1-2　某气体的温度为 25℃，问气体的热力学温度为多少？

12-1-3　如图 12-2 所示，水银柱封闭了一部分气体，水银柱的长度为 10cm，求被水银柱封闭在直玻璃管内的气体的压强？（已知大气压强为 76cmHg）

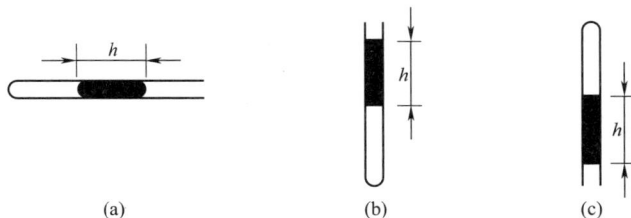

(a)　　　　　　(b)　　　　　　(c)

图 12-2　习题 12-1-3 图

第二节　气体的三个实验定律

一定质量的气体处在某一状态时，它的压强、体积和温度为确定的值。当气体的压强、体积和温度变化时，气体的状态也发生变化，变化过程中遵循什么规律呢？下面通过实验研究气体状态参量之间的变化规律。

一、玻意耳定律

一定质量的气体，当温度保持不变时，压强和体积的变化之间有什么关系呢？

如图 12-3（a）所示，U 形管两端是玻璃管，中间是软管。右边玻璃管上端开口，与大气相通。左边玻璃管的上端是封闭的，其内部用红色水柱封闭着一段空气，这段空气柱就是所要研究的对象。

实验时管中的空气可以很好地透过玻璃管与外界发生热交换，使管中空气的温度不发生明显的变化，可以认为温度不变。在图 12-3 中，分别读出图 12-3（a）和（b）两个不同状态下空气柱的长度 l_1 和 l_2，读出 U 形管左右水面高度差 h_1 和 h_2。大气压强 p_0 可以用大气压强计测出。设空气柱的横截面积为 S，p_{h1} 和 p_{h2} 分别为左右水面高度差为 h_1 和 h_2 时水柱产生的压强，则有

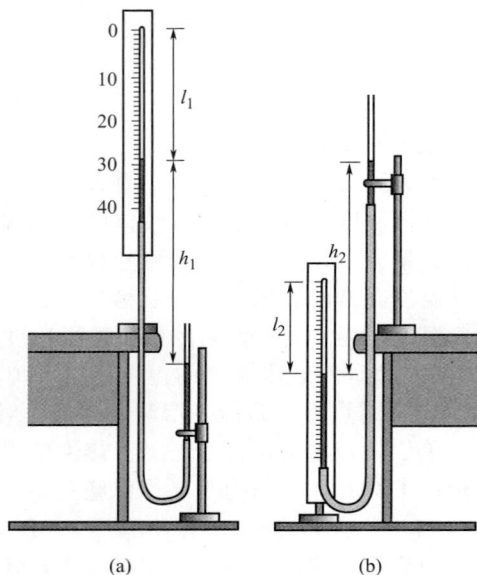

图 12-3　研究气体等温变化的实验装置

$$V_1 = l_1 S, \quad p_1 = p_0 - p_{h1}, \quad V_2 = l_2 S, \quad p_2 = p_0 + p_{h2}$$

调节 U 形管的左右两边，使它们处于几种不同的相对高度，获得空气柱体积和压强的多组数据。分析所测数据，总结有何规律？

英国科学家玻意耳（1627—1691）和法国科学家马略特（1620—1684）各自通过实验总结得出：**一定质量的某种气体，在温度保持不变的情况下，压强与体积成反比**。即

$$p \propto \frac{1}{V}$$

或 $$p_1 V_1 = p_2 V_2 \tag{12-1}$$

这个结论称为**波意耳定律**。气体在温度不变的情况下发生的状态变化过程，称为**等温过程**。

二、查理定律

一定质量的气体，在保持体积不变的情况下，压强与温度变化遵循什么规律呢？

我们知道，打足了气的自行车轮胎（轮胎体积和气体质量不变），夏天在炎热的阳光下曝晒比冬天容易胀破。这是由于夏天温度高，气体压强较大，冬天温度较低，压强较小的缘故。法国科学家查理（1746—1823）通过实验发现：**一定质量的某种气体在体积不变的情况下，压强与热力学温度成正比**。即

$$p \propto T$$

或
$$\frac{p_1}{T_1} = \frac{p_2}{T_2} \tag{12-2}$$

这个结论称为**查理定律**。气体在体积不变的情况下发生的状态变化过程，称为**等容过程**。

三、盖-吕萨克定律

一定质量的气体，在保持压强不变的情况下，体积和温度变化之间有什么关系？

法国科学家盖-吕萨克（1778—1850）通过实验得到：**一定质量的某种气体，在压强不变的情况下，体积与热力学温度成正比**。即

$$V \propto T$$

或
$$\frac{V_1}{T_1} = \frac{V_2}{T_2} \tag{12-3}$$

这个结论称为**盖-吕萨克定律**。气体在压强不变的情况下发生的状态变化过程称为**等压过程**。

习题 12-2

12-2-1　某容器的体积是 10L，里面所盛气体的压强为 $2.0 \times 10^3 \mathrm{Pa}$。保持温度不变，如果气体的压强变为 $1.0 \times 10^2 \mathrm{Pa}$，问气体要用多大体积的容器盛装？

12-2-2　一定质量气体，27℃时体积为 $0.010\mathrm{m}^3$，在压强不变的情况下，温度升高到 80℃时体积为多少？

12-2-3　一密闭容器的气体，0℃时的压强是 $4.0 \times 10^4 \mathrm{Pa}$。给容器加热，当温度升高到多少时，气体的压强为 $1.0 \times 10^5 \mathrm{Pa}$？

第三节　理想气体状态方程

一、理想气体

气体的三个实验定律是在压强不太大（与大气压相比）、温度不太低（与室温相比）的条件下通过实验总结出来的。当压强很大、温度很低时，实际测量的结果并不完全与三条定律的结论相符。能够严格遵循三个实验定律的气体称为**理想气体**。理想气体是一种理想化的模型，是我们为研究问题的方便而假设的。实际气体严格来讲都不是理想气体。但是，实际气体如氮气、氧气、氢气、氦气和空气等，在压强不太大、温度又不太低的条件下，性质很接近理想气体，常常将它们当作理想气体来处理。

从分子动理论看理想气体，理想气体是由大量的没有体积且分子之间没有相互作用力的分子组成的。显然，理想气体是不存在的，但是我们知道常温常压下，实际气体分子本身体积很小，分子间的距离较大，分子间的相互作用力很小，所以可以忽略气体分子本身的体积和分子力。这样，实际气体就可看作理想气体。

二、理想气体状态方程的表达式

理想气体处在某一状态时，状态参量压强、体积、温度保持不变。当状态发生变化

时，一般来说压强、体积和温度都要发生变化，这三者之间有什么关系呢?

由实验可以发现：**一定质量的理想气体在状态发生变化时，其压强和体积的乘积与热力学温度的比值，在气体状态变化过程中始终保持不变。** 即

$$\frac{pV}{T} = 恒量$$

或
$$\frac{p_1 V_1}{T_1} = \frac{p_2 V_2}{T_2} \qquad (12\text{-}4)$$

这个结论称为**理想气体状态方程**。式中，"恒量"与气体的种类、质量有关。应用式（12-4）时，应注意单位的统一，且温度只能用热力学温度。

如果保持压强、体积和温度其中一个量不变，根据式（12-4）得到其余两个量之间的变化关系，很明显就是前面介绍的气体的三个实验定律。

【例题 1】 在温度等于 50℃ 而压强等于 1.0atm 时，内燃机汽缸中气体的体积是 930mL，如果经活塞压缩，气体的压强增大到 10.0atm，体积减小到 155mL，那么气体的温度将升高到多少?

已知 $p_1 = 1.0\text{atm}$，$T_1 = (50 + 273)\text{K} = 323\text{K}$，$V_1 = 930\text{mL}$，$p_2 = 10.0\text{atm}$，$V_2 = 155\text{mL}$。

求 T_2。

解 根据理想气体状态方程 $\dfrac{p_1 V_1}{T_1} = \dfrac{p_2 V_2}{T_2}$ 可得

$$T_2 = \frac{p_2 V_2 T_1}{p_1 V_1} = \frac{10.0 \times 155 \times 323}{1.0 \times 930} \approx 5.4 \times 10^2 (\text{K})$$

答：经活塞压缩后，气体的温度将升高到 5.4×10^2 K。

【例题 2】 在标准状态（1.0×10^5 Pa，0℃）下，氧气的密度 $\rho_0 = 1.43\text{kg/m}^3$。盛在容积为 $V_1 = 100\text{L}$ 氧气瓶中的氧气，在 16℃ 的室温下，瓶上压力计读数为 6.0×10^6 Pa，氧气瓶中有多少千克的氧气?

已知 $p_1 = 6.0 \times 10^6$ Pa，$V_1 = 100\text{L} = 0.1\text{m}^3$，$T_1 = (16 + 273)\text{K} = 289\text{K}$，$p_0 = 1.0 \times 10^5$ Pa，$T_0 = 273\text{K}$。

求 V_0，m。

解 根据理想气体状态方程可得

$$\frac{p_1 V_1}{T_1} = \frac{p_0 V_0}{T_0}$$

可得
$$V_0 = \frac{p_1 V_1 T_0}{p_0 T_1} = \frac{6.0 \times 10^6 \times 0.1 \times 273}{1.0 \times 10^5 \times 289} \approx 5.7 (\text{m}^3)$$

$$m = \rho_0 V_0 = 1.43 \times 5.7 \approx 8.2 (\text{kg})$$

答：氧气瓶中有 8.2kg 氧气。

习题 12-3

12-3-1 某一装置的汽缸内，装有一定质量的空气，压强为 50atm，体积为 3L，温度为 27℃。当移动活塞压缩空气时，使其体积压缩到 2L，温度为 127℃，问此时压缩空气的压强是多少？

12-3-2 某拖拉机的发动机汽缸容积为 0.85L，压缩前气体温度为 47℃，压强为 $1.0 \times 10^5 \mathrm{Pa}$。在压缩过程中，活塞把气体压缩到原体积的 1/16，压强增大到为 $4.0 \times 10^6 \mathrm{Pa}$，求这时气体的温度。

12-3-3 把 20L 温度为 16℃、压强为 $1.0 \times 10^6 \mathrm{Pa}$ 的氧气，装入密闭容器后，置于 0℃ 的冷库中。若压强变为 $1.0 \times 10^5 \mathrm{Pa}$，容器的容积多大？

本章小结

本章介绍了描述气体状态的三个参量，在实验的基础上得出了气体的三个实验定律，并总结得出理想气体状态方程。

一、气体的状态参量

1. 温度

表示物体冷热程度的量。从微观上看，温度的高低标志着分子平均动能的大小。温度越高，分子平均动能越大，分子的热运动越剧烈。

热力学温度 T 与摄氏温度 t 之间的关系如下

$$T = t + 273 \quad \text{或} \ t = T - 273$$

2. 压强

气体的压强来源于大量气体分子对容器器壁的频繁碰撞。

3. 体积

气体的体积由容器的容积决定。

二、气体实验三定律

对一定质量的气体，在等温、等压和等容过程中分别遵守以下定律。

1. 波意耳定律 $\qquad p_1 V_1 = p_2 V_2 \quad (T \text{ 一定})$

2. 盖-吕萨克定律 $\qquad \dfrac{V_1}{T_1} = \dfrac{V_2}{T_2} \quad (P \text{ 一定})$

3. 查理定律 $\qquad \dfrac{p_1}{T_1} = \dfrac{p_2}{T_2} \quad (V \text{ 一定})$

三、理想气体状态方程

对一定质量的理想气体，它的压强和体积的乘积与热力学温度的比值，在状态变化中保持不变，即

$$\frac{pV}{T} = \text{恒量}$$

或

$$\frac{p_1 V_1}{T_1} = \frac{p_2 V_2}{T_2}$$

复习题

一、判断题

1. 气体分子间距离相对于固体和液体来说最大，分子之间的相互作用力也最大。　　（　　）
2. 温度越高，分子平均动能越大，分子的热运动越剧烈。　　（　　）
3. 气体的压强来源于大量气体分子对容器器壁的频繁碰撞。　　（　　）
4. 气体的体积是指所有气体分子的体积和。　　（　　）
5. 气体的状态可以由气体的体积、压强和温度来描述。　　（　　）

二、选择题

1. 一定质量的理想气体，在等温过程中吸收了热量，则气体的　　（　　）
   A. 内能增加　　　　B. 内能减少　　　　C. 内能不变　　　　D. 无法确定
2. 压强为 8×10^4 Pa 的气体，其体积为 1L，若温度不变，体积增加到 2L，压强为　　（　　）
   A. 2×10^4 Pa　　　B. 4×10^4 Pa　　　C. 8×10^4 Pa　　　D. 16×10^4 Pa
3. 一定质量的理想气体，体积保持不变，温度由 27℃ 升高到 54℃，则压强变为原来的　　（　　）
   A. 2 倍　　　　B. 1.09 倍　　　　C. 0.5 倍　　　　D. 1.5 倍

三、填空题

1. 已知某容器的气体压强为 10atm，则气体的压强为_____ Pa，为_____ cmHg。
2. 某物体的温度为 −30℃，则它的热力学温度为_____ K。

四、计算题

1. 汽车的轮胎在 20℃ 时，其压强为 30atm，现在轮胎内温度升高到 37℃，假定体积不变，问气体的压强是多少？

2. 一定质量的气体，27℃ 时体积为 0.01L，在压强不变的情况下，温度升高到 180℃ 时，体积是多少？

3. 在温度等于 47℃ 而压强等于 1atm 时，某内燃机汽缸中气体的体积是 900mL，如果经活塞压缩，气体的压强增大到 10atm，体积减少到 150mL，那么气体的温度将升高到多少？

物 理 实 验

误差和有效数字

误差　实验中，我们总要对物理量进行测量，实际上，这种测量不可能绝对准确。我们把测量值和真实值的差异称为误差。误差可分为系统误差和偶然误差两种。

系统误差是由于仪器不精确、实验方法不完善、实验原理的近似性等原因产生的误差，它的特点是在相同条件下重复做同一实验时，测量值总是同样地偏大或偏小。要减小系统误差，就要校准测量仪器、改进实验方法，或设计更为合理的实验方案等。偶然误差是由各种偶然因素引起的误差。例如，用毫米刻度的尺测量物体的长度，毫米以下的数值只能凭目测估计，各次测量结果就不会完全一致，有时偏大，有时偏小。测量次数越多，偏大与偏小的次数就越相近，由此计算出的平均值就越接近真实值。因此多次测量求平均值可以减小偶然误差。

应注意，误差不是错误，读数时看错刻度、记录时写错单位、运算时算错数字等，都是错误，错误是可以而且应该避免的，而误差无法避免，只能设法减小。

误差的表示　误差有两种表示：绝对误差和相对误差。绝对误差就是测量值与真实值的差（通常取绝对值）。如果以 x 表示测量值，以 x_0 表示真实值，以 Δx 表示绝对误差，那么就有 $\Delta x = | x - x_0 |$。绝对误差往往不能表达出实验结果的好坏。例如，测量一本书的长度和厚度时，绝对误差都是 1mm，但书长约 180mm，而书厚仅 10mm 左右，前者相差不到 1%，而后者相差达 10%，显然前者较为准确。为此，人们又引入了相对误差的概念，并把绝对误差与真实值之比称为相对误差。又因为一般用百分数表示相对误差，所以它又称百分误差。如果以 E 表示百分误差，就有 $E = (\Delta x/x_0) \times 100\%$。物理量的真实值是不能确切知道的，在实际计算误差时，是用公认值或多次测量的平均值来代替它。

有效数字　测量总有误差，测得的数值只能是近似值。从仪器上读出数字，通常都要估计到最小刻度的下一位，例如用毫米刻度的尺量得书长为 183.6mm，数字 1、8、3 都是由最小刻度线直接读出的，是可靠的，称为可靠数字，而数字 6 是估计出来的，是不可靠数字，但它仍有参考价值，不能舍去。由可靠数字和一位不可靠数字组成的近似数中的每一位数字都称为有效数字。

有些仪器，例如游标卡尺或数字式仪表，是不可能估计出最小刻度下一位数字的，我们仍然认为直接读出的数字的最后一位是不可靠数字。这是因为对这些仪表来说，最后一位数字也存在着误差。

近似数 6.5 和 6.50 的含义并不相同。前者不可靠数字是 5，有 2 位有效数字，后者不可靠数字是 0，有 3 位有效数字。由此可见，小数点后面的零是有意义的，不能任意增加或舍去。但第一个非零数字前面的零是用来表示小数点位置的，不是有效数字，例如

0.00289 和 0.000305 都是 3 位有效数字。大的数字，如 175000，如果只有 3 位有效数字，应改写为 1.75×10^5；如果有 4 位有效数字，则应写为 1.750×10^5。在进行单位换算时，应注意使有效数字的位数保持不变。例如，地球的半径为

$$R = 6380 \mathrm{km} = 6.380 \times 10^6 \mathrm{m} = 6.380 \times 10^8 \mathrm{cm}$$

有效数字的运算 实验中的测量结果都是用有效数字表示的，它们的运算也要遵循有效数字的运算法则。

1. 加减法运算

例（标横线的数字为不可靠数字）：

$$
\begin{array}{r}
321.8\underline{3} \\
41.\underline{1} \\
+5.5\underline{46} \\
\hline
368.\underline{476}
\end{array}
$$

结果中第 4 位数字"4"已是不可靠数字，后面的 2 位数字便无意义，按照有效数字的定义，只保留一位不可靠数字，因此按四舍五入原则向前进位，写作 368.5，其有效数字为 4 位。

由这个例子可知，在加减法运算中，结果的最后一位要与参加运算各量中不可靠数位最高的（如上例中的 41.1）取齐，后面的尾数四舍五入。

为简化运算，可先以最高的不可靠数位为标准位（如上例中小数点后第一位），对其他各量进行简化，用四舍五入的方法使它们只保留至标准位的下一位，再进行加减，最后的结果则只保留至标准位。由此可知，对上面的例子有

$$
\begin{array}{r}
321.83 \\
41.1 \\
+5.55 \\
\hline
368.48
\end{array}
$$

最后结果为 368.5。

2. 乘除法运算

例：

$$
\begin{array}{r}
24.241 \\
\times \quad 1.4 \\
\hline
9\,69\,64 \\
2\,4\,2\,41 \quad\;\; \\
\hline
33.9374
\end{array}
$$

因为结果中只能保留一位不可靠数字，其余四舍五入，所以其结果应写为 34，其有效数字为 2 位。

由这个例子可知，在乘除法运算中，结果的有效数字位数应与各量中有效数字位数最少的相同。

为简化运算，可先以有效数字的最少位数为准（如上例中为 2 位），简化其他各量，

用四舍五入的方法使它们的有效数字位数比最少位数多一位，再进行乘除。最后结果的位数与最少位数相同，由此可知，对上面的例子有

$$
\begin{array}{r}
24.2 \\
\times \quad 1.4 \\
\hline
968 \\
242 \quad \\
\hline
33.88
\end{array}
$$

最后结果仍是34。

3. 乘方、开方运算

乘方、开方运算结果的有效数字位数应分别与底数、被开方数的有效数字位数相同。

应说明的是，参与运算的常数，如 π、$\sqrt{2}$、2、$\frac{1}{2}$ 等，其有效数字位数可认为是无限多的，在计算时一般比其他数值多取一位（或取相同位数）。

预　习　题

1. 测量从仪器上读数，通常都要估计到 _____。由最小刻度线直接读出的是 _____，估计出的下一位是 _____。由 _____ 和一位 _____ 组成的近似数中的每一位数字都称为有效数字。而像游标卡尺和数字式仪表，是不可能估计出 _____，但我们也认为读出的数字的末位数是 _____。

2. 对于一个纯小数而言，最后一个非零数字后面的零是有意义的，不能任意 _____ 和 _____。而第一个非零数字前面的零是用来表示 _____，不是 _____。

3. 有效数字在加减法运算中，结果的最后一位要与参与运算的各量中不可靠数位 ____ 的取齐，后面的尾数 _____。在乘除法的运算中，结果的有效数字位数应与各量中有效数字位数 _____ 相同。

4. 下列各数据各有几位有效数字？

① 1.075；

② 0.862；

③ 0.0030；

④ 2750；

⑤ 3.540×10^{4}；

⑥ 9.07×10^{-3}。

5. 计算下列各式：

① $302.1 + 3.12 =$

② $12.36 - 12.16 =$

③ $2.582 \times 37 =$

④ $0.024 \times 1.5 =$

⑤ $1.545 \div 0.50 =$

⑥ $9.2 \times 1.3 + 8.8 =$

实验一　规则形状固体密度的测定

实验目的

1. 练习正确使用物理天平。
2. 学会使用游标卡尺测量长度。
3. 测定规则形状固体的密度。

实验原理

根据物质密度的定义

$$\rho = \frac{m}{v}$$

用物理天平测出圆柱形金属块的质量 m，用游标卡尺测出金属块的直径 d 和高 h，根据密度公式可计算出金属块的密度。

实验器材

圆柱形金属块，物理天平，游标卡尺。

实验步骤

1. 组装、调节物理天平，并测出金属块的质量 m，填入实验表 1-1 中。

2. 用游标卡尺分别测出圆柱形金属块的直径 d 和高 h。测量圆柱形金属块的直径和高时分别测出 3 次，求出它们的平均值。将数据填入实验表 1-1 中。

3. 利用所得数据计算出体积，继而计算出密度。填入实验表 1-1 中。

4. 将计算出的密度值 ρ 与该金属密度的公认值 ρ_0 做比较，计算出百分误差（ρ_0 由实验室给出）。

附　件

物理天平和游标卡尺

一、　物理天平

天平是一种等臂杠杆，用来称量物体的质量。物理天平的外形与结构如实验图 1-1 所示，它的主要技术指标如下。

（1）最大称量　是指允许称量的最大质量。

（2）分度值　是指天平平衡时，使指针产生一小格的偏转在一端需加（或减）的最小质量，分度值的倒数称为**灵敏度**。分度值越小，天平的灵敏度越高。

物理天平的操作步骤如下。

（1）安装　从盒中取出横梁后，辨别横梁左边和右边的标记，通常左边标有"1"，右边标有"2"，挂钩和秤盘上也标有 1、2 字样，安装时，左右分清，不可弄错，要轻拿轻放，避免刀口受冲击。

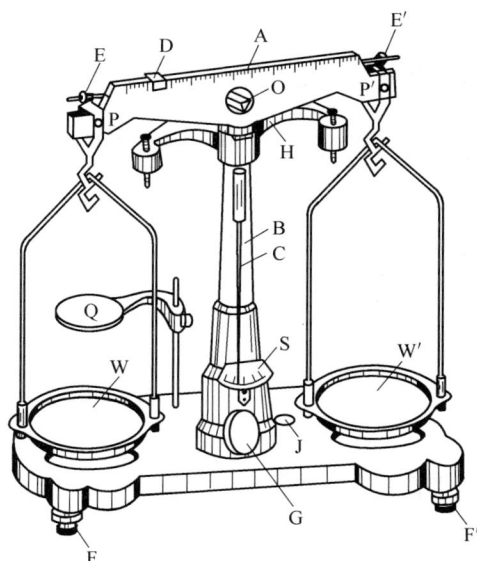

实验图 1-1 物理天平的外形与结构

A—横梁；B—支柱；C—指针；D—游码；E, E′—平衡螺母；F, F′—底脚螺丝；

G—制动旋钮；H—制动架；J—水准泡；O, P, P′—刀口；S—刻度尺；Q—托盘；W, W′—秤盘

（2）水平调节　调节底脚螺丝，使水准泡居中，以保证支柱铅直。有些天平是采用铅垂线和底柱准尖对齐来调节水平的。

（3）零点调节　先把游码拨到刻度"0"处，顺时针旋转制动旋钮，支起横梁，观察指针摆动，当指针指"0"或在标尺的"0"点左右做等幅摆动时，天平即平衡了。如不平衡，调节平衡螺母，使之平衡。

（4）称量　将待测物体放在左盘内，砝码加在右盘内，横梁上的游码用于 1g 以下的称量，当天平平衡时，待测物体的质量就等于砝码的质量与游码所指值（包括估读的一位数字）之和。

（5）记录数据　每次称量完毕，应将制动旋钮逆时针旋转，放下横梁，再记下砝码和游码的读数。

使用天平应注意以下几点。

① 不允许用天平称量超过该天平最大称量的物体。

② 注意保护好刀口。在调节平衡螺母、取放物体、加减砝码、移动游码及不用天平时，必须放下横梁，制动天平，只有判断天平是否平衡时才支起横梁。天平使用完毕，应将秤盘摘离刀口。

③ 砝码应用镊子取放，请勿用手，用完随即放回砝码盒内。不同精度级别的天平配用不同等级的砝码，不能混淆。

二、游标卡尺

游标卡尺简称卡尺，是一种常用的测量长度的量具，它的外形与结构如实验图 1-2 所示。

游标卡尺主要由主尺和可以沿主尺滑动的副尺（游标尺）组成。钳口可用来测量物体的外部尺寸；刀口可用来测量管的内径的槽宽；尾尺可用来测量槽和小孔的深度。

主尺的最小分度为 1mm，副尺上刻有游标刻度，利用游标可以把主尺上的估读数准确地测量出来，以 10 分度游标为例，主尺的最小分度为 1mm，游标上 10 个小的等分刻度的总长度等于 9mm，因此游标上的每一小分度比主尺的最小分度相差 0.1mm。当钳口合在一起时，游标的零刻度线与主尺的零刻度线重合。若在钳口间卡一长度为 L 的物体，副尺对在主尺上的某一位置，如实验图 1-3 所示。物体长度

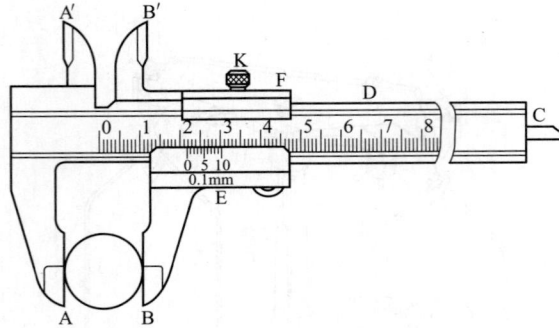

实验图 1-2　游标卡尺的外形与结构

A,B—钳口；A′,B′—刀口；C—尾尺；D—主尺；E—游标刻度；K—固定螺丝；F—副尺

L 在毫米以上的整数部分 x 可以从游标"0"线所对主尺的位置直接读出；而毫米以下的部分 Δx，则可由游标读出，即找出游标上第几根刻线与主尺上刻线对得最齐。如实验图 1-3 所示，x 等于 21mm，游标上第 5 根刻线与主尺上刻线对得最齐，由图可知 Δx 等于 5×0.1mm，物体的长度为 21.5mm。如果游标上第 k 根刻线与主尺某刻线对得最齐，则 Δx 就是 $k\times0.1$mm，则物体的长度为

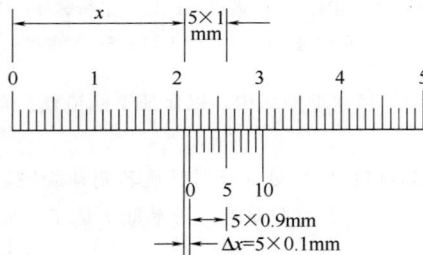

实验图 1-3　游标卡尺的读数

$$L=(x+k\times0.1)\text{mm}$$

对于一般情况，若游标上有 n 个分格，它的总长度与主尺上 $(n-1)$ 个最小分格的总长度相等，则每一游标分度的长度 b 为

$$b=\frac{(n-1)a}{n}$$

式中，a 为主尺最小分度的长度。主尺的最小分度与游标分度的长度差为

$$a-b=a-\frac{(n-1)a}{n}=\frac{a}{n}$$

式中，$\frac{a}{n}$ 称为**游标卡尺的分度值**。显然，测量时，如果游标上的第 k 条刻线与主尺某一刻线对齐，则

$$\Delta x=k\,\frac{a}{n}$$

使用游标卡尺时，可用左手持待测物体，右手握主尺，用拇指按在游标的下部推拉。应注意保护钳口与刀口不被磨损。卡住待测物体时，松紧要适当，当需要将待测物体取下读数时，要旋紧固定螺丝 K。

预 习 题

1. 用 10 分度游标卡尺测量某物体的高，3 次测得的数据分别是 43.6mm，43.7mm，43.5mm，那么该物体的高取值是_____ mm，_____ m。

2. 调节天平的步骤是：一，_____；二，_____。若将这两步颠倒一下，天平_____调节好，这是因为_____。

3. 使用天平时应注意，在调节横梁两端的螺母使横梁平衡或者在称量取放物体、增减砝码、调节游码时，都应利用_____将横梁_____。还要注意_____。

4. 常用的游标卡尺还有 20 分度和 50 分度的，用它们来测量长度可准确到 0.05mm 和 0.02mm，这 0.05mm 和 0.02mm 称为游标卡尺的_____。

5. 用游标卡尺测量长度时，要用毫米作单位，整数毫米数由_____读出。毫米以下的尾数从_____读出。具体方法是_____。

实 验 报 告

实验名称

实验目的

实验原理

实验器材

记录与计算

实验表 1-1

金 属 块			金属块体积 V/m^3	金属块质量 m/kg	金属块的密度 $\rho/kg \cdot m^{-3}$
测量序次	直径 d/m	高 h/m			
1					
2					
3					
平均值					

该金属密度的公认值 $\rho_0 =$

百分误差 $E = \dfrac{|\rho - \rho_0|}{\rho_0} \times 100\% =$

实验人员

实验时间

实验二　测定物体的速度和加速度

实验目的

1. 学习使用气垫导轨和数字毫秒计。

2. 观察匀速直线运动和匀变速直线运动。

3. 测定匀速直线运动瞬时速度和匀变速直线运动的加速度。

实验原理

1. 物体沿一直线运动，如果在任意相等的时间内通过的位移都相等，这种运动就称为匀速直线运动。

2. 在摩擦阻力可忽略的情况下，物体沿斜面自由下滑的运动是匀变速直线运动，应有

$$v_2^2 = v_1^2 + 2as$$

测出初速度 v_1、末速度 v_2 和位移 s，即可计算出加速度 a。可以证明，在上述情况下，物体的加速度与斜面倾角有关，当倾角一定时，加速度为一恒量。

实验器材

气垫导轨，滑块，光电门，数字毫秒计，气源，垫块。

实验步骤

一、观察匀速直线运动　测定匀速直线运动的瞬时速度

1. 将光电门和数字毫秒计连起来，时基选择为 1ms 挡，功能选择开关置于 S_2 挡，接通数字毫秒计的电源开关，按下复位按钮（最好使用自动复位，否则每次显示后都要迅速按下复位按钮）。

2. 调整导轨为水平状态，方法如下，将 U 形遮光片装到滑块上，两光电门距离调为 0.6000m，接通气源开关。把滑块轻轻放在导轨上，用手推动滑块（不要用力过猛），使它在导轨上往复运动。观察滑块通过两光电门的时间 t_1 和 t_2，并反复调节导轨下面的单脚螺钉，直至 t_1 和 t_2 相等或仅末位上略有差异，即可认为导轨已调平。滑块每一次方向不变的运动均可看作是匀速直线运动。

3. 将 t_1 和 t_2 记录在实验表 2-1 中。滑块经过光电门的平均速度分别为

$$v_1 = \frac{l}{t_1} \quad v_2 = \frac{l}{t_2}$$

式中，l 为遮光片的计时宽度。因为 l 很小，所以可以把 v_1 和 v_2 看成是滑块通过光电门时的瞬时速度，将其记录在实验表 2-1 中。显然 v_1 应近似等于 v_2。

二、测定匀变速直线运动的加速度

1. 在导轨一端的单脚螺钉下放置一块垫块，将两光电门分别放在导轨刻度尺的 30.00cm 和 60.00cm 处，接通气源开关。

2. 使滑块在导轨的垫高端自由下滑，记录滑块通过两光电门的时间 t_1 和 t_2 于实验表

2-2 中。

3. 位于 30.00cm 处的光电门 1 不动，将另一光电门 2 分别放在 70.00cm、80.00cm、90.00cm、100.00cm 处，重复步骤 2，将数据填入实验表 2-2 中。

4. 用公式 $a=\dfrac{v_2^2-v_1^2}{2s}$ 计算出表中的 5 个加速度数值，并求出平均值。

5. 在单脚螺钉下再放置一块垫块，重复前面的实验，便可验证物体沿斜面自由下滑运动的加速度与斜面倾斜角度有关。斜面倾角越大，加速度越大。

注意事项

1. 未接通气源时，不得在导轨上放置滑块；取下滑块前不得关闭气源。

2. 取放滑块要细心，防止损坏轨面和滑块。

附　件

气垫导轨和数字毫秒计

一、气垫导轨

气垫导轨简称气轨，是一种力学实验装置，其结构如实验图 2-1 所示。

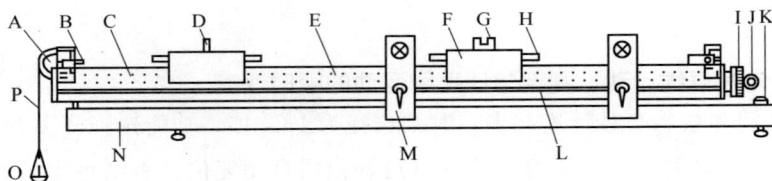

实验图 2-1　气垫导轨的结构

A—滑轮；B—缓冲弹簧；C—导轨；D—条形遮光片；E—气孔；F—滑块；G—开槽遮光片；
H—缓冲弹簧；I—进气管接口；J—进气管；K—单脚底脚螺丝；L—标尺；
M—光电门；N—支承梁；O—砝码；P—尼龙线

1. 导轨

导轨是一根长约为 1.5～2m 的平直铝管，截面呈三角形。一端封闭，另一端装有进气口，可向管腔送入压缩空气。在铝管相邻的两个侧面上，钻有两排等距离的喷气小孔，当导轨上的小孔喷出空气时，在导轨表面与滑块之间形成一层很薄的"气垫"，滑块即浮起，它将在导轨上做近似无摩擦的运动。

2. 滑块

滑块由长约 20cm 的角铝制成，其内表面和导轨的两个侧面均经过精密加工而严密吻合，根据实验需要，滑块两端可加装缓冲弹簧、尼龙搭扣（或橡皮泥），滑块上面可加装不同宽窄的遮光片。

3. 光电门

光电门主要由小灯泡（或红外线发射管）和光电二极管组成，可在导轨任意位置固定。它是利用光电二极管受光照和不受光照时的电压变化，产生电脉冲来控制计时器的"计"和"停"。光电门在导轨上的位置由它的定位标志指示。

二、数字毫秒计

数字毫秒计系光电式数字计时仪表，是一种比较精确的测时仪器，其分度值可达 0.1ms，最大量程为 99.99s。它是利用石英晶体振荡器及分频电路作为时间基准进行计时的，时间间隔直接用数码管显示出来。

数字毫秒计的面板如实验图 2-2 所示。使用方法如下。

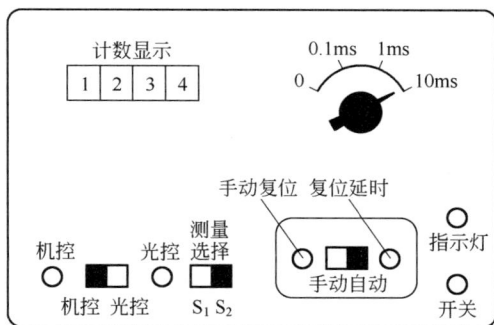

实验图 2-2　数字毫秒计的面板

1. 电源开关

扳向"开"表示电源接通，电源指示灯及各数码管全部点亮。

2. 控制选择开关

分"机控"和"光控"两挡。各有对应的机控插座和光控插座。

将选择开关置于"机控"挡，机控插头插入机控插座。当插头的两引出线接通时，毫秒计开始计数，断开时停止计数，所计时间是插头两引出线接通时间的长短。

将选择开关置于"光控"挡，与光电门相连的光控插头插入光控插座。由光电门上的遮光信号控制"计数"和"停止"。

3. 光控方式选择开关

分"S_1"和"S_2"两挡。

将选择开关置于"S_1"，毫秒计显示的是光电门的遮光时间。当与毫秒计连接的两个光电门中任何一只光电二极管被遮光时开始计时，遮光结束便停止计时。

将选择开关置于"S_2"，毫秒计显示的是两次相邻的遮光动作之间的时间。当两光电门中任一个被遮光时，开始计时，再遮挡两光电门中无论哪一只时，立即停止计时。

4. 时基选择开关

分"0.1ms"、"1ms"、"10ms"三挡，可根据测量需要选用。如显示数字 1234，选择开关置于"0.1ms"挡时，读作 123.4ms，其余类推。

5. 复位选择开关

分"手动"复位和"自动"复位两挡。它与"手动复位"按钮和"复位延时"旋钮配合作用。

6. 手动复位按钮

当复位选择开关置于"手动"时，不按此按钮，各次测量所得的时间累加，数码管显示累加值；按下手动复位按钮，数码管计数清除，全部显示"0"。

7. 复位延时旋钮

当复位选择开关置于"自动"时，调节复位延时旋钮，可控制数字显示时间，方便实验者读数和记录。延时时间为 0～3s。

预 习 题

1. 数字毫秒计的功能选择开关可实现的两种光控计时方式用＿＿＿＿＿＿和＿＿＿＿＿＿表示，其中＿＿＿＿＿挡的功能是＿＿＿＿＿＿＿＿＿＿＿＿＿＿＿＿。要测量滑块经过光电门的瞬时速度，滑块上置矩形遮光片，功能选择开关应置＿＿＿＿＿＿挡，测量滑块经过两光电门的平均速度时，功能选择开关应置＿＿＿＿＿＿挡。

2. 导轨侧面的标度尺的最小刻度线为毫米，则下列数据记录正确的是（　　　）

A. 1.5mm，600mm

B. 0.015m，0.600m

C. 1.5×10^{-2} m，6.00×10^{-1} m

D. 1.50×10^{-2} m，6.000×10^{-1} m

3. 矩形遮光片宽为 1.50cm，滑块经过光电门 1 的时间为 35ms，经过光电门 2 的时间为 34ms，则 $v_1 =$ ＿＿＿＿＿＿ m/s，$v_2 =$ ＿＿＿＿＿＿ m/s。

4. 有效数字能够反映出使用仪器的精密度。测量数据读数时，应先看看＿＿＿＿＿＿＿＿＿＿＿＿＿＿＿＿，然后再＿＿＿＿＿＿＿＿＿＿＿＿＿＿＿的下一位。使用数字毫秒计时＿＿＿＿＿＿估计，但也认为＿＿＿＿＿＿＿＿＿＿＿＿。

思 考 题

1. 在实验中，若 $t_1 < t_2$ 和 $t_1 > t_2$，分别表示导轨处于什么状态？为使导轨水平，各应如何调节单脚螺丝？

2. 为什么在步骤 3 中测出的速度可看作是瞬时速度？

3. 实验中为什么不用 $a = \dfrac{v_2 - v_1}{t}$ 来计算滑块的加速度？

实　验　报　告

实验名称

实验目的

实验原理

实验器材

记录与计算

实验表 2-1

遮光片计时宽度 $l=$ _____ m

实验序次	t_1/s	t_2/s	$v_1/\text{m} \cdot \text{s}^{-1}$	$v_2/\text{m} \cdot \text{s}^{-1}$
1				
2				
3				

实验表 2-2

遮光片计时宽度 $l=$ _____ m

s/m	t_1/s	t_2/s	$v_1/\text{m} \cdot \text{s}^{-1}$	$v_2/\text{m} \cdot \text{s}^{-1}$	$a/\text{m} \cdot \text{s}^{-2}$	$\overline{a}/\text{m} \cdot \text{s}^{-2}$
0.3000						
0.4000						
0.5000						
0.6000						
0.7000						

实验人员

实验时间

实验三　验证牛顿第二定律

实验目的

1. 验证牛顿第二定律。

2. 熟练使用气垫导轨和数字毫秒计。

实验原理

在气垫导轨上，研究滑块的运动。当砝码的质量远小于滑块的质量时，可以认为牵引滑块的作用力近似等于砝码的重力；滑块的加速度则利用实验二的方法测出。保持滑块的质量不变，改变砝码的质量，即改变对滑块的牵引力，测出相应的加速度，可验证物体质量一定时，加速度与外力成正比。保持砝码不变，即牵引力不变，在滑块上加装不同的配重块，测出相应的加速度，可验证作用力一定时，加速度与物体质量成反比。

实验器材

气垫导轨，滑块，光电门，配重块，砝码，细线，数字毫秒计，气源，天平。

实验步骤

1. 用物理天平分别测出滑块和配重块的质量，记在实验表 3-1 和实验表 3-2 相应的位置上。

2. 接通气源开关和数字毫秒计开关。将两个光电门分别置于刻度尺的 170.00cm 和 110.00cm 位置。将导轨调为水平状态。

3. 取下滑块，用细线将它和砝码连起来。

4. 将滑块放在导轨上，细线绕过定滑轮，令滑块在刻度尺 170.00～200.00cm 间某固定位置，在细线牵引下，由静止开始运动，记录滑块经过两光电门的时间 t_1 和 t_2，重复两次，将数据填入实验表 3-1 中。

5. 改变砝码的质量，其余条件不变，重复步骤 4。

6. 利用所得数据计算 a_1 和 a_2，看它是否与作用力成正比。

7. 将步骤 5 的第二组数据填入实验表 3-2 中。

8. 将配重块加在滑块上，其他条件不变，重复步骤 4。将数据填入实验表 3-2 中。

9. 利用所得数据计算 a_1 和 a_2，看它是否与滑块的质量成反比。

预 习 题

1. 将气垫导轨调为水平状态的方法是 _____
_____ 。

2. 本次实验可看作分两大步做。第一步是 _____ 不变，改变 _____ 的质量，也就是改变 _____，研究 _____ 和 _____ 的关系，看其是否成 _____ 关系。

3. 本实验用 _____ 公式计算加速度。

4. 为什么说当砝码的质量远小于滑块的质量时，可认为牵引滑块的作用力近似地等于砝码的重量？

实 验 报 告

实验名称

实验目的

实验原理

实验器材

记录与计算

实验表 3-1

位移 $s=$ _____ m，滑块质量 $m=$ _____ kg，遮光片计时宽度 $l=$ _____ m

砝码质量 m/kg	牵引力 F/N	t_1 /s	v_1 /m·s^{-1}	$\bar{v}_1$ /m·s^{-1}	t_2 /s	v_2 /m·s^{-1}	$\bar{v}_2$ /m·s^{-1}	a /m·s^{-2}
结论								

实验表 3-2

位移 $s=$ _____ m，牵引力 $F=$ _____ N，遮光片计时宽度 $l=$ _____ m

滑块质量 m/kg	t_1 /s	v_1 /m·s^{-1}	$\bar{v}_1$ /m·s^{-1}	t_2 /s	v_2 /m·s^{-1}	$\bar{v}_2$ /m·s^{-1}	a /m·s^{-2}
结论							

实验人员

实验时间

*实验四 单摆的研究及应用

实验目的

1. 研究单摆的振动周期。

2. 用单摆测重力加速度。

实验原理

在确定地点，用单摆的质量 m、振幅 A、摆长 l 三个物理量中的任意两个量而改变第三个量的方法，测定单摆的周期 T，以研究它们对单摆周期的影响；并验证在偏角不超过 5°情况下，T 与 $\sqrt{l}$ 的关系。

根据单摆的周期公式（偏角很小时）

$$T = 2\pi\sqrt{\frac{l}{g}}$$

有

$$g = \frac{4\pi^2}{T^2}l$$

只要测出单摆的周期和摆长，便可计算出当地的重力加速度 g。

实验器材

单摆（附质量不同、中间带孔的塑料球和钢球各一个），米尺，停表。

实验步骤

1. 把单摆放在实验桌的边缘，以塑料球作为摆球，调节摆长 l（从夹线口到小球球心的距离），使 $l = 1.200\text{m}$。

2. 使单摆在偏角不超过 5°的条件下以较小的振幅摆动，测出全振动 50 次所需时间。注意尽可能让小球在同一竖直面内摆动。

3. 使单摆在偏角不超过 5°的条件下以较大的振幅摆动，测出全振动 50 次所需时间。

4. 将塑料球换成钢球，重复步骤 2、3。

5. 摆球仍为钢球，摆长改为 0.300m，使单摆在偏角不超过 5°的条件下以较小的振幅摆动，测出全振动的 50 次所需时间。

将以上数据依次填入实验表 4-1 中。

思 考 题

1. 利用实验表 4-1 中 1 和 2、3 和 4 的结果，说明振幅与周期的关系。

2. 利用实验表 4-1 中 1 和 3、2 和 4 的结果，说明质量与周期的关系。

3. 利用实验表 4-1 中 3 和 5 的结果，说明周期与摆长的关系。

实　验　报　告

实验名称

实验目的

实验原理

实验器材

记录与计算

实验表 4-1

次数	摆球质量	振幅	摆长 l/m	全振动50次 时间/s	周期 T/s	重力加速度 $/m \cdot s^{-2}$	重力加速度平均值 $/m \cdot s^{-2}$
1	塑料球(小)	小	1.200				
2	塑料球(小)	大	1.200				
3	钢球(大)	小	1.200				
4	钢球(大)	大	1.200				
5	钢球(大)	小	0.300				

实验人员

实验时间

实验五　伏安法测电阻

实验目的

1. 掌握伏安法测电阻的原理和方法。
2. 熟悉电压表和电流表的使用方法。
3. 加深对欧姆定律的理解。

实验原理

用电压表测出电阻两端的电压，用电流表测出通过电阻的电流，即可根据欧姆定律 $U = IR$ 求出电阻值。这就是测量电阻的伏安法。

用伏安法测电阻，可有两种接法，如实验图 5-1 所示，采用实验图 5-1(a) 的接法时，由于电压表的分流作用，电流表测出的电流较通过电阻的电流大，这样算出的电阻值要比真实值小。

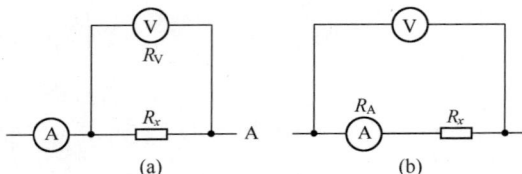

实验图 5-1　伏安法测电阻的接线图

如果电压表的内电阻为 R_V，则只有在 $R_x \ll R_V$ 时，通过电压表的电流可忽略，产生的误差才比较小，所以这种方法适用于测量较小的电阻。采用实验图 5-1(b) 的接法时，由于电流表的分压作用，电压表测出的电压较真实值大，这样计算出的电阻值要比真实值大。如果电流表的内电阻为 R_A，只有当 $R_x \gg R_A$ 时，电流表上的电压降可忽略，产生的误差才比较小，所以这种方法常用来测量较大的电阻。

实验器材

电流表，电压表，直流电源，待测电阻 2 个（电阻 R_{x1} 约为 $2 \times 10^2 \, \Omega$，电阻 R_{x2} 约为 $2 \times 10^4 \, \Omega$），开关，滑线变阻器，导线等。

实验步骤

1. 按实验图 5-2 所示接好线路。先使滑线变阻器的阻值最大，接通开关，再根据电压表和电流表的量程，适当调节变阻器的电阻，读出一系列电流 I 和相应的电压 U 的数值，将数据填入实验表 5-1 中。根据上述数据计算电阻 R_{x1} 的值。

2. 按实验图 5-3 所示接好线路。先使分压器输出电压最小，通电后，根据电压表和电流表的量程，适当调节变阻器滑动片的位置，读出一系列电流 I 和对应的电压 U 的数值。将数据填入实验表 5-2 中，根据上述数据计算电阻 R_{x2} 的值。

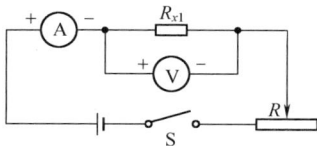

实验图 5-2　电流表外接法测电阻的线路图

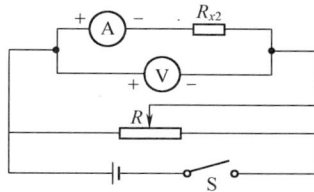

实验图 5-3　电流表内接法测电阻的线路图

预 习 题

1. 如实验图 5-4(a) 所示，若电压表用 15V 量程挡，每小格代表_____V。如实验图 5-4(b) 所示，电流表用 0.6A 量程挡，每小格代表_____A。图中电压表示数为_____V，电流表示数为_____A。

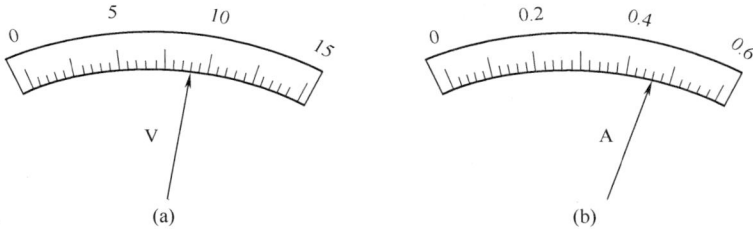

实验图 5-4

2. 用笔线代替导线，将下列器材按实验图 5-2 及实验要求连接起来。在合上开关 S 前，滑动变阻器的滑片 P 应放在靠近_____，这是因为_____
____。

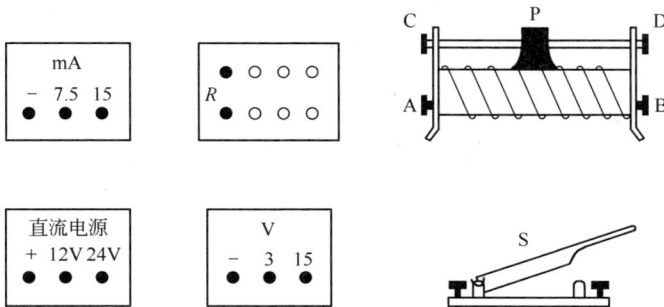

3. 用笔线代替导线，将下列器材按实验图 5-3 及实验要求连接起来。合上开关 S 前，滑动变阻器的滑片 P 应放在靠近_____处，这是因为_____。

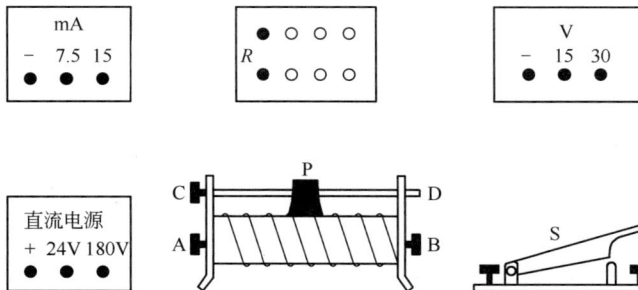

实 验 报 告

实验名称

实验目的

实验原理

实验器材

记录与计算

实验表 5-1

电流表量程 0～＿＿＿＿＿＿＿ A，电压表量程 0～＿＿＿＿＿＿＿ V

待测电阻	I/A	U/V	R_{x1}/Ω	$\overline{R}_{x1}/\Omega$
R_{x1}				

实验表 5-2

电流表量程 0～＿＿＿＿＿＿＿ A，电压表量程 0～＿＿＿＿＿＿＿ V

待测电阻	I/A	U/V	R_{x2}/Ω	$\overline{R}_{x2}/\Omega$
R_{x2}				

误差分析

实验人员

实验时间

实验六　电源的电动势和内电阻的测定

实验目的

1. 测量电源的电动势和内电阻。

2. 巩固闭合电路欧姆定律的知识。

3. 综合运用所学理论和实验知识，进行设计实验的练习。

实验原理

根据闭合电路欧姆定律 $E=IR+Ir$ 或 $E=U+Ir$，用电流表和电压表分别测出两组对应的 R、I 或 U、I 值，列出方程 $E=I_1R_1+I_1r$，$E=I_2R_2+I_2r$ 或 $E=U_1+I_1r$，$E=U_2+I_2r$，均可求出电动势 E 和内电阻 r 的值。

实验器材

干电池（或直流稳压电源串联定值电阻），电流表，电压表，电阻箱（或定值电阻），开关，导线。

实验步骤

1. 将干电池、电流表、电阻箱、开并按实验图 6-1 所示的线路连接好。

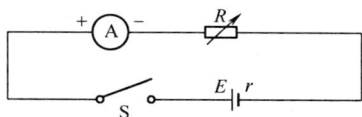

实验图 6-1　设计线路图（一）

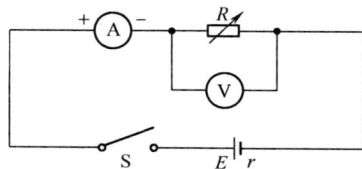

实验图 6-2　设计线路图（二）

2. 适当选择电阻箱的电阻值，使电路闭合时，电路中的电流为某一定值。

3. 记下电阻箱的电阻以及电流表的示数。

4. 改变电阻箱的电阻，电流表的示数也相应改变。记下每次的电阻值和电流值，并将数据填入自己设计的表中，计算电动势 E 和内电阻 r 的值。

此实验也可改用实验图 6-2 所示的线路。改变电阻值并记下两次对应的电流表和电压表的示数，就能计算出电动势 E 和内电阻 r 的值。

预　习　题

1. 给你一个电压表、一个电阻箱、一节电池、一个开关，能否测出电源的电动势和内电阻？若能，画出线路图，写出需记录的物理量，列出计算电动势和内电阻的方程。

2. 设计出实验图 6-1 和实验图 6-2 所示的电路，作出实验记录计算的表格，将数据分别填入自己设计的实验表 6-1 和实验表 6-2 中。

思　考　题

1. 如何利用简单方法，粗略测定电源电动势？

2. 路端电压随外电阻变化的规律如何？

实 验 报 告

实验名称

实验目的

实验原理

实验器材

记录与计算

实验表 6-1

实验表 6-2

实验人员

实验时间

实验七　直流电表的改装

实验目的

1. 学习将电流计改装为电压表。

2. 学习扩大电流计的量程。

实验原理

我们在实验中使用的电流计、电压表和多用表，都是磁电式电表。这种电表利用通电线圈与永久磁铁的磁场的相互作用，使线圈受力矩作用而带动指针转动。它的磁场是由蹄形永久磁铁产生的，如实验图 7-1 所示。绕在铝框架上的线圈放在永久磁铁的两极之间，支持框架的轴上附有指针和螺旋弹簧。被测量的电流通过螺旋弹簧进入线圈，线圈在力矩的作用下，带动轴和指针一起转动。线圈旋转的角度，亦即指针偏转的角度，与线圈内通过的电流成正比。指针在刻度盘上指出的示数，就是电流的数值。若改变电流方向，磁场作用在线圈上的力也就反向，指针朝相反的方向偏转。当线圈中没有电流时，调整校正器就能使指针恰好指向零位置。

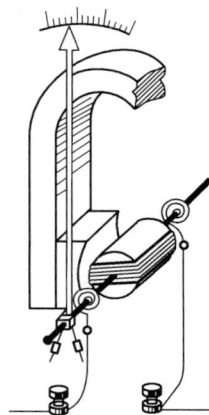

实验图 7-1　磁电式
电表的结构

由于指针偏转的方向与电流方向有关，所以磁电式仪表只能用来测量直流电。通常磁电式电表的灵敏度比较高，能够测出微安级的电流，也比较准确。但是绕制线圈的导线很细，所允许通过的电流很小，过载能力差，容易被烧坏，如需要测量较大的电流或测量电压时，必须加以改装。

1. 扩大电流计量程

设电流计量程为 I_g（又称满偏电流），内电阻为 R_g（I_g，R_g 均由实验室给出），今要把量程扩大为 I，可在表头上并联分流电阻 R_n（见实验图 7-2）。由欧姆定律得

$$I_g R_g = (I - I_g) R_n$$

$$R_n = \frac{I_g R_g}{I - I_g} = \frac{R_g}{\dfrac{I}{I_g} - 1} \tag{1}$$

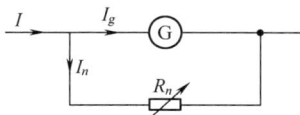

实验图 7-2　扩大电流计量程的原理

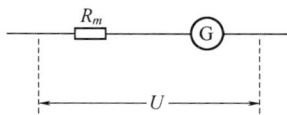

实验图 7-3　电流计改装为电压表的原理

2. 将电流计改装为电压表

电流计所能承受的电压 $U_g = I_g R_g$ 是很小的，今要使它测量较大的电压，需在表头上串联分压电阻 R_m（见实验图 7-3）。由欧姆定律得

$$U=I_g(R_m+R_g)$$

$$R_m=\frac{U}{I_g}-R_g \qquad\qquad (2)$$

实验器材

直流稳压电源，滑动变阻器，电流计（微安计），电流表，电压表，电阻箱，开关，导线。

实验步骤

1. 电流计改装为电压表

① 由 I_g、R_g 和改装后的量程 U，利用式（2）计算出电阻 R_m。

② 将电阻箱的电阻调为 R_m，并使它与电流计串联，即改装为电压表。

③ 按实验图 7-4 所示接好线路。将分压器调至输出电压最小，闭合开关 S。

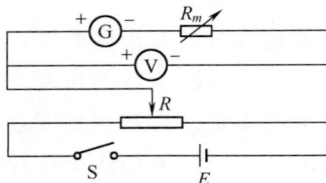

实验图 7-4　电流计改装为电压表的线路图

④ 逐渐增大分压器的输出电压，使标准表的示数等于改装表的量程 U，此时，改装表应指满刻度；否则，应微调电阻 R_m，直至改装表恰指满刻度，将 R_m 的计算值和实验值分别记入实验表 7-1 中。

⑤ 调节分压器，使改装表示数从满刻度逐渐减小，依次指示出一系列数值，记下这些数值和标准表的对应示数，记入实验表 7-1 中。

2. 扩大电流计量程

① 根据 I_g、R_g 和扩大后的量程 I，利用式（1）计算出电阻 R_n。

② 将电阻箱的电阻调为 R_n，并使它与电流计并联，改装即完成。

③ 按实验图 7-5 所示接好线路。将滑动变阻器调至电阻最大，闭合开关 S。

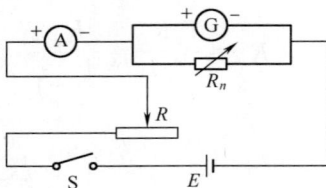

实验图 7-5　扩大电流计量程的线路图

④ 逐渐减小滑动变阻器的电阻，使标准表的示数等于改装表的量程 I。此时，改装表应指满刻度；否则，应微调电阻 R_n，直至改装表恰指满刻度。将 R_n 的计算值和实验值分别记入实验表 7-2 中。

⑤ 调节滑动变阻器，使改装表示数从满刻度减小，依次指出一系列数值。记下这些数值和标准表的对应示数，并填入实验表 7-2 中。

注意事项

电表改装后，应注意读数。应根据改装后的量程及刻度盘的实际情况，正确地读出数值。

预　习　题

1. 待改装的电流计满刻度电流（量程）为 $300\mu A$，内阻是 200Ω，欲将其量程扩大到 $15mA$，需并联的电阻 $R_n =$ _____ Ω。将其改装成 $15V$ 的电压表，需串联的电阻 $R_m =$ _____ Ω。

2. 实验步骤中的①、②两步是 _____ ，③、④、⑤三步是 _____ 。步骤④中标准表的作用是 _____ 。

3. 用笔线代替导线，将下列器材按实验图 7-4 连接起来，合上开关 S 前，滑动变阻器的触头 P 应放在靠近 _____ 处。

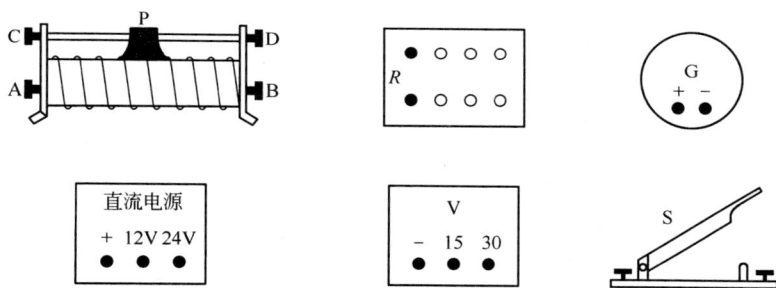

4. 用笔线代替导线，将下列器材按实验图 7-5 连接起来，合上开关 S 前，滑动变阻器触头 P 应放在靠近 _____ 处。

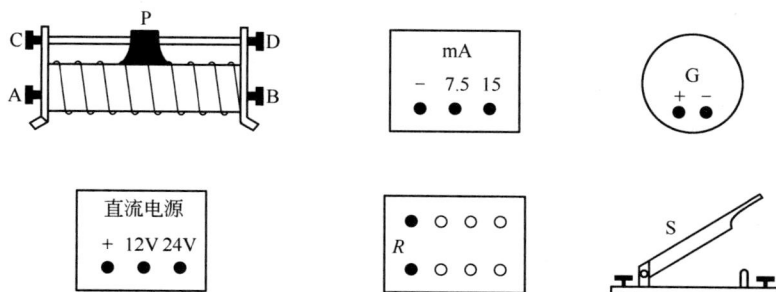

实　验　报　告

实验目的

实验原理

实验器材

记录

实验表 7-1

电 流 计 常 数		分压电阻 R_m/Ω		电压表示数 U/V					
I_g/A		计算值	改装表						
R_g/Ω		实验值	标准表						

实验表 7-2

电 流 计 常 数		分流电阻 R_n/Ω		电流表示数 I/A					
I_g/A		计算值	改装表						
R_g/Ω		实验值	标准表						

实验人员

实验时间

实验八　电磁感应现象的研究

实验目的

观察电磁感应现象，验证楞次定律。

实验原理

穿过闭合电路中的磁通量发生变化时，电路中就要产生感应电流。感应电流的方向总要使自身的磁场阻碍引起感应电流的磁通量的变化。

实验器材

原线圈和副线圈（附铁芯），条形磁铁，直流电源（1.5～2V），电流计，开关，滑线变阻器，定值电阻（5×10^2 kΩ 左右）。

实验步骤

1. 按实验图 8-1 所示接好线路。观察电流流入方向与电流计指针偏转方向间的关系（左入左偏，右入右偏；或左入右偏，右入左偏）。

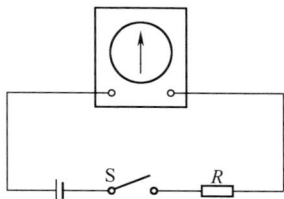

实验图 8-1　判断电流方向与指针偏转方向间关系的线路图

2. 辨认线圈的缠绕方向。

3. 按实验图 8-2 所示接好线路，在将条形磁铁 N 极插入副线圈的过程中，观察电流计指针的偏转方向，由此确定线圈中感应电流的方向（在本实验中，线圈中的电流方向一律以俯视图为准，记顺时针或逆时针方向），将观察和分析结果记入实验表 8-1 中。

4. 同步骤 3，但将磁铁 N 极从线圈中抽出。

5. 将条形磁铁 N 极换为 S 极，重复步骤 3、4。

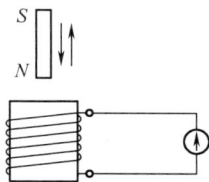

实验图 8-2　磁铁运动产生
感应电流的线路图

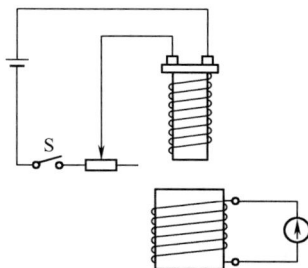

实验图 8-3　原线圈运动或开关
通断时产生感应电流的线路图

6. 按实验图 8-3 所示接好线路，使原线圈中电流方向为沿顺时针方向，接通开关后将原线圈插入副线圈中，观察电流计指针的偏转方向，并确定副线圈中感应电流的方向，将观察分析结果记入实验表 8-2 中。

7. 同步骤 6，但将原线圈从副线圈中抽出。

8. 将原线圈中电流方向改为沿逆时针方向，重复步骤 6、7。

9. 将原线圈放入副线圈中，使原线圈中电流方向为沿顺时针方向，接通开关，观察电流计指针的偏转方向，并确定副线圈中感应电流的方向，将观察分析结果记入实验表 8-3 中。

10. 同步骤 9，但将开关断开。

11. 将原线圈中的电流方向改为沿逆时针方向，重复步骤 9、10。

预 习 题

1. 在实验图 8-1 所示的电路中，如果干电池的电动势为 2V，电流计的满偏电流是 $300\mu A$，在辨认电流计指针偏转的方向和通过电流计电流的流向关系的实验中，在电路中串联一个电阻的目的是＿＿＿＿＿＿，电阻 R 的值至少要取＿＿＿＿＿＿＿Ω。

2. 如实验图 8-4 所示，已知电流从电流计正接线柱流入，负接线柱流出，指针向右偏转。副线圈上端的接线柱和线圈上端的引出线相接，下端的接线柱和线圈下端的接线柱相接。根据图中电流计指针偏转的方向，判断出副线圈中感生电流的流向是按＿＿＿＿＿＿＿时针方向流动的。

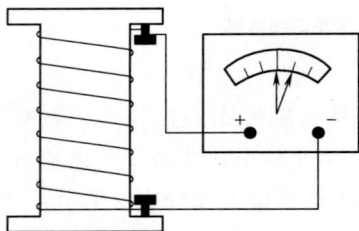

实验图 8-4

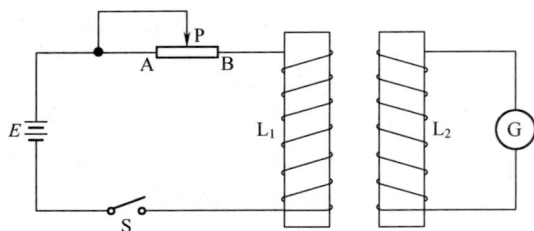

实验图 8-5

3. 如实验图 8-5 所示，合上开关 S 后，滑动变阻器的触头 P 向 B 移动时，副线圈 L_2 中＿＿＿＿＿＿感应电流。若有，其方向是＿＿＿＿＿＿＿＿。

4. 按实验图 8-3 所示做实验，能有＿＿＿＿＿＿种方法得到感应电流，它们分别是＿＿＿＿＿＿＿＿＿＿＿，＿＿＿＿＿＿＿＿，＿＿＿＿＿＿＿＿＿＿＿。

思 考 题

1. 磁铁插入线圈后停止不动时，线圈中还有感应电流吗？为什么？

2. 把通有恒定电流的原线圈放在副线圈中不动时，副线圈中有无感应电流？为什么？实验中可对上述两问题进行观察。

实 验 报 告

实验目的

实验原理

实验器材

记录与结论

实验表 8-1

磁铁的运动	原磁场方向（向上或向下）	Φ 的变化（增加或减少）	$I_感$ 的方向（顺或逆时针）	$I_感$ 的磁场跟原磁场方向间的关系（同向或反向）	$I_感$ 的磁场对 Φ 的变化的影响（阻碍或助长）
N 极插入					
N 极抽出					
S 极插入					
S 极抽出					

实验表 8-2

原线圈的运动	原磁场方向（向上或向下）	Φ 的变化（增加或减少）	$I_感$ 的方向（顺或逆时针）	$I_感$ 的磁场跟原磁场方向间的关系（同向或反向）	$I_感$ 的磁场对 Φ 的变化的影响（阻碍或助长）
插入					
抽出					
电流反向后插入					
电流反向后抽出					

实验表 8-3

开关的动作	原磁场方向（向上或向下）	Φ 的变化（增加或减少）	$I_感$ 的方向（顺或逆时针）	$I_感$ 的磁场跟原磁场方向间的关系（同向或反向）	$I_感$ 的磁场对 Φ 的变化的影响（阻碍或助长）
接通					
断开					
电流反向后接通					
电流反向后断开					

结论

实验人员

实验时间

部分习题参考答案

第一章

习题 1-2 1-2-2 $\dfrac{\pi R}{2}$，$\sqrt{2}R$；πR，$2R$；$2\pi R$，0

习题 1-3 1-3-3 15m/s   1-3-5 （1）匀速直线运动，4m/s，6m/s；（2）40m

习题 1-4 1-4-3 1.5m/s，2.5m/s   1-4-4 52.4km/h

习题 1-5 1-5-2 -1.6m/s^2 1-5-3 0.1m/s^2

习题 1-6 1-6-1 80m/s   1-6-2 25s   1-6-3 16m/s

习题 1-7 1-7-1 40m   1-7-2 300m   1-7-3 43.2km/h，12m

　　　　 1-7-4 25s   1-7-5 900m，-0.125m/s^2

习题 1-8 1-8-1 （1）2s；（2）20m/s   1-8-2 19.6m

　　　　 1-8-3 122.5m，5s   1-8-4 73.5m，3s

第二章

习题 2-2 2-2-4 200N/m

习题 2-3 2-3-3 200N，0.4，100N

习题 2-4 2-4-3 150N，方向与90N力的夹角为53°   2-4-4 0N

习题 2-5 2-5-1 350N，606N   2-5-2 12.5N，7.5N   2-5-3 250N

习题 2-7 2-7-2 800N，方向竖直向上   2-7-3 $1.62\times10^3\text{N}$ 2-7-4 173N，488N

* 习题 2-8 2-8-1 225N·m   2-8-2 600N   2-8-3 560N

第三章

习题 3-2 3-2-2 6N   3-2-3 3

　　　　 3-2-4 （1）10m/s^2，方向水平向右；（2）20m/s^2，方向水平向右；

　　　　　　　　（3）3m/s^2，方向水平向左；（4）0

习题 3-4 3-4-1 50s，250m 3-4-2 $2.0\times10^3\text{N}$ 3-4-3 216N   3-4-4 钢丝绳不会断裂

* 习题 3-6 3-6-1 8m/s^2，24N   3-6-3 7440N

* 习题 3-7 3-7-2 $3.34\times10^{-3}\text{N}$，重力分别是万有引力的$1.47\times10^{11}$倍和$2.93\times10^{11}$倍

　　　　 3-7-3 $5.9\times10^{24}\text{kg}$ 3-7-4 16.3km/s

第四章

习题 4-2 4-2-2 $3.43\times10^4\text{J}$，$-3.43\times10^{-4}\text{J}$ 4-2-3 $3\times10^5\text{J}$ 4-2-4 $2\times10^5\text{J}$，$2\times10^6\text{W}$

习题 4-3 4-3-3 $1.04\times10^{11}\text{J}$ 4-3-4 $8.0\times10^3\text{J}$，$8.0\times10^3\text{N}$ 4-3-5 $2.4\times10^7\text{J}$

习题 4-4 4-4-3 384J，384J   4-4-4 1 470J，1 470J

习题 4-5 4-5-3 9.8m   4-5-4 25m/s

* 第五章

习题 5-1 5-1-2 （1）10cm；（2）0.5s，2Hz；（3）A 位置

习题 5-2 5-2-2 9.775m/s^2

习题 5-5 5-5-3 1.28m，0.664m   5-5-4 $1.1\times10^3\text{m/s}$

第六章

习题 6-2　6-2-3　-2.5×10^{-7}C

习题 6-3　6-3-3　9.0×10^{4}N/C，5.4×10^{-3}N

习题 6-4　6-4-4　225V，-225V　　6-4-5　-6V，b 点　　6-4-6　负电荷，1.5×10^{-7}C

习题 6-7　6-7-2　$1:2:5$　　6-7-3　5×10^{-8}F　　6-7-4　8.0×10^{-10}F

6-7-5　(1) 2.0×10^{3}V；(2) 2.0×10^{5}V/m

第七章

习题 7-2　7-2-2　1.25×10^{21} 个　　7-2-3　2.0A　　7-2-4　20A

习题 7-3　7-3-1　(1) 24V，6V，6V；(2) 0.8A，0.2A；(3) 30Ω

7-3-2　0.11A，0.18A　　7-3-3　10V，30V　　7-3-4　1.0×10^{-3}Ω，1.5×10^{5}Ω

习题 7-4　7-4-1　3.6×10^{6}J，15.75kW·h　　7-4-2　70V，30V，140W，60W

7-4-3　(1) 2A；(2) $2:1$；(3) $2:1$　　7-4-4　6.25×10^{4}W，100W

7-4-5　(1) 110W；(2) 0.5W；(3) 109.5W

习题 7-5　7-5-2　1.84V　　7-5-3　0.25Ω　　7-5-4　2V，1Ω　　7-5-5　3A，3V

7-5-6　(1) 32W；(2) 28W；(3) 4W，20W，8W

* 习题 7-6　7-6-1　5A　　7-6-2　2A　　7-6-3　10 个

第八章

习题 8-3　8-3-3　0.5T　　8-3-4　3.0Wb　　8-3-6　9.6×10^{-4}Wb

习题 8-4　8-4-2　0.72N，0.36N　　8-4-3　0.8J　　8-4-4　1.6×10^{-2}N·m　　8-4-5　0.15T

习题 8-5　8-5-4　4.8×10^{-14}N

第九章

习题 9-3　9-3-2　1.2V　　9-3-3　7.5×10^{-2}V　　9-3-4　15V　　9-3-5　2×10^{2}V，5A

习题 9-5　9-5-3　9.6×10^{2}V　　9-5-4　1.0H，无，有，40V

第十章

习题 10-2　10-2-2　2.8A（$2\sqrt{2}$A）　　10-2-3　0.2s，5Hz，10A，7.1A（$5\sqrt{2}$A）

习题 10-3　10-3-2　200 匝

第十一章

习题 11-1　11-1-3　2.5×10^{-10}m

习题 11-3　11-3-4　-1.5×10^{5}J　　11-3-5　690J

* 第十二章

习题 12-1　12-1-1　3.0×10^{6}Pa，2.28×10^{4}mmHg　　12-1-2　298K

12-1-3　76cmHg，86cmHg，66cmHg

习题 12-2　12-2-1　200L　　12-2-2　0.012m^{3}　　12-2-3　409.5℃（682.5K）

习题 12-3　12-3-1　100atm　　12-3-2　800K　　12-3-3　189L

复习题参考答案

第一章

一、判断题　　×，×，√，×，×

二、选择题　　D，D，C，A，B

三、填空题

1. 1000π，0，0　　　　　　　2. 0，相同，9.8m/s^2，竖直向下

3.（1）匀速直线，初速度等于零的匀加速直线；（2）20；（3）0，0.25m/s^2；（4）200m，200m，0

四、计算题

1. 25.5m　　　2. 50s，0.2m/s^2　　　3. 105m

第二章

一、判断题　　√，√，√，×，×

二、选择题　　D，B，C，D，B

三、填空题

1. 改变物体的运动状态或使物体发生形变　　　　　　2. 相对运动趋势，相对运动

3. 相同，相反　　4. 100N，0　　5. 196N，98N，170N

四、计算题

1. 400N，方向竖直向下　　　　　2. $\dfrac{mg}{\cos\alpha}$，$mg\tan\alpha$　　　*3. $6.0\times10^4\text{N}$

第三章

一、判断题　　×，√，×，√，×

二、选择题　　B，B，B，C，B

三、填空题

1. 1.45×10^4　　　　2. 2.5　　　　3. 1∶1　　　　*4. $mg-m\dfrac{v^2}{R}$

四、计算题

1. 25s，$1.6\times10^4\text{N}$　　　　2. 12m/s

第四章

一、判断题　　×，√，√，√，×

二、选择题　　C，C，B，A

三、填空题

1. $-2.0\times10^3\text{J}$，$1.0\times10^3\text{W}$　　2. 128J　　3. 只有重力或弹力做功　　4. 减少，增加

四、计算题

1. 4.0N　　　　2. 4m

* 第五章

一、判断题　×，√，√，√，×

二、选择题　C，B，B，D

三、填空题

1. $\dfrac{1}{2\pi}\sqrt{\dfrac{k}{m}}$　　　2. 波源，弹性介质

3. 质点的振动方向与波的传播方向互相垂直；质点的振动方向与波的传播方向在同一直线上

4. 平衡位置

四、计算题

1. 731m　　　2. 1.6×10^{5}m　　　3. 0.36s，2.8Hz

第六章

一、判断题　√，×，×，×，√

二、选择题　C，C，C，C

三、填空题

1. 6.0×10^{-9}N　　　2. 正，无　　　3. 电压，—　　　4. 减少，增加

5. 大小，方向　　　6. 电势差，电量　7. 大，小，零

四、计算题

1. 1.6×10^{3}N/C，2.6×10^{-16}N　　　2. -3V，-3V

3. (1) 8.9×10^{-12}F；(2) 1.1×10^{5}V；(3) 1.1×10^{7}V/m；(4) 1.8×10^{-12}N

第七章

一、判断题　×，×，√，√，√

二、选择题　C，D，B，B，D

三、填空题

1. 压，流　　　2. $R=r$，$\dfrac{E^2}{4r}\left(\text{或}\dfrac{E^2}{4R}\right)$　　　3. $\dfrac{1}{4}$，4　　　4. $Q=W$，$Q<W$

5. 1度，3.6×10^{6} 6. 40　　　7. 1.5，3　　　8. 减少

四、计算题

1. (1) 4.7Ω；(2) 7Ω　　　2. (1) 1∶2，1∶2；(2) 3∶2；(3) 10V

3. (1) 880W；(2) 32W；(3) 848W

第八章

一、判断题　√，×，×，√，×

二、选择题　C，C，D，B

三、填空题

1. N，S，S，N　2. 0，2.0×10^{-2}，2.0×10^{-2}　　　3. 1.0×10^{-2}Wb　4. 小，大，大，小

四、计算题

1. 6.0×10^{-2}Wb　　　2. 向右，0.40A　　　* 3. 8.0×10^{-3}N，向左

第九章

一、判断题　×，×，√，√，×

二、选择题　　B，D，B，C

三、填空题

1. 有，无　　　　　　2. 逆时针方向　　　　　　　3. a　　　　　　4. 顺时针方向

四、计算题

1. 0.8V　　　　　2. (1) 0.50V；(2) 0.25A，逆时针方向　　3. 3.0×10^2 V

第十章

一、判断题　　√，√，×，×，√

二、选择题　　B，B，D

三、填空题

1. 0.02s，314rad/s　　　2. 大于，小于　　　3. 311V（$220\sqrt{2}$ V），220V，50Hz，0.02s

四、计算题

1. $i = 10\sqrt{2}\sin100\pi t$ A　　　2. 4.4A，6.2A，968W　　3. $e = 400\sin314t$ V；283V

第十一章

一、判断题　　×，×，√，×，√

二、选择题　　D，D，C

三、填空题

1. 无规则，距离　　　2. 做功，热传递

四、计算题

1. 外界对气体做功，200J　　　2. 3.1×10^5 J，增加

＊第十二章

一、判断题　　×，√，√，×，√

二、选择题　　C，B，B

三、填空题

1. 1.0×10^6，760　　　2. 243

四、计算题

1. 32atm　　　　2. 0.0151L　　　　3. 533K

附录　我国的法定计量单位

国务院于 1984 年 2 月 27 日发布的《关于在我国统一实行法定计量单位的命令》中指出，我国的计量单位一律采用《中华人民共和国法定计量单位》，命令还规定在 1990 年底以前要完成向国家法定计量单位的过渡。

法定计量单位是以国际单位制为基础，结合我国的实际情况，增加了一些非国际单位制单位构成的。它具有科学、合理、实用和简明等优点，对于发展我国国民经济、文化教育事业，推动科学技术的进步和扩大国际交流，起重要作用。

国际单位制（SI）规定了 7 个国际单位制的基本单位和 2 个国际单位制的辅助单位。由上述 9 个单位按物理量之间的关系导出，以它们之间相乘或相除的形式构成的单位称为国际单位制的导出单位。在这些导出单位中有 19 个具有专门名称，例如牛顿（N）、焦耳（J）、库仑（C）等。它们称为具有专门名称的导出单位。

国际单位制的基本单位、辅助单位、具有专门名称的导出单位，以及直接由以上这些单位构成的组合单位（不能带有非 1 的因数）称为 SI 单位，在进行计算时，如果把式中各量的单位都化为 SI 单位，在结果中就可以直接写出所求量的 SI 单位。

国际单位制中有 20 个词头，它们表示 $10^{-24} \sim 10^{24}$ 的因数。由词头加在 SI 单位之前构成的单位称为国际单位制的十进倍数单位和分数单位，例如千米（km）、厘米（cm）、毫米（mm）、微米（μm）等。只有质量单位例外，因它的 SI 单位千克（kg）已包含词头千（k）在内，所以质量的十进倍数单位和分数单位由词头加在"克（g）"前构成，例如毫克（mg）、微克（μg）等。

根据中国的情况，我国法定计量单位除包括所有国际单位制单位外，还选定了一些非国际单位制单位，这样的单位有吨（t）、升（L）、电子伏（eV）、原子质量单位（u）等。

物理量的单位具有名称、简称、国际符号（或称为符号）和中文符号，表达量值时，在公式图表和文字叙述中一律使用单位的国际符号，只在通俗出版物中使用单位的中文符号。单位的名称和简称可用于口述和叙述性文字中。国际符号和中文符号均应按其名称或简称读音。

物理量的符号书写和印刷时使用斜体字母，单位符号则使用正体字母。若单位名称来源于人名，其符号第一个字母应该大写。此外，所表示的因数等于或大于 10^6 的词头符号和法定计量单位"升"的符号，也应用大写字母。

附表 1　SI 词头

因　数	词　头　名　称		符号	因　数	词　头　名　称		符号
	英　文	中　文			英　文	中　文	
10^{24}	yotta	尧[它]	Y	10^{12}	tera	太[拉]	T
10^{21}	zetta	泽[它]	Z	10^9	giga	吉[咖]	G
10^{18}	exa	艾[可萨]	E	10^6	mega	兆	M
10^{15}	peta	拍[它]	P	10^3	kilo	千	k

续表

因 数	词 头 名 称		符号	因 数	词 头 名 称		符号
	英文	中文			英文	中文	
10^2	hecto	百	h	10^{-9}	nano	纳[诺]	n
10^1	deca	十	da	10^{-12}	pico	皮[可]	p
10^{-1}	deci	分	d	10^{-15}	femto	飞[母托]	f
10^{-2}	centi	厘	c	10^{-18}	atto	阿[托]	a
10^{-3}	milli	毫	m	10^{-21}	zepto	仄[普托]	z
10^{-6}	micro	微	μ	10^{-24}	yocto	幺[科托]	y

附表 2　SI 基本单位

量的名称	单位名称	单位符号	量的名称	单位名称	单位符号
长度	米	m	热力学温度	开[尔文]	K
质量	千克(公斤)	kg	物质的量	摩[尔]	mol
时间	秒	s	发光强度	坎[德拉]	cd
电流	安[培]	A			

注：1. 圆括号中的名称，是它前面的名称的同义词，下同。

2. 无方括号的量的名称与单位名称均为全称。方括号中的字，在不致引起混淆、误解的情况下，可以省略。去掉方括号中的字即为其名称的简称。下同。

3. 本标准所称的符号，除特殊指明外，均指我国法定计量单位中所规定的符号以及国际符号，下同。

4. 人民生活和贸易中，质量习惯称为重量。

附表 3　包括 SI 辅助单位在内的具有专门名称的 SI 导出单位

量 的 名 称	SI 导出单位		
	名 称	符 号	用 SI 基本单位和 SI 导出单位表示
[平面]角	弧度	rad	$1\text{rad}=1\text{m/m}=1$
立体角	球面度	sr	$1\text{sr}=1\text{m}^2/\text{m}^2=1$
频率	赫[兹]	Hz	$1\text{Hz}=1\text{s}^{-1}$
力	牛[顿]	N	$1\text{N}=1\text{kg}\cdot\text{m/s}^2$
压力,压强,应力	帕[斯卡]	Pa	$1\text{Pa}=1\text{N/m}^2$
能[量],功,热量	焦[耳]	J	$1\text{J}=1\text{N}\cdot\text{m}$
功率,辐[射能]通量	瓦[特]	W	$1\text{W}=1\text{J/s}$
电荷[量]	库[仑]	C	$1\text{C}=1\text{A}\cdot\text{s}$
电压,电动势,电位,(电势)	伏[特]	V	$1\text{V}=1\text{W/A}$
电容	法[拉]	F	$1\text{F}=1\text{C/V}$
电阻	欧[姆]	Ω	$1\Omega=1\text{V/A}$
电导	西[门子]	S	$1\text{S}=1\Omega^{-1}$
磁通[量]	韦[伯]	Wb	$1\text{Wb}=1\text{V}\cdot\text{s}$
磁通[量]密度,磁感应强度	特[斯拉]	T	$1\text{T}=1\text{Wb/m}^2$
电感	亨[利]	H	$1\text{H}=1\text{Wb/A}$
摄氏温度	摄氏度	℃	$1℃=1\text{K}$
光通量	流[明]	lm	$1\text{lm}=1\text{cd}\cdot\text{sr}$
[光]照度	勒[克斯]	lx	$1\text{lx}=1\text{lm/m}^2$

附表 4 常用法定计量单位

一、SI 单位

量的名称	计 量 单 位				备 注
	名 称	简 称	符 号	中文符号	
长度	米	米	m	米	$1cm=10^{-2}m$ $1km=10^{3}m$
面积	平方米	平方米	m^2	$米^2$	$1cm^2=10^{-4}m^2$ $1mm^2=10^{-6}m^2$
体积	立方米	立方米	m^3	$米^3$	$1cm^3=10^{-6}m^3$ $1dm^3=10^{-3}m^3$
时间	秒	秒	s	秒	
质量	千克(公斤)	千克(公斤)	kg	千克(公斤)	$1g=10^{-3}kg$ $1Mg=10^{3}kg$
密度	千克每立方米	千克每立方米	kg/m^3	千克/$米^3$	$1g/cm^3=1kg/dm^3=10^3kg/m^3$
速度	米每秒	米每秒	m/s	米/秒	$1cm/s=10^{-2}m/s$
加速度	米每二次方秒	米每二次方秒	m/s^2	米/$秒^2$	
角速度	弧度每秒	弧度每秒	rad/s	弧度/秒	
力	牛顿	牛	N	牛	$1N=1kg\cdot m/s^2$
力矩	牛顿米	牛米	$N\cdot m$	牛·米	
动量	千克米每秒	千克米每秒	$kg\cdot m/s$	千克·米/秒	
冲量	牛顿秒	牛秒	$N\cdot s$	牛·秒	$1N\cdot s=1kg\cdot m/s$
劲度系数	牛顿每米	牛每米	N/m	牛/米	
压强	帕斯卡	帕	Pa	帕	$1Pa=1N/m^2$
功 能 热	焦耳	焦	J	焦	$1J=1N\cdot m$
功率	瓦特	瓦	W	瓦	$1W=1J/s$ $1kW=10^{3}W$
周期	秒	秒	s	秒	
频率	赫兹	赫	Hz	赫	$1Hz=1s^{-1}$(每秒) $1kHz=10^{3}Hz$ $1MHz=10^{6}Hz$
波长	米	米	m	米	$1cm=10^{-2}m$ $1nm=10^{-9}m$
摄氏温度	摄氏度	摄氏度	℃	℃	t 和 T 在数值上的关系为 $t=T-273.15$
比热容	焦耳每千克开尔文	焦每千克开	$J/(kg\cdot K)$	焦/(千克·开)	
	焦耳每千克摄氏度	焦每千克摄氏度	$J/(kg\cdot ℃)$	焦/(千克·℃)	$1J/(kg\cdot ℃)=1J/(kg\cdot K)$
熔化热 汽化热	焦耳每千克	焦每千克	J/kg	焦/千克	
电流	安培	安	A	安	$1mA=10^{-3}A$ $1\mu A=10^{-6}A$
电荷[量]	库仑	库	C	库	$1C=1A\cdot s$

续表

量的名称	计 量 单 位				备 注
	名 称	简 称	符 号	中文符号	
电场强度	伏特每米	伏每米	V/m	伏/米	
	牛顿每库仑	牛每库	N/C	牛/库	$1N/C=1V/m$
电位	伏特	伏	V	伏	$1V=1J/C$
电压					$1kV=10^3 V$ $1mV=10^{-3}V$
电容	法拉	法	F	法	$1F=1C/V$ $1\mu F=10^{-6}F$ $1pF=10^{-12}F$
电阻	欧姆	欧	Ω	欧	$1\Omega=1V/A$ $1k\Omega=10^3\Omega$ $1M\Omega=10^6\Omega$
电阻率	欧姆米	欧米	Ω·m	欧·米	$1\Omega\cdot m=10^6\Omega\cdot mm^2/m$
电动势	伏特	伏	V	伏	
磁感应强度	特斯拉	特	T	特	$1T=1N/(A\cdot m)=1Wb/m^2$
磁通[量]	韦伯	韦	Wb	韦	$1Wb=1T\cdot m^2$
自感	亨利	亨	H	亨	$1H=1V\cdot s/A$

二、可与国际单位制单位并用的我国法定计量单位

量 的 名 称	单 位 名 称	单 位 符 号	与 SI 单位的关系
时间	分	min	$1min=60s$
	[小]时	h	$1h=60min=3600s$
	日,(天)	d	$1d=24h=86400s$
[平面]角	度	°	$1°=(\pi/180)rad$
	[角]分	′	$1'=(1/60)°=(\pi/10800)rad$
	[角]秒	″	$1''=(1/60)'=(\pi/648000)rad$
体积	升	L,(l)	$1L=1dm^3=10^{-3}m^3$
质量	吨	t	$1t=10^3 kg$
	原子质量单位	u	$1u\approx1.660540\times10^{-27}kg$
旋转速度	转每分	r/min	$1r/min=(1/60)s^{-1}$
长度	海里	nmile	$1nmile=1852m$ (只用于航行)
速度	节	kn	$1kn=1n\ mile/h=(1852/3600)m/s$ (只用于航行)
能	电子伏	eV	$1eV\approx1.602177\times10^{-19}J$
级差	分贝	dB	
线密度	特[克斯]	tex	$1tex=10^{-6}kg/m$
面积	公顷	hm^2	$1hm^2=10^4 m^2$

注:1. 平面角单位度、分、秒的符号,在组合单位中应采用(°)、(′)、(″)的形式。
例如,不用°/s而用(°)/s。
2. 升的符号中,小写字母 l 为备用符号。
3. 公顷的国际通用符号为 ha。

参考文献

〔1〕 张世忠，林树和. 物理. 4 版. 济南：山东教育出版社，1998.

〔2〕 张世忠，林树和. 物理实验. 4 版. 济南：山东教育出版社，1998.

〔3〕 郭念田，陈文娟. 物理. 北京：生活·读书·新知三联书店，2003.

〔4〕 郭念田，陈文娟. 物理实验. 北京：生活·读书·新知三联书店，2003.

〔5〕 李青松. 物理实验教程. 北京：高等教育出版社，2003.

〔6〕 沈萍，汪明升. 物理. 北京：机械工业出版社，2006.

〔7〕 王英杰，邹彬. 物理. 北京：机械工业出版社，2006.

〔8〕 北京天利考试信息网. 物理. 拉萨：西藏人民出版社，2006.

〔9〕 人民教育出版社课程教材研究所，物理课程教材研究开发中心. 物理. 北京：人民教育出版社. 2019.

〔10〕 山东省职业教育教材编写组. 物理. 北京：人民教育出版社，2013.